다른 복음이
판을 치는
한국교회

다른 복음이 판을 치는 한국교회

초판 인쇄　2014년 7월 2일
초판 발행　2014년 7월 7일
지은이　지광남
발행인　한뿌리
출판사　有하
등록　2000년 7월 31일 제 2011-000017호

값 12,000원
ISBN 978-89-967450-8-2

＊이 책의 저작권은 저자에게 있습니다.

NO.9

다른 복음이 판을 치는 한국교회

| 말씀 사역자 지광남 선교사 |

차례

서문 · 7

1장 **천국복음과 다른 복음** · 17

2장 **천국복음과 선교** · 43

3장 **천국복음과 회개** · 73

4장 **천국복음과 하나님 나라** · 85

5장 **천국복음이 말하는 하나님 나라 갈 준비** · 93

6장 **하나님의 계획, 우선순위 1번** · 111

7장 **천국복음과 성령** · 125

8장 **천국복음과 율법의 행위** · 129

9장 **천국복음과 심판** · 139

10장 **천국복음의 양면성** · 157

11장　　**천국복음과 양심** · 187

12장　　**천국복음과 그리스도의 보혈** · 195

13장　　**천국복음과 십계명** · 207

14장　　**천국복음과 미혹** · 215

15장　　**천국복음과 재물(맘몬)** · 235

16장　　**천국복음과 하나님의 은혜** · 241

17장　　**천국복음과 주일학교** · 247

18장　　**천국복음과 제자 훈련** · 251

19장　　**필리핀 선교사 지광남** · 277

20장　　**천국복음의 결론은 에덴의 회복** · 291

서문

2009년 10월 첫 주부터 성령님의 인도로 필리핀 교회에서 순회 천국복음 메시지를 전하기 시작했습니다. 주일학교 교사 양육선교사가 순회설교를 어느 교회에 가서 합니까? 오라고 하는 교회가 있어야 가는 것입니다. 그런데 2009년 1월부터 성령님께서 말씀을 준비시키시더니 10월 첫 주부터 교회가 연결되면서 오전에 네 교회, 오후에 두 교회에서 천국복음을 외치도록 인도하셨습니다.

그 교회들은 선교사들이 개척한 교회와 현지 사역자가 단독으로 개척한 교회들이었습니다. 거기에서 접한 대단히 놀라운 일은 교인들이 성경을 너무 모르는 것이었습니다. 또한 현지 사역자들 가운데 성경을 완독한 사람이 많지 않을 뿐 아니라 매일 성경을 묵상하는 사람도 별로 없다는 사실이었습니다. 그러니 교인들은 성경을 찾는 것조차 힘들 정도로 성경 읽기를 하는 교회가 거의 없었고, 대다수가 성경이 없을 뿐만 아니라 교회에 다량의 성경을 비치한 경우도 많지 않았습니다. 그래서 제가 성경을 나누어준 다음 한 달 후에 점검해보니 거의 성경을 읽지 않았습니다. 상품을 걸고 한 달 동안 복음서만이라도 읽으면 선물을 준다고 했지만 한두 사람 있을까 말까였습니다.

그런 상황을 만든 원인 중에 하나는 많은 사역자가 쉽게 목회자가 된 것이었습니다. 정규 과정을 거치지 않은 채 그냥 교회에서 목사(pastor)라고 부르다가 교회를 개척한 것입니다. 그럼에도 성경을 많이 읽었고 성경 지식이 있다면 괜찮은 사역자에 속합니다. 그러나 대다수의 개척교회, 교인 수 20명 정도의 교회들을 보니 사역자들이 성경을 너무 몰랐습니다.

제가 순회 천국복음을 시작한 여섯 교회에서 성경을 완독한 사람은 한 교회에 한 명 정도도 되지 않았습니다. 물론 사역자도 마찬가지였습니다. 대부분의 교회가 교인 수 20명에서 가장 많게는 80명 정도였습니다.

이 여섯 교회에서 저는 첫 질문을 이렇게 했습니다. "어떻게 구원받니까?"

교회에 열심히 나온다는 것이 가장 많은 대답이었습니다. 참 어이없는 대답이었습니다. 그다음으로 이어지는 답은 착한 일, 기도, 성경공부였습니다. 믿음으로 구원받는다는 답은 없었습니다.

성령님께서 왜 저와 같은 교사 양육선교사에게 현지 교회로 갈 것을 명하셨는지 알게 되었습니다. 9개월 동안 10개의 메시지를 주셨고 계속 메시지를 주셨는데 40여 개의 천국복음이었습니다.

저는 처음에 그것이 천국복음 메시지인 것을 몰랐습니다. 순회 설교를 시작한 1년 후 마태복음 4장 23절에서 예수님이 천국복음을 전하셨는데, 바로 순회 설교의 메시지가 천국복음인 것을 성령님께서 깨닫게 해주신 것입니다.

예수님이 천국복음을 전파하셨다면 우리도 천국복음을 전파해야 합니다. 많은 분들이 제 이야기를 듣고 성경말씀으로 복음을 전하면 되지 별나게 그러느냐고 했습니다. 우리가 조심해야 할 것은 내가 알고 있는 성경 지식과 생각 그리고 성경 교재(교리로 구성된 것들)로 열심히 가르치면 된다고 생각할지 모르지만, 만약 그것이 하나님 나라와 우리 주 예수 그리스도에 대한 것으로서 복음의 핵심인 십자가의 죽으심과 부활에 모든 초점이 맞추어졌다면 전혀 문제가 없지만, 만일 그렇지 않다면 문제가 있는 것입니다.

우리가 사도들의 사역을 무시한다면 우리의 사역이 잘못된 길로 갈 수 있습니다. 그러므로 사도행전을 잘 살펴보아야 합니다. 부활하신 예수님이 승천하시기 전에 어떤 말씀을 하셨는지는 핵심이기도 합니다. 사도행전 1장 3절에 부활하시고 승천하시기까지 "사십 일 동안 저희에게 보이시며 하나님 나라의 일을 말씀하시니라"고 하셨는데 이때 하신 말씀이야말로 우리가 명심해야 할 말씀입니다. 사도행전 8장 12절에서 빌립은 "하나님 나라와 및 예수 그리스도의 이름에 관하여 전도함을 저희가 믿고 남녀가 다 세례를 받으니"라고 했습니다. 사도행전 14장 22절에서는 바울과 바나바가 전도한 많은 제자들에게 하나님 나라에 들어가려면 많은 환란을 겪어야 할 것이라고 했고, 19장 8절에서는 바울이 에베소 회당에 들어가 석 달 동안 담대히 하나님 나라에 대해 강론하며 권면했다고 했습니다. 사도행전 28장 23절에서는 바울이 로마에서 하나님 나라를 강론하며 증거했고 그리고 사도행전의 끝인 28장 31절에서는 "담대히 하나님 나라를 전파하며 주 예수 그리스도께 관한 것을 가르치되 금하는 사람이 없었더라" 고 말씀하고 있습니다.

사도행전의 사역의 중심은 하나님 나라와 예수 그리스도인 것입니다. 그러므로 예수님이 전하신 천국복음이 우리가 전해야 할 복음인 것입니다.

천국복음을 시작하고나서 제 삶이 바뀌었습니다. 저는 자칭 모범 선교사였습니다. 늦게 신학을 하고 곧장 선교지로 온 때가 45살이었습니다. 남들보다 늦게 출발했기에 최선을 다하는 선교사로 살아야 했습니다. 1년 안식년은 저에게는 없었습니다. 그런데 20년간의 선교지 사역을 마무리하고 간접 선교로 전환하려는 시점에 성령님께서 새롭게 사명을 주셔서 천국복음을 외치라고 하셨습니다. 이것은 제 지식으로 만든 것이 아닙니다. 저는 학위도 없고 어학 기능도 누구보다 떨어집니다. 제가 필리핀 교회에서 그들의 언어인 타갈로그어로 외치는 것은 그 당시 가능하지 않았습니다.

하나님의 놀라운 계획은 인간의 사고를 뛰어넘습니다. 새벽마다 주시는 말씀들을 정리해 미국에 있는 큰아들에게 영어로 번역해달라고 부탁했습니다. 아이는 직장 생활을 하면서 틈틈이 번역을 했습니다. 아이는 모범 그리스도인처럼 보였지만 주일날에만 교회에 가고 주간에는 주님과의 어떤 교제도 없는 태중 교인 모습으로 살았습니다. 그러나 번역을 하면서 자신의 삶이 그리스도인이 아니고 종교인이라는 사실을 알게 되면서 회개하고 변화되어 지금은 승리하는 그리스도인의 삶을 살고 있습니다.

또한 영어를 타갈로그어로 번역한 현지 목사 마이크 갈료(Mike Gallyo)는 "이 천국복음이 아니었다면 우리 교인들을 다 지옥에 보낼 뻔했다"며 저의 손을 꼭 붙잡고 말했습니다.

핵심은 설교하기에 턱없이 부족한 제 언어 실력이었습니다. "주님, 제가 언어가 안 되는 것 아시잖아요. 저보고 어떻게 하라는 것입니까?" 아무런 응답이 없었습니다. 그러나 순종하는 마음으로 설교 원고를 들고 읽었습니다. 그런데 놀라운 일이 일어났습니다. 원고가 하나도 눈에 들어오지 않았고 읽을 수도 없었습니다. 설교를 중단해야 할 상황이 일어난 것입니다. 그런데 당황스럽지 않았습니다. 그다음 성경 요절이 스크린에 나타나면서 메시지가 나가기 시작한 것입니다. 그 뒤로 지금까지 저는 설교 원고가 필요하지 않게 되었습니다.

더 놀라운 것은 팔라완 섬에서 사역하시는 선교사님의 성경학교 개강 성령집회에서 언어가 각기 다른 5개 부족에게 타갈로그어로 천국복음을 외쳤는데 타갈로그어를 모르는 저들이 다 알아들은 것입니다. 이것은 사도행전 2장의 사건이었습니다. 그 뒤로 저는 늘 "성령의 도구이오니 성령님 말씀하옵소서"가 사역 전 드리는 기도가 되었습니다.

왜 천국복음이 아니면 안 될까요? 이미 언급한 바 있지만 이것은 해도 되고 안 해도 되는 문제가 아닙니다. 저도 열심히 말씀 전하면 되는 줄 알았으나 말씀이 잘못되면 구원과 관계없는 거짓 목회자로 나타난다는 것을 회개를 통해 주님이 저에게 알려주셨습니다. 한번 생각해보십시오. 평생 주를 위해 산다고 하면서 인간적으로 할 것 하지 않고, 갈 곳 가지 않고 최선을 다했는데 결과는 부끄러운 구원을 받았든지 또는 구원에서 제외되었다면 이것이야말로 가장 불쌍하고 가장 억울하지 않겠습니까?

지금 다른 복음이 교회 안에서 공공연히 선포되고 있다는 사실을 목회자와 선교사들이 알아야 하는데 많은 분들이 성경에 무슨 다른 복음이 있느냐고 하면서 쓸데없는 소리 하지 말고 조용히 있으라고 했습니다. 사도 바울은 성경에 있는 다른 복음에 대해 강력하게 언급했으니 이 다른 복음을 알게 되면 자신이 어떤 자리에 있는지 알게 될 것이고 그리고 사도 바울처럼 담대히 하나님 나라를 전파하며 주 예수 그리스도를 바르게 가르칠 것이기 때문입니다.

"때가 오래므로 너희가 마땅히 선생이 될 터인데 너희가 다시 하나님의 말씀의 초보가 무엇인지 누구에게 가르침을 받아야 할 것이니 젖이나 먹고 단단한 식물을 못 먹을 자가 되었도다 대저 젖을 먹는 자마다 어린아이니 의의 말씀을 경험하지 못한 자"라고 히브리서 5장 12-13절에서 언급했듯이 우리가 우리 자신을 점검하고, 천국복음으로 사역함으로 자신도 살고 사역지의 영혼도 살리게 될 것이기 때문에 천국복음이 아니면 안 되는 것입니다.

제가 주님께 받은 사명이 있기에 정리한 것으로 야고보서 말씀과 같이 많은 그리스도인들이 잘못된 가르침에 미혹되어 있기에 바로잡는 것이 목적이며 이것이 저의 사명입니다.

　야고보서 5장 19-20절은 말합니다. "내 형제들아 너희 중에 미혹하여 진리를 떠난 자를 누가 돌아서게 하면 너희가 알 것은 죄인을 미혹한 길에서 돌아서게 하는 자가 그 영혼을 사망에서 구원하며 허다한 죄를 덮을 것이니라."

　이같이 천국복음을 3년간 전하면서 늘 마음에 걸린 것이 있었습니다. 그것은 지난 2007년 상암 경기장에서 열린 기독교 100주년 집회 때 주 강사로 오신 고 옥한흠 목사님의 설교를 듣고 놀라게 되었습니다. 제자 훈련이라는 전문 사역을 하신 분의 말씀이 너무나 충격적이었습니다. 제자 훈련으로 사람들을 변화시키지 못했다는 그분의 메시지를 듣고 의아하게 생각한 것은 복음의 능력이 사람을 변화시키지 못한다는 말인가 하는 것이었습니다. 결론은 천국복음이 아닌 성경 공부 식 제자 훈련으로는 결코 사람이 변화되지 않는다는 것입니다. 저는 그때부터 제자 훈련에 대한 생각을 놓지 않았습니다.

　때가 되어 천국복음 메시지를 선포한 지 3년 반이 된 어느 날 드디어 제자 훈련을 위해 등록을 받았는데, 30명 이상이 등록한 가운데 놀라운 일들이 일어났습니다. 천국복음으로 제자 훈련을 하면 사람이 변한다는 확신을 갖게 되었습니다.

　ROCM Brookside라는 교회는 2012년 4월에 개척한 교회로 제가 한 달에 한 번 천국 복음을 선포한 교회로 제 사역지의 기도의 집을 사용해 개척하여 현재 80여 명의 교인이 있습니다. 그 중 15명이 제자 훈련에 등록해 10회 전 과정을 마쳤습니다. 이 교회는 누가 시킨 것도 아닌데 새벽 2시에서 3시까지 40일 동안 새벽기도를 했습니다. 우리가 5시에 새벽기도를 드리기 때문에 같은 시간에 하면 마음껏 기도가 안 되어서 그런지 시간을 그렇게 바꾸었습니다. 그런데 정말 놀라운 것은 그들이 초저녁에 자는 것도 아닌데, 2시에 교회에 도착하려면 1시 30분에 일어나야 하고 3시에 마치고 돌아가서 두 시간쯤 눈 부치고 6시면 아이들 학교 갈 준비를 끝내야 하니 얼마나 피곤할까 걱정이 되어 물었습니다. 그러나 그들은 피곤치 않고 너무나 기쁘다고 했습니다.

또한 2013년 4월 시각 장애 선교사님의 현지인 성도 파스톨이 간음죄로 교회를 그만두게 되면서 그 교회가 다 흩어져 70여 명의 교인이 15명 정도만 남는 아픔을 겪고 저에게 전화를 했습니다. 저는 남은 자들이라도 천국복음으로 바로 세우라고 했습니다. 그러자 저에게 도움을 요청해 한 달에 한 번씩 천국복음을 전했고, 제자훈련을 시작한 8월부터 교회 리더들을 훈련받게 했습니다. 그들의 행동이 바뀌는 것을 본 그 선교사님이 10월 중순에 개별적으로 제자훈련을 받아 예수님의 제자가 되기를 원했습니다. 그래서 토요일 저녁 선교사님과 사모님이 함께 시작했는데 보충 수업을 요청해 화요일 저녁 한 차례 더 하게 되어, 총 11회 중 7회를 받았습니다. 그때 부친의 1주년 추도식 때문에 귀국했다 한 달 후에 돌아온 그분의 첫 인사는 '이번에 한국에서 방문한 교회마다 센세이션이 일어났다'면서 이런 일은 처음이라고 했고, 이어서 사모님도 교인들이 회개를 하는데 정말 놀라웠다고 했습니다.

제 생각에 시각장애가 있는 분이 어떻게 그 많은 성경 요절을 선포했을까 궁금해 물었더니 죽기 살기로 말씀을 외우고 마음에 넣었다고 하기에 제가 "목사님, 정말 존경합니다"라고 여러 차례 말했습니다. 두 눈 멀쩡한 저로서는 정말 존경의 감탄사가 절로 나왔습니다.

이것은 시작일 뿐이었습니다. 그분이 사역하는 지역은 간음의 영이 가득 찬 곳으로 주로 시각장애인들이 거주하는 지역입니다. 그 시각장애인들이 1년에 한두 차례 아내를 바꾸는 곳으로 제가 한 달에 한 번 갔다 오면 그 악한 영들과의 영적 전쟁으로 진액이 빠지는 곳입니다. 하지만 이제는 제가 천국복음을 외치러 갈 필요가 없게 되었습니다. 선교사님 본인이 이 천국복음의 요절들을 타갈로그어로 외쳤고, 자신의 교회에 회개의 역사가 일어나 간음죄를 회개하라고 그렇게 권면했으나 회개하지 않던 문제의 교인들이 회개하게 되었습니다. 죄인 하나가 돌아오면 의인 아흔아홉으로 인해 기뻐하는 것보다 더한 기쁨이 있는데, 주일학교 어린이까지 회개하니 이 엄청난 기쁨을 맛보고 있는 내외분은 분명한 주님의 제자 된 사역자로 이제는 전 교인을 주님의 제자 삼는 사역으로 완전히 전환하게 되었습니다.

"가서 제자 삼으라"고 하신 주님의 명령을 저버리는 것은 주님을 외면하는 것입니다. 에서는 사냥으로 허기진 상태에서 죽 한 그릇 때문에 장자의 명분을 판 망령된 자(히 12:16)로 버림을 받았습니다. 우리의 생각으로 볼 때 배가 너무나 고픈데 "그래, 네가 형 해라. 나한테는 죽이나 다오"라고 한다고 해서 형이 동생이 되는 것은 아니라고 쉽게 말할지도 모릅니다. 하지만 이것은 하나님의 말씀일 때 엄청난 비극의 상황인 것입니다.

특히 선교사들이나 목회자들 그리고 평신도들도 천국 복음을 모른다면 결국 치명적인 후회를 하게 될 것이기에 그리스도인이라면 누구를 막론하고 천국복음의 출발과 핵심을 알아야 합니다. 그래야만 다른 복음에 대처하게 될 것입니다.

저는 4대 기독교 가정에서 자랐습니다. 어릴 때부터 철저한 기독교 교육을 받았습니다. 저의 부모님 대에서는 그리스도인들은 그 정직함으로 이웃과 사회가 인정하는 삶을 보였습니다. 그러나 언제부터인가 그리스도인들의 삶이 세상으로 기울어지면서 회개가 사라지고, 십자가 보혈이 입에서 중단되면서부터 사회의 지탄을 받기 시작했습니다.

과거에는 교회마다 부흥회를 1년에 한두 차례 했습니다. 초기 부흥사들의 주제가 회개와 십자가와 보혈이었다고 해도 과언이 아닐 것입니다. 그러나 언젠가부터 주제가 바뀌면서 교인들의 영성이 무너지기 시작했습니다.

제가 말하고자 하는 본론은 여기서부터 시작됩니다. 교회가 어쩌다 이렇게 세속화되고, 이 지경이 되었습니까?

많은 목회자들이 말합니다. 교육을 아무리 해도 교인들이 변하지 않는다고 말입니다. 네, 이것이야말로 아이러니한 것입니다. 초대교회 당시에는 교인들이 변했습니다. 사도행전의 교회들이 성령의 폭발적인 역사를 이루었습니다. 당시 기독교와 지금의 기독교가 다른 것입니까? 아닙니다. 당시는 주님이 약속하신 성령을 기다렸고, 그 받은 성령으로 천국복음 사역을 이룬 것입니다. 그리고 그들이 전파한 것은 천국복음과 그리스도의 죽으심과 부활이었습니다. 그런데 지금은 성령 안에서 천국복음으로 그리스도를 전파하지 않고 있습니다.

세속화된 교회의 주제인 "예수 믿으면 구원받는다"라고 외치는 분에게 예수 믿는 것이 무엇이냐고 물으면 얼버무리고 맙니다. 이것은 거짓말이요 사탄에 미혹된 자들이 외치는 것입니다. 선교지도 예외가 아닙니다. 저는 이러한 일들을 바라보며 너무나 안타까운 마음으로 이 글을 쓰게 되었습니다.

1장 천국복음과 다른 복음

주님이 이 땅에 오셔서 제일 먼저 외치신 것이 천국이다. "회개하라 천국이 가까왔느니라."

천국 때문에 회개하라고 하신 것이다. 예수님보다 6개월 전에 태어난 세례 요한도 "회개하라 천국이 가까왔느니라"고 했다. 예수님은 천국복음을 전하셨고(마 4:23), 이 천국복음이 모든 민족에게 증거되기 위하여 온 세상에 전파되리니 그제야 끝이 오리라(마 24:14)고 하셨으며, 부활 후 40일 동안 하신 일이 하나님 나라의 일을 말씀하신 것이었다(행 1:3).

우리가 놓쳐서는 안 될 중요한 것이 이것이다. 천국복음으로 시작하여 천국복음으로 끝이 난다는 것이다. 이것은 명확한 진리다. 그렇다면 천국복음이 무엇인가는 그리스도인이라면 누구라도 명확히 알아야 한다.

그런데 너무나 놀라운 것은 그것을 정확히 아는 그리스도인들이 극히 소수라는 것이다. 또 성경 말씀으로 복음을 전하면 되지 뭐 별나게 천국복음이냐고 말하는 사역자들도 너무나 많다.

이렇게 되니 천국복음을 외치는 내가 잘못된 것은 아닌지 염려하는 사람들도 있다.

예수님이 외치신 천국복음을 외면하면 그것은 주님을 외면하는 결과를 초래한다. 주님이 이 땅에 오셨을 때 신약 성경은 없었다. 그런데 예수님은 천국복음을 전하셨다고 했다. 말씀이 육신이 되신 예수님이 천국복음의 주체이신 것이다. 하나님은 말씀이시고 말씀은 하나님이시다. 우리 주님이 이 땅에 계실 때 가르치시고 설교하신 것이 바로 천국복음이다. 그것을 사도들이 성령의 감동으로 기록한 것이 사복음서다. 즉, 예수님이 직접 하신 말씀이 천국복음인 것이다.

어떤 목사님이 그럼 사복음서 외에 다른 성경말씀은 천국복음이 아닌 것이냐며 반문했다. 우리가 알아야 할 분명한 사실이 있다.

사복음서는 예수님이 이 땅에 오셔서 사역하신 사실의 기록이다.

사도행전은 사도들과 초대교회의 행적이다.

그다음 로마서에서 유다서까지는 사복음서의 사실을 해석한 책이다.

그리고 요한계시록은 요한이 본 환상의 계시다.

그럼 무엇이 문제인가?

사실의 기록을 해석한 하나의 요절을 복음이라고 전할 때 사복음서의 사실과 위배되지 않으면 천국복음이 맞다. 그러나 그 하나의 요절이 사복음서의 사실과 상반될 때는 다른 복음이 된다는 것이다.

다른 복음

사도바울은 갈라디아서 1장 6-10절에서 다른 복음을 말하면서 "다른 복음을 전하면 저주를 받을지어다"라고 두 번이나 언급했다. 여기에서 "다른"에 해당하는 헬라어 단어는 세 개가 있다. 헤테로스(heteros, 6절)와 알로스(allos, 7절) 그리고 파라(para, 8, 9절)다. 헤테로스는 손발이 다를 때, 책상 걸상이 다를 때 쓰는 단어다. 반면에 알로스는 오른손 왼손이 다르다고 할 때, 오른쪽 눈과 왼쪽 눈이 다르다고 할 때 사용한다. 파라는 전치사로서 "곁에"란 뜻인데 여기에서는 선호하다, 즉 사람이 좋아하는 것, 기뻐하는 것을 뜻하는 다른 의미의 단어로 사용되었다.

6절에서 다른(헤테로스) 복음을 좇는 것을 이상히 여긴다고 한 것은 당시 갈라디아 교회에서 율법을 지켜야 하고 할례를 받아야 한다고 가르치는 것을 이상히 여긴다는 것이다. 오늘날 기독교 외에도 구원이 있다고 할 때 그것은 헤테로스에 속한다.

WCC나 종교다원주의는 모두 헤테로스의 다른 복음으로 확실히 구분이 된다.

문제는 알로스와 파라에 있다. 7절에서 "다른(Allos) 복음은 없다"라고 하면서 이 7절의 알로스가 그리스도의 복음을 변질시킨다고 했다. 다른 복음이 아닌데 어떻게 그리스도의 복음을 변질시킬 수가 있을까? 이해하기 어렵다. 똑같은 모델, 똑같은 색상의 핸드폰이 두 개가 있다고 치자. 누가 보아도 똑같은 것이다. 그러나 실상은 다르다. 이런 경우가 알로스로 다르다는 표현을 한다. 보기에는 같다. 그러나 번호도 다르고 메모리도 다르다. 이처럼 성경말씀 속의 두 개의 요절을 보면 둘 다 복음이다. 그래서 다른 복음은 없다라고 한 것인데 왜 이것이 그리스도의 복음을 변질시킨다는 말인가?

예를 든다면 요한복음 3장 16절은 분명히 복음이다. 그런데 예수를 믿기만 하면 구원을 받는다고 가르치면 그리스도의 복음을 변질시키게 된다는 것이다. 야고보서 2장 19절을 보면 귀신도 믿는다고 했다. 그럼 귀신도 구원받을 수 있다는 말인가? 요한복음 3장 16절은 대단히 중요한 요절이지만 여기에는 '어떻게 믿는 것이 믿는 것이다'라는 설명이 전혀 없다. 그러기에 믿음에 대한 설명을 무시하면 그리스도의 복음을 변질시키는 결과를 초래하여 구원에 문제를 가져오기 때문에 대단히 위험하다.

믿는 자에 대한 몇 가지 예를 보자.

예수님은 요한복음 12장 46에서 "나는 빛으로 세상에 왔나니 무릇 나를 믿는 자로 어두움에 거하지 않게 하려 함이로라." 또 사도 바울이 갈라디아서 2장 20절에서 믿음에 대한 설명을 했는데, 그것은 믿음에 대한 가장 중요한 핵심이다. "내가 그리스도와 함께 십자가에 못박혔나니 그런즉 이제는 내가 산 것이 아니요 오직 내 안에 그리스도께서 사신 것이라 이제 내가 육체 가운데 사는 것은 나를 사랑하사 나를 위하여 자기 몸을 버리신 하나님의 아들을 믿는 믿음 안에서 사는 것이라." 또 사도 요한은 요한일서 5장 4절에서 말했다. "대저 하나님께로서 난 자마다 세상을 이기느니라 세상을 이긴 이김은 이것이니 우리의 믿음이니라."

이같이 저를 믿는 자는 어두움에 거하지 않는 자요, 그리스도와 함께 죽은 자요, 그래서 세상을 이기는 자가 바로 요한복음 3장 16절에 해당하는 자인데 이것은 누구나 암송하는 요절이지만 이 요절을 믿기만 하면 된다고 하면 그것이 바로 알로스의 다른 복음이 되는 것이기에 이것이 그리스도의 복음을 변질시키게 된다고 하는 것이다.

갈라디아서 1장 8-9절에서는 다른(Para) 복음을 전하면 저주를 받는다고 했다. '파라'라는 것은 선호하는, 즉 교인들이 좋아하는 것과 기쁘게 해주는 것을 가르치면 저주를 받는다는 것이다. 기복신앙이 바로 한 예다. 복을 이야기하니 교인들이 좋아하니까 설교 때마다 복 받으라고 외치면 다른 복음을 전하는 것이기에 저주를 받는다고 했다. 복음은 단순하기 때문에 예수를 믿기만 하면 된다라고 하면 다들 좋아하니 이것이 바로 파라의 다른 복음이 되는 것이다. 그리고 다른 복음이 아닌 알로스로 신앙생활을 적당히 해도 구원에 문제가 없다고 가르칠 때 교인들이 좋아하니 이것 역시 파라의 다른 복음이 된다. 정말 무서운 말씀은 저주를 받는다는 것인데 사도 바울의 확실한 증언을 10절에서 볼 수 있다. "이제 내가 사람들에게 좋게 하랴 하나님께 좋게 하랴 사람들에게 기쁨을 구하랴 내가 지금까지 사람의 기쁨을 구하는 것이었더면 그리스도의 종이 아니니라." 오늘날 사람을 좋게 하고 기쁘게 하는 메시지가 바로 다른(Para) 복음인 것이다.

이와 같은 다른 복음이 교회 안에 있다는 것을 인식하지 못하고 있는 사역자들이 놀랍게도 많은 것 같다. 그리고 다른 복음과 연관된 다른 예수와 다른 영도 있다. 고린도후서 11장 4절은 말한다. "만일 누가 가서 우리의 전파하지 아니한 다른 예수를 전파하거나 혹 너희의 받지 아니한 다른 영을 받게 하거나 혹 너희의 받지 아니한 다른 복음을 받게 할 때에는 너희가 잘 용납하는구나."

여기에서 "다른 예수"에는 알로스로 기록되어 있고, "다른 영"과 "다른 복음"은 헤테로스로 기록되어 있다. 다른 예수의 경우 알로스는 진짜 예수로 따르는 경우인데, 필리핀에 있는 Ignesia ni Cristo는 이단으로서 삼위일체를 부정한다. 그들은 예수가 구원자이지만 하나님의 아들이 아니고 하나님도 아니다. 그리스도의 교회란 의미인 Ignesia ni Cristo는 실제 그리스도가 없는 교회지만 필리핀에서 급성장하고 있다. 다른 영과 다른 복음은 엄연히 구분되는데도 오늘날 많은 그리스도인들이 미혹되어 끌려가기도 하고, 또 종교 다원주의자가 기독교 안에 생각보다 많아 모슬렘으로 또 천주교로 가고 있다.

마가복음 7장 13절을 보면 예수님은 이렇게 말씀하셨다. "너희의 전한 유전(교리)으로 하나님의 말씀을 폐하며 또 이 같은 일을 많이 행하느니라." 이 유전이 오늘날의 신학과 교리로서, 사람에 의해 만들어진 것인데 성경적이지 않은 것이 있다는 것이다. 이사야 선지자도 이사야 29장 13절에서 이렇게 말했다. "주께서 가라사대 이 백성이 입으로는 나를 가까이 하며 입술로는 나를 존경하나 그 마음은 내게서 멀리 떠났나니 그들이 나를 경외함은 사람의 계명으로 가르침을 받았을 뿐이라." 율법 시대에 사람의 계명은 다른 율법의 가르침으로 백성을 위선자로 만든 것으로 마태복음 15장 8-9절에 인용되어 있다. 히브리서 13장 8-9절은 말씀한다. "예수 그리스도는 어제나 오늘이나 영원토록 동일하시니라 여러 가지 다른 교훈에 끌리지 말라." 당시 다른 교훈으로 많은 그리스도인들이 주님을 믿는다고 하였지만 믿음을 떠난 자가 많았던 것이다. 특히 사도 바울은 디모데전서 6장 3절에서 '누구든지 다른 교훈을 하며 바른 말 곧 우리 주 예수 그리스도의 말씀과 경건에 관한 교훈에 착념치 아니하면"이라고 했다. 신약의 13권을 성령의 감동으로 기록한 그가 왜 자신의 서신을 말하지 않고 주님이 이 땅에 오셔서 말씀하신 사복음서에 착념하라고 했겠는가. 그것이 바로 천국복음이기 때문이다.

많은 사역자들이 성경에 다른 복음이 없다라고 하지만 엄연히 다른 복음이 판을 치고 있는 현실을 이제 알았을 것이고 이 위험성을 우리가 안다면 천국복음이 옳은 길임을 알아야 한다. 우리가 다니엘 12장 3절의 말씀을 전도라고 생각하는 경우가 많지만 "많은 사람을 옳은 데로 돌아오게 한 자"라는 진정한 뜻은 어딘가로부터 떠나왔기에 돌아가게 해야 한다는 것으로, 천국복음의 주체이신 하나님으로부터 떠난 인간을 하나님께로 돌아가게 할 때 전도라고 할 수 있지만 그 핵심은 천국복음으로 돌아가야 한다는 것이다.

사도 베드로는 예수님을 십자가에 못 박은 유대인들이 베드로의 설교를 듣고 마음이 찔려 사도들에게 "형제들아 우리가 어찌할꼬"라고 했을 때 "너희가 회개하여 각각 예수 그리스도의 이름으로 세례를 받고 죄 사함을 얻으라 그리하면 성령을 선물로 받으리니"라고 했다. 바로 이것이 옳은 데로 돌아오는 길이며 이것이 천국복음의 중심으로서, 회개와 세례(예수님과 함께 죽고 함께 사는 것), 죄 사함으로 성령을 받는 것이 옳은 길인 것이다.

예수님의 설교의 주제는 하늘나라인 천국복음

마태복음 25장의 마지막 때에 관한 비유 3가지는 심판에 대한 것으로, 그 외 모든 비유는 하나님 나라에 대한 것이다. 만일 우리가 천국복음을 모른다면 다른 복음을 전하면서도 다른 복음인지조차 모르는 엄청난 실수를 저지르게 되는 것이다.

마가복음 1장 15절에서 "회개하고 복음을 믿으라"고 주님이 직접 말씀하실 때 신약 성경은 없었다. 그렇다면 복음을 찾으려면 구약으로 가야 한다. 그러므로 천국복음의 출발은 복음 자체이신 예수 그리스도의 탄생을 예언한 것으로 거슬러 올라가야 한다. 왜냐하면 예수님이 복음을 믿으라고 하신 것은 바로 예수님을 믿으라는 말이기에 예수님이 이 땅에 오실 때 성경에서 무엇으로 오셨는지 그리고 무엇을 믿으라고 하셨는지 찾아 바른 복음을 전파해야만 한다. 우리가 배워 알고 있는 것이 성경에 명백히 기록되어 있다면 아무런 문제가 없지만 성경을 다 뒤져도 기록되지 않은 것을 가르쳤고 그것이 아무리 일반화되어 있다 하더라도 인간의 머리로 만들어진 것이라면 과감히 버려야 한다. 예수님이 이 땅에 무엇으로 오셨는지 알아야 복음을 바로 알게 될 것이다.

예수님의 탄생 예언을 살펴보자

이사야 9장 2, 6-7절을 보면 "흑암에 행하던 백성이 큰 빛을 보고 사망의 그늘진 땅에 거하던 자에게 빛이 비취도다…이는 한 아기가 우리에게 났고 한 아들을 우리에게 주신바 되었는데 그 어깨에는 정사를 메었고 그 이름은 기묘자라, 모사라, 전능하신 하나님이라, 영존하시는 아버지라, 평강의 왕이라 할 것임이라 그 정사와 평강의 더함이 무궁하며 또 다윗의 위에 앉아서 그 나라를 굳게 세우고 지금 이후 영원토록 공평과 정의로 그것을 보존하실 것이라 만군의 여호와의 열심이 이를 이루시리라."

이 예언을 보면 흑암에 빛이 비친다. 그는 평강의 왕으로 나라를 굳게 세운다. 즉, 다윗의 혈통으로 오셔서 하나님 나라를 굳게 세우겠다는 것이다. 그렇다면 흑암에 처한 자들에게 무엇이 복음인가, 즉 무엇이 굿 뉴스인가? 흑암으로 한 치 앞도 분별할 수 없는데 무엇이 굿 뉴스인가? 이 굿 뉴스를 알아야 한다.

그럼 예언의 성취를 살펴보자.

마태복음 4장 16절은 말씀한다. "흑암에 앉은 백성이 큰 빛을 보았고 사망의 땅과 그늘에 앉은 자들에게 빛이 비취었도다." 이것은 이사야 9장 2절의 성취다. 여기에 굿 뉴스가 있다. 이것을 사도 요한은 요한복음 1장 4-8절에서 빛으로 언급했다. 예수님 안에 있는 생명은 사람들의 빛이다. 이 빛이 어두움에 비취되 어두움이 깨닫지 못했다. 그때 세례 요한이 나타났다. 그는 이 빛이 아니고 이 빛에 대해 증거하러 온 자로 7절에서 명백히 빛을 믿게 하려고 빛을 증거하러 왔다고 했다. 여기서 우리가 놓쳐서는 안 될 것이 있다. 바로 빛이다. "회개하고 복음을 믿으라"고 한 마가복음 1장 15절은 필리핀 성경에서 "예수님 자신이 복음이니 믿으라"고 번역되어 있다. 앞서 요한복음 1장 7절에서 빛을 믿게 하려고 빛을 증거한 세례 요한의 증거와 복음이 일치한다. 빛을 증거하러 온 세례 요한은 여자가 낳은 자 중 가장 큰 자로(마 11:11) 그의 사역 핵심은 빛을 증거하러 온 것이다. 그는 빛을 통한 회개를 외쳤고, 죄를 자복하는 자들에게 물로 회개의 세례를 베풀었으며, 예수님보다 6개월 먼저 태어나 예수님보다 먼저 헤롯왕에게 목 베임을 당했다. 이렇게 볼 때 세례 요한이 위대하나 세례 요한처럼 되기를 원하는 자가 과연 있겠는가? 그럼 세례 요한은 세상에 잘못 태어난 자가 아닌가라고 말할 것인가? 아니면 그가 정말 행복한 삶을 살았다고 할 것인가? 인간의 생각으로는 이해가 안 된다. 세례 요한이 한 일이 무엇인가? 빛을 증거했고 회개를 외치다가 목 베임을 당했다. 그럼 그가 가장 비참한 자란 말인가? 아니다. 그는 최고의 사명자로 예수 그리스도를 빛으로 증거한 유일한 자요, 복음, 즉 굿 뉴스인 빛을 증거한 자였다.

요한복음 1장 9절은 참 빛 곧 세상에 와서 각 사람에게 비취는 빛으로 오신 예수님을 말씀한다. 그런데 요한복음 1장 11절에서는 자기 땅에 오매 자기 백성들이 영접치 않았다고 했는데, 그렇다면 무엇을 영접치 않았다는 것인가? 굿 뉴스, 곧 빛을 영접치 않았다는 것이요, 자기 백성은 왕이신 예수님을 영접치 않았다는 것이다. 이것이 이사야 9장 2, 6절이 더 구체적으로 성취된 말씀인 것이다.

그럼 요한복음 1장 12절은 영접하는 자란 분명히 빛으로 오신 왕이신 예수님을 영접하라는 것이다. 세례 요한의 증거만으로 충분하지만 예수님 자신이 요한복음 12장 46절에서 "나는 빛으로 세상에 왔나니 무릇 나를 믿는 자로 어두움에 거하지 않게 하려 함이로라"고 명백히 말씀하셨음에도 오늘날 복음을 전하면서 빛을 언급하지 않는 것은 분명 왜곡된 것임을 놓쳐서는 안 된다. 사도 바울도 사도행전 26장 23절에서 이스라엘과 이방인들에게 빛을 선전한다고 명확히 했다. 우리 또한 "복음의 빛 비춰라"라고 찬송을 부른다. 그런데 왜 복음을 전할 때 이 빛이 빠져 있는가?

그렇다면 그들은 빛으로 오신 왕이신 예수님을 왜 영접하지 않았나? 요한복음 3장 19-20절의 말씀처럼, 정죄는 이것이니 행위가 악해 빛보다 어두움을 더 사랑했고, 행위가 드러날까 영접치 않았으며, 결국 저들은 예수님을 십자가에 못 박는 무리들이 된 것이다.

그러면 오늘날은 빛으로 오신 왕을 영접시키는가? 우리가 성경의 문맥을 무시하고 요한복음 1장 12절에서 구세주를 영접시키는 모든 전도법은 도대체 어디에 근거한 것인가? 문장이 꼬인 "아버지 가방에 들어가셨다"에는 바로잡을 수 있는 내용이 그 속에 다 있지만, 구세주를 영접시키는 전도법은 뭔가에 미혹된 것이 아니고서는 이렇게 될 수 없다고 본다.

나는 필리핀 초기 사역 때 두 명의 자매를 신학교에 보내 공부시켰는데, 기숙사비와 교통비까지 지원했고 유치원 교사로 수고하는 그들에게 매달 수고비도 주었다. 그 후 공부도 다 마쳤고 도울 만큼 도왔으니 떠나라고 했더니 노동청과 이민국에 고발하겠다고 했다. 이유는 지금까지 도왔으니 책임지라는 것이었다. 물에 빠진 사람 건져주었더니 보따리 내놓으라는 격이었다.

그와 같이 요한복음 1장 12절의 문맥에도 없는 구세주를 영접시키면 날 구했으니 평생 먹여 살려야 할 것 아니겠는가 하는 식의 자칭 그리스도인들이 심히 많아 입시철마다 새벽기도회에는 사람들로 차고 넘친다.

천국복음은 빛으로 오신 왕이신 예수님을 영접시키는 것이 출발이요, 빛이신 왕이 내 속에 들어오면 죄와 어두움은 견딜 수 없어 회개가 일어나며, 회개하는 자는 예수의 피가 우리를 모든 죄에서 깨끗게 함으로 죄 사함이 일어나면 자동으로 나의 구세주가 되어 왕이신 예수님의 통치를 받는 하나님의 자녀가 되는 것이다. 이렇게 구세주가 되었을 때 내 속에 구세주가 계신 것이지 예수의 피로 죄도 씻기지 않았는데 구세주를 영접시켜 하나님의 자녀가 되었다고 하면 죄 씻음 없는 구세주는 결코 있을 수 없다.

구세주가 누구인가? 십자가의 피 흘림이 없었다면 구세주가 없는 것이다. 우리가 이 예수의 피로 씻음 받지 않고 구세주가 될 수 없다. 어린양의 보배로운 피로 우리를 구속했기에 우리는 구세주의 보배로운 피로 하나님의 자녀가 된 것이다. 그럼으로 구세주는 가장 귀중한 것이다. 가장 귀중한 것을 그냥 주시는 것이 하나님의 은혜다.

아이가 세상에 태어날 때 가장 귀한 것은 산소다. 공기 속의 산소는 돈으로 팔지 않을 뿐 아니라 산소를 마셔야 살기 때문에 산소를 들이마시라고 아무도 가르치지 않는다. 그냥 태어나기만 하면 된다. 우리는 태어날 때 아버지의 피를 받아 태어난다. 그 피 속에 물과 DNA가 있다. 그러므로 물과 피와 DNA는 분리되지 않는다.

이와 같이 하나님의 자녀는 물과 성령으로 태어난다고 요한복음 3장 5절에서 주님이 니고데모에게 말씀하신 것을 우리는 다 알고 있다. 여기에서 왜 피를 언급하시지 않았을까? 당시 니고데모는 유대인의 선생으로 이미 30세가 넘은 사람이었기에 만약 예수님이 그에게 내 피로 거듭나야 한다고 했다면 그는 도망갔을 것이고 두 번 다시 예수님을 생각조차 않았을 것이다. 성령과 물과 피는 하나로서 분리되지 않는다. 이것은 구세주를 영접시키는 것이 아님을 보여준다. 구세주를 내가 영접하면 나의 구세주가 되고 영접하지 않으면 구세주가 아니다. 새 생명으로 태어나면 나의 구세주가 된다. 즉, 물과 성령으로 태어난다는 것은 예수 그리스도의 보배로운 피로 구속될 때 죄 사함을 받아 나의 구세주가 되는데 구세주를 영접시켜 하나님의 자녀가 되었다고 한다면 뭔가 이상하지 않은가?

물과 성령과 피는 하나다(요일 5:8). 그럼으로 하나님의 자녀는 예수님이 성령으로 잉태하시므로 죄가 없는 것처럼, 죄인인 인간이 하나님의 씨(DNA)인 성령으로 거듭날 때 새로운 피조물이 된다. 또한 하나님은 말씀이시기에 말씀으로 거듭나며(벧전 1:23), 어린양 같은 그리스도의 보배로운 피로 죄 씻음을 받는 거듭남으로 인해 자동적으로 나의 구세주가 되는 것이다.

내가 성령의 깨달음으로 이 말씀을 나누었더니 신학 박사 학위를 가진 분이 "이것은 목사님의 신학이론입니다"라고 했다. 과연 내가 만든 신학이론일까? 결코 그렇지 않다고 본다.

다시 명확히 말한다면 육신의 자녀가 태어나면 아빠와 엄마를 신생아에게 영접시키는 바보가 어디 있겠는가. 이것은 자동으로 아빠요 엄마가 된다. 이와 같이 하나님의 자녀로 태어나면 보배로운 피로 구속받아 죄 사함을 받은 것이기에 자동으로 나의 구세주가 되는 것이다. 그러므로 빛이신 예수님이 내 속에 들어와야 어두움이 물러가는 회개가 일어나 죄 사함이 될 때 자동으로 구세주가 되는 것이다.

우리가 분명히 알아야 하는 한 가지는 복음은 굿 뉴스, 즉 좋은 소식이어야 한다. 이것은 우리가 거듭나기 전의 상태를 알아야 바르게 알 수 있다. 우리는 허물과 죄로 죽은 상태(엡 2:1), 흑암에 거한 상태(사 9:2, 엡 5:8)였다. 상식적으로 생각해도 허물과 죄로 인해 한 치 앞도 볼 수 없는 흑암인데 무엇이 굿 뉴스인가? 먹고 마실 것인가? 좋은 집인가? 좋은 차인가? 이 모든 것은 흑암 속에 선 아무 의미가 없다.

　오늘날 아프리카에서 굶어 죽어가는 어린이들이 3, 4초에 한 명이라고 할 때 무엇이 그들에게 굿 뉴스인가? 어느 어리석은 선교사가 내일 값비싼 고급 장난감이 한 컨테이너 도착한다고 하며 그것을 굿 뉴스라고 하겠는가?

　이렇게 가정해보자! 한 주간 동안 해, 달, 별, 전기, 촛불 그리고 모든 빛이 없다고 가정해보자. 이 도시야말로 흑암의 도시, 죽음의 도시일 것인데, 이 도시에 무엇이 굿 뉴스, 즉 복음이겠는가?

　이 세상은 흑암의 권세에 지배당하고 있고 우리의 심령은 어두움으로 한 치 앞도 볼 수 없는데 무엇이 굿 뉴스, 복음인가? 저들을 구하기 위해 구세주를 보내는 것은 진리 중 진리다. 그러나 굿 뉴스를 선포하고 그 뒤에 그 굿 뉴스의 실체가 무엇인지 말하는 것이 일반 상식이 아니겠는가. 굶어 죽어가는 어린이들에게 굿 뉴스인 먹고 마실 것을 주는 것이 최고의 우선순위요 그다음 너희들을 구하기 위해 선교사가 왔단다라고 해야 순서인 것이다. 굿 뉴스인 먹고 마실 것은 가져가지 않고 빈손으로 가서 내가 너희들을 살리기 위해 죽으러 왔다고 한다면 아마도 선교는커녕 그 자리에서 죽임을 당할 가능성도 있지 않겠는가. 어떤 어리석은 선교사가 그렇게 복음을 전하겠는가. 그렇다면 하나님이 흑암에 있는 백성에게 구세주를 영접하면 산다고 한다면, 굿 뉴스도 아닌 상식에도 미치지 않는 그런 하나님을 누가 만든 것인가?

　좀 유치한 말로 표현한다면 사방이 어두운데 구세주가 누구를 구한단 말인가? 보여야 뭔가를 할 수 있지 않은가? 그래서 이사야 선지자는 흑암 중에 행하는 백성에게 큰 빛을 말했고, 세례 요한은 빛을 증거하며 빛을 믿으라 했으며, 예수님은 나는 세상에 빛으로 온 빛 그 자체라고 하셨다. 하나님은 빛이시라 그에게는 조금도 어두움이 없다고 했다. 빛을 말하지 않는 다른 것은 굿 뉴스가 될 수도 없고 아무런 의미도 없다. 빛이 없는 복음은 복음이 아니다.

　복음, 곧 굿 뉴스는 빛이다. 그래서 어두운 심령에 빛이 들어오면 말로 표현하기 어려운 환호성이 터진다. 그것은 심령의 어둡고 더러운 것들이 빛이 들어오니 회개가 일어나는데 그것은 심령의 토네이도가 되어 더럽고 추한 모든 것을 날려 보내는 애통의 회개가 되는 것이다. 그런데 웬 구세주를 영접시키는가? 구세주를 영접한 대부분의 그리스도인들은 심령에 어떤 변화가 일어나지 않았다고 했다. 사도 바울은 갈라디아서 6장 17절에서 "내가 내 속에 예수의 흔적을 가졌노라"고 했는데 그것은 과연 무슨 흔적일까? 다메섹 도상에서 만난 빛이신 예수님으로 인해 일어난 심령의 토네이도로 만들어진 흔적이 아니겠는가? 우리가 육적으로 태어나도 부모의 보살핌과 권위 아래서 자라듯이 빛으로 회개한 심령에 왕이신 예수님이 주님이 되실 때 주님의 보살핌과 통치를 받아 진정한 하나님의 자녀로 자라게 되는 것이다.

　만약 빛이신 왕을 받아들이지 않고 곧바로 구세주를 영접시키고 가르치는 것은 알로스의 다른 복음이 될 수도 있다. 결국 다른 복음에 속하는 것은 빛이신 왕, 그리스도는 없고 구세주만 있는 경우다. 만약 구세주를 영접시켜 그가 말씀과 보배로운 피로 죄 씻음을 받았다면 전혀 문제가 없다. 문제는 오늘날 구세주로 영접시켜 구원이 확정된 것처럼 가르치는 다른 복음이다. 왜 이것이 다른 복음이냐 하면 마음으로 구세주를 영접했다 하지만 죄 사함이 일어나지 않았다면 구세주가 영접되지 않았고, 예수 믿기 전보다는 조금 달라진 것 같지만 그것은 체면 문제일 뿐 계속 어두움에 거한다면 예수 믿는 것이 아니기 때문에 예수님은 요한복음 12장 46절에서 "나는 세상에 빛으로 왔나니 무릇 나를 믿는 자는 어두움에 거하지 않게 하려 함이로라"고 하셨다.

　빛으로 말미암아 어두움이 물러가는 회개로 심령이 깨끗해져야 왕이신 주님이 거하시지, 더럽고 추한 회개되지 않은 더러운 심령에 구세주를 영접했다면 결코 그분은 그곳의 왕도 아니시고 구세주는 더더욱 아니시다. 빛으로 회개된 심령에 주님이 좌정하실 때 바로 누가복음 17장 21절에서 말씀한 바와 같이 마음의 천국이 이루어지는 것이다. 주님은 "회개하라 천국이 가까웠느니라"고 하시며 마음의 천국을 말씀하셨다. 개인의 종말에서 회개함으로 마음에 천국이 이루어지지 않은 채 천국에 간다는 것은 헛된 소리일 뿐이다. 주님이 이 땅에 오셔서 하신 첫 말씀이 회개다. 회개는 천국을 향한 출발점이다. 그런데 주님을 구세주로만 영접한 대부분의 사람들은 회개를 모른다. 빛으로 오신 왕이 내 마음에 들어오셔야 회개를 통해 그분의 통치를 받는 마음의 천국이 이루어진다.

예수님을 핍박한 사울을 다시 보자.

그는 다메섹 도상에서 빛이신 예수님을 만난 사건에 대해 사도행전 26장 18절에서 "그 눈을 뜨게 하여 어두움에서 빛으로 사단의 권세에서 하나님께로 돌아가게 하고 죄 사함과 나를 믿어 거룩케 된 무리 가운데서 기업을 얻게 하리라"고 아그립바 왕에게 간증했다. 여기에 구세주가 언급되지 않았다. 그러나 분명 예수님은 그의 주님이시오 구세주인 것이다. 그가 구원받은 과정을 보면 먼저 어두움에서 빛으로, 사탄의 권세, 즉 흑암의 권세에서 빛이신 왕으로 인해 회개가 일어나 하나님께로 돌아간 것이며, 이것이 죄 사함으로 자동으로 그의 구세주가 되었기에 그래서 구세주를 믿어 그리스도인의 삶을 사는데 그것이 거룩한 삶을 통해 기업, 즉 하나님 나라를 얻게 한다는 명백한 증언을 우리가 간과해서는 안 된다. 그 후 그의 생애는 그리스도의 완전한 통치로 생을 마쳤다.

오늘날 구세주로만 영접하고 빛으로 오신 왕이신 그리스도의 통치를 받지 않는 자칭 그리스도인들이 개독교 소리를 듣게 하는 것이 아닐까 싶다.

요한복음 1장 12절의 영접은 분명히 빛이신 왕을 영접하라는 것이다.

주님은 요한복음 8장 12절에서 "나는 세상의 빛이니 나를 따르는 자(제자)는 어두움에 다니지 아니하고 생명의 빛을 얻으리라"고 하셨고, 요한복음 12장 46절에서는 "나는 빛으로 세상에 왔나니 무릇 나를 믿는 자는 어두움에 거하지 않게 하려 함이로라"고 하셨다. 예수님은 빛으로 세상에 왔다고 직접 말씀하셨는데 빛을 영접하지 않은 채 예수를 믿는다고 할 수 없다. 앞의 두 요절에서 "나를 따르는 자", "믿는 자"는 누구인가? 어둠에 다니지 않고 생명의 빛을 얻는 자요 어두움에 거하지 않는 자를 말한다.

빛과 어두움에 대해 사도 바울은 그의 서신서에서 명확히 언급하고 있다. 골로새서 1장 13절에서 "그가 우리를 흑암의 권세에서 건져 내사 그의 사랑의 아들의 나라로 옮기셨으니", 에베소서 5장 8절에서 "너희가 전에는 어두움이더니 이제는 주 안에서 빛이라 빛의 자녀들 처럼 행하라" 그리고 데살로니가전서 5장 5절에서 "너희는 다 빛의 아들이요 낮의 아들이라 우리가 밤이나 어두움에 속하지 아니하나니"라고 했다.

빛과 어두움은 공존할 수 없다. 빛이신 예수님을 영접한 자는 어두움에 거하거나 다닐 수 없다. 그렇다면 그리스도인들이 어두움에 다니지 않고 어두움에 거하지 않는가? 많은 그리스도인들이 빛이신 예수님을 영접하지 않고 구세주만을 영접했다면 그는 분명히 어두움이 더 편할 것이다. 왜냐하면 자기 행위가 악할 때 빛보다 어두움을 더 좋아하는 것은 보편적이기 때문이다.

앞서 언급했지만 오늘날 너무나 잘못 가르친 바 된 복음이기에 다시 요한복음 3장 19-21절을 보자! "그 정죄는 이것이니 곧 빛이 세상에 왔으되 사람들이 자기 행위가 악하므로 빛보다 어두움을 더 사랑한 것이니라 악을 행하는 자마다 빛을 미워하여 빛으로 오지 아니하나니 이는 그 행위가 드러날까 함이요 진리를 좇는 자는 빛으로 오나니 이는 그 행위가 하나님 안에서 행한 것임을 나타내려 함이라 하시니라."

요한일서 1장 5-7절은 누가 참된 그리스도인인지 명확히 언급하고 있다. 여기서 "하나님은 빛이시라. 그에게는 어두움이 조금도 없다. 만일 우리가 하나님과 사귐, 즉 예수 믿는다 하고 어두움 가운데 행하면 거짓말하는 자요 진리를 행하지 아니하는 자다. 저가 빛 가운데 계신 것 같이 우리도 빛 가운데 행하면 주님과 사귐이 있다"고 했다. 이같이 주님과 사귄다는 것은 빛으로 회개가 일어나 왕이신 주님의 통치를 받는 것이다. 그런데 구세주만 영접하고 여전히 어두움에 거하면서 주님의 통치를 받지 않으면서도 아무 문제가 없다고 생각하는 자들이 있다. 이것이 과연 문제가 없는 것일까?

이미 앞에서 언급한 바 있지만 너무나 중요하기에 다시 언급한다. 이것은 주님이 승천하신 후 성령을 받은 사도들의 사역을 보면 확실히 알 수 있다.

"그런즉 이스라엘 온 집이 정녕 알지니 너희가 십자가에 못 박은 이 예수를 하나님이 주와 그리스도가 되게 하셨느니라"(행 2:36). 여기서 예수는 구세주시다. 구세주로 문제가 없다면 왜 예수를 주와 그리스도가 되게 하셨는가?

주는 왕이시다. 그리고 그리스도의 사역이 왕, 제사장, 선지자다. 그리스도 안에 모든 것이 다 있다. 그러나 예수만, 즉 구세주만 하면 그리스도가 될 수 없다. 우리가 예수 믿는다고 할 때 그리스도를 믿어야 구세주만 믿는 것이 아니다. 요한일서 5장 1절에서 "예수께서 그리스도이심을 믿는 자마다 하나님께로서 난 자"라고 했다. 예수님이 왕이 아니시면 구세주가 아니다.

사도행전 5장 31절에서 "이스라엘로 회개케 하사 죄 사함을 얻게 하시려고…임금과 구주로 삼으셨"다고 했다. 그러므로 빛이신 왕을 영접하여 회개가 일어나 죄 사함을 받을 때 임금이신 주님의 통치를 받고 나의 구세주가 되는 것을 명백하게 한 것이다.

고린도후서 4장 5절은 "전파하는 것은 오직 그리스도 예수의 주 되신 것"이라고 했다. 로마서 10장 9절은 "예수를 주로 시인하라"고 했다.

이같이 왕이 아닌 구세주는 없다.

천국복음은 왕국복음이다. 즉, 하늘나라요 먼저 그의 나라와 그의 의에 있다. 하늘나라는 여기 저기 있는 게 아니라 너희 안에 있다(눅 17:21)고 했다.

빛이신 그리스도를 왕으로 영접하면 빛이 내 안에 들어옴으로 1) 내 속에 더러움과 어두움은 물러간다. 즉, 회개가 일어난다. 만약 이런 현상이 일어나지 않았다면 영접한 것이 아니다. 그래서 주님의 첫 외침이 회개였다.

2) 회개하는 자는 보혈의 피로 죄 씻음 받아 죄 사함으로 나의 구세주가 된다. 죄로 인해 망가진 하나님의 형상을 회복한 것이다. 바울은 그리스도의 형상을 이루기까지 해산하는 수고를 한다고 했다.

3) 예수님을 임금으로 모신 심령의 천국이 이루어져 주님의 통치를 받는다. 하나님의 나라가 우리 심령에 있을 때 그의 나라와 그의 의가 성취된다.

4) 주님이 통치하사 우리를 죄에서 자유케 하심으로 하나님의 아들이 된다(요 8:36). 이것이 천국복음의 핵심이요 이것이 믿음으로 사는 의인의 삶인 것이다.

그 밖에 성경에서 천국복음을 다르게 표현한 것으로 예수 그리스도의 복음(막 1:1), 하나님의 은혜의 복음(행 20:24), 그리고 구원의 복음(엡 1:13) 등이 있다.

오늘날 이 복음에 대해 자기 생각대로 명칭을 사용하는 경우를 본다. 앞서 언급했듯이 굿 뉴스가 복음인데 천국, 하나님의 은혜, 구원 등은 굿 뉴스에 속하지만 십자가를 복음이라고 한다면 그것은 굿 뉴스가 아니다. 우리가 종종 십자가 복음이라고 외치는 것을 보면 그 메시지는 진리인데 과연 십자가가 복음인가를 생각해보아야 한다. 십자가는 저주이자 형틀이다. 그러므로 십자가가 굿 뉴스가 될 수 없고 십자가에 죽으신 그리스도가 복음이신 것이다. 다시 말하면 흑암에 행하던 자에게 굿 뉴스는 빛인데 저주의 형틀인 십자가를 굿 뉴스, 즉 십자가 복음이라고 말한다는 것은 성경에 없다. 또 그렇게 사용하는 사람들의 내용을 보면 십자가 죽음을 말하고 부활을 말하는 것을 보면 진리이지만, 십자가 자체는 복음이 아니다. 반면 부활은 십자가와 비교가 안 될 굿 뉴스이지만 부활 복음이라고 사용하는 경우는 거의 볼 수 없다.

그리스도 예수 안에 있는 믿음과 구원에 이르는 지혜

그러므로 그리스도 예수 안에 있는 믿음과 구원에 이르는 지혜는 결국 천국 복음으로 선포되어야 한다. 세상은 날이 갈수록 어려워지고 있으며 말로 다 표현하기 어려운 범죄와 죄악들이 휩쓸고 있다. 천재지변은 이젠 헤아리기 힘들 만큼 일어나고 있고, 온 세계가 이상 기후로 몸살을 앓고 있다. 영적으로는 어두움의 세력이 더 강해져 감당하기에는 역부족이다. 이유가 무엇일까? 그리고 현실 교회를 보라. 영적 전쟁을 해야 하는 교회들이 악한 영의 졸개가 되어 분쟁과 분리의 소용돌이 속에 있음을 볼 때 주님이 심판자로 오실 날이 더 가까웠음을 알 수 있다.

몇 년 전 모 교단 증경 총회장님과 필리핀에서 말씀을 나눈 적이 있다. 그분 말씀에 의하면 어느 날 은퇴하신 원로 목사님이 그분에게 "박 목사, 당신은 천국을 믿나?"라고 하여 화들짝 놀란 적이 있다고 했다. 그래서 자신은 다시 구원론을 기초부터 가르치기 시작했다면서 선교사들도 바른 교리를 가르쳐야 한다고 강조했다. 그 당시 나는 천국복음을 전할 때가 아니어서 그냥 듣고 지나쳤지만 많은 교리들이 알로스의 다른 복음으로 그 위험성을 알기에 우리는 천국복음으로 돌아가야 한다.

실제로 많은 목회자들이 성경의 정확무오함을 받아들이지 않고 있으며, 유명하다는 목회자조차 다른 종교에도 구원이 있다고 말한다. 마지막 때가 되면 미혹의 영이 교회를 장악하고 그로 인해 다른 복음이 판을 치게 될 것인데, 지금도 많은 목회자들이 선악을 분별하지 못하고 교인들을 잘못된 길로 인도하면서도 구원의 길이라고 가르치고 있다.

그렇다면 이제 우리는 어떻게 해야 하고, 무엇을 준비해야 하며, 무엇을 알아야 할까?

디모데후서 3장 15절은 말씀한다. "네가 어려서부터 성경을 알았나니 성경은 능히 너로 하여금 그리스도 예수 안에 있는 믿음으로 말미암아 구원에 이르는 지혜가 있게 하느니라." 여기서 그리스도 예수 안에 있는 믿음이 구원에 이르게 하는 지혜의 근본임을 볼 때 교리도 아니고, 유명한 목사의 말을 무작정 따라서도 안 되며 오직 천국복음인 예수 그리스도, 우리 주님이 하신 말씀만 구원의 말씀으로 따라야 한다.

요한복음 17장 3절은 "영생은 곧 유일하신 참 하나님과 그의 보내신 자 예수 그리스도를 아는 것"이라고 말씀한다. 오늘날 예수님을 믿기만 하면 된다고 아는 사람들이 많다. 그것은 진정으로 아는 것이 아니다. 무엇보다 하나님을 먼저 알아야 한다. 모르고 믿는 것이야말로 공산주의와 같은 맹신이다. 그런데 많은 그리스도인들이 하나님을 안다고 한다. 하나님을 아는데 왜 하나님의 말씀은 받아들이지 않는가?

이것은 예수님 당시 장로의 유전이 하나님의 말씀을 폐하는 것처럼 오늘날에도 그런 교리가 판을 치고 있기 때문이다. 이에서 벗어나지 못하면 결국 서기관과 바리새인들처럼 위선자가 될 것이다. 예수님은 마태복음 11장 12절에서 "세례 요한의 때부터 지금까지 천국은 침노를 당하나니 침노하는 자는 빼앗느니라"고 하시면서 끝까지 견디는 자가 구원을 얻으리라(마 24:13)고 하신 것은 믿음이 아니라 믿음으로 사는 승리의 삶을 말씀하는 것이다.

우리가 아는 복음은 단순하고 쉽기에, 믿음 하나로 모든 것을 해결하려는 교리들은 다른 복음이다. 그러나 성경은 두렵고 떨림으로 구원을 이루라(빌 2:12)고 했고, 사도행전 14장 22절은 우리가 하나님 나라에 들어가려면 많은 환란을 겪어야 할 것이라고 했다. 사도 베드로는 "믿음의 결국 곧 영혼의 구원을 받음이라"(벧전 1:9)고 했고, 사도 요한은 계시를 통해 "이기는 자는 둘째 사망의 해를 받지 아니한다"(계 2:11)고 했다.

그런데 많은 그리스도인들이 흡사 아프리카에 사는 뱀 잡이 수리라는 새와 같다. 이 새는 독수리의 일종으로 공중을 맴돌다가 뱀이나 두더지 같은 것을 발견하면 쏜살같이 내려와 낚아챈다. 그런데 이렇게 민첩한 새가 땅에 내려와 먹이를 먹다가 맹수의 습격을 받게 되면 날지 않고 걸음아 날 살려라 하면서 힘을 다해 뛴다고 한다. 이 뱀 잡이 수리는 위험이 닥쳐오면 날 수 있다는 사실을 잊어버리고 허둥지둥 뛰다가 끝내 목숨을 잃는다는 것이다. 날지 못하는 닭들도 개에게 쫓기다 급하면 날아서 지붕으로 올라가는데 말이다.

이처럼 하나님께서 우리 그리스도인들에게 회개와 믿음의 두 날개를 달아주셨고 소망의 주님을 바라보며 독수리처럼 날게 하셨음에도 불구하고, 주님의 첫사랑을 경험하고 믿음의 경주를 잘 하다가도 어느 순간 세상 유혹에 넘어가 육신의 정욕, 안목의 정욕, 이생의 자랑에 빠져 안주하다가 마귀의 밥이 되는 경우를 보면 안타깝기 그지없다.

그리스도 예수 안에 있는 믿음이 구원에 이르게 하는 지혜라 했는데, 그리스도 예수 안에 있는 것은 생각조차 하지 않고 오직 믿음, 즉 관념적인 믿음을 모든 것의 기준과 잣대로 사용하는 경우를 본다. 무엇보다도 예수님이 직접 하신 말씀이 더 중요하다. "너희 의가 서기관 바리새인보다 더 낫지 못하면 결단코 천국에 들어가지 못하리라"(마 5:20). "주여 주여 하는 자마다 다 천국에 들어갈 것이 아니요 다만 하늘에 계신 내 아버지 뜻대로 행하는 자라야 들어가리라"(마 7:21).

이 두 요절은 문자적이지 않은 것으로서 강조라고 많은 목회자들이 가르치기에 선교사들이 참석한 새벽기도회에서 이 두 요절을 문자적으로 받아들여야 한다고 했더니 "그렇게 가르치면 아무도 천국에 갈 사람이 없다"고 했다. 그들의 말은 전적으로 타락한 인간이 어떻게 그렇게 살 수 있느냐는 것이었고, 그 뒤로 그들은 새벽기도회에 나타나지 않았다.

누가복음 13장 23-24절을 보면 어떤 사람이 예수님께 질문한다. "주여 구원을 얻을 자가 적습니까?" 좋은 질문은 아니다. "주여, 하늘나라 갈 사람이 많지요?" 이렇게 해야 좋은 질문 아닌가? 주님은 지옥 갈 인간을 구원하러 오셨는데 조금만 구원하시려 왔단 말인가? 그런데 예수님의 대답은 더 어이가 없다. "좁은 문으로 들어가기를 힘쓰라. 들어가기를 구하여도 못하는 자가 많으리라"고 하셨다. 구해도 안 되는 것인데 왜 힘쓰라고 하셨을까? 많은 목회자들이 주를 위해 최선을 다 하는데, 즉 좁은 문으로 들어가려고 힘쓰는데 실제 좁은 문이 아닌 다른 문으로 들어간 것을 자신은 모르는 것이다. 그래서 구원 얻을 자가 예상보다 적다는 것을 말하고 있는 것이다. 즉, 하나님을 제대로 알지 못한다는 것이다.

앞서 말한 바 영생은 하나님과 예수님을 아는 것에서 출발한다. 하나님을 어떻게 알 수 있는가? 에베소서 1장 17절은 말씀한다. "지혜와 계시의 성령을 주사 하나님을 알게 하시고." 지혜와 계시의 성령을 받지도 않고 하나님을 안다고 하는 것은 머리로 아는 것이다. 그럼 진정한 영생을 얻기 위한 길은 어디에 있는가?

요한복음 5장 39절은 말씀한다. "너희가 성경에서 영생을 얻는 줄 생각하고 성경을 상고하거니와 이 성경이 곧 내게 대하여 증거하는 것이로다." 물론 이 성경은 구약을 말하고 있지만 신구약 성경이 다른 말을 하지 않고 다 같은 내용에 대한 예언과 성취, 옛 약속과 새 약속으로 되어 있다. 그렇다면 우리는 철저히 성경으로 돌아가야 한다.

우리나라에 온 토마스 선교사는 한국 땅을 밟지도 못한 채 순교했지만, 쪽 복음을 던졌고 그 쪽 복음을 주워 집에다 도배한 박영식은 누구의 가르침도 없이 예수를 믿었다는 것을 우리는 역사를 통해 알고 있다. 그렇다면 지금은 신학자와 유명한 목사들이 수없이 많은데 왜 기독교가 이 꼴이 되었는가? 그것은 신학과 교리에 문제가 있음을 보여주는 증거인 것이다.

주님이 원하시는 것은 순수 말씀 앞에 거하라는 것이다. "너희가 참 내 제자가 되기 위해 내 말에 거하라"고 하셨는데 여기서 "내 말"은 천국복음을 말한 것이라 보여진다.

오늘의 현실 교회

구원은 큰 구원이라고 히브리서 2장 3절에서 말씀하고 있다. 즉, 구원을 놓치면 다 무너진다. 그래서 구원을 등한히 여기면 이를 피할 수 없다. 예수 믿고 구원에서 제외되었다면 불행 중 불행이요 가장 불쌍한 자가 된다. 그런데 현실 교회에서 가르치는 바에는 성경적이지 않은 것이 상당히 많다.

구원의 확신만 가지면 구원받는 줄 아는 그리스도인이 많다. 교회가 그렇게 가르쳤기 때문이다. 또 예수님을 구세주로 영접해 하나님의 자녀가 되었으니 구원받았다고 하는 경우는 거의 모든 전도법이 그렇게 되어 있기 때문에 그것이 정말 많은 그리스도인의 현 상태라고 보아야 할 것이다. 또 칭의로 구원이 확정된 것처럼 가르치는 것도 오늘의 현실이다. 이것은 마귀에게 미혹된 것으로 주님은 마지막 때에 수많은 그리스도인들이 미혹될 것을 아셨다.

그래서 주님은 누가복음 18장 8절에서 "인자가 올 때에 세상에서 믿음을 보겠느냐?"라고 하셨다. 야고보서는 행하지 않는 믿음은 죽은 믿음이라 강조하면서 수많은 그리스인들이 진리에서 떠나 미혹될 것을 성령을 통해 지적했다. 야고보서 5장 19-20절은 말씀한다. "내 형제들아 너희 중에 미혹하여 진리를 떠난 자를 누가 돌아서게 하면 너희가 알 것은 죄인을 미혹한 길에서 돌아서게 하는 자가 그 영혼을 사망에서 구원하며 허다한 죄를 덮을 것이니라." 또 디모데전서 4장 1-2절은 말씀한다. "그러나 성령이 밝히 말씀하시기를 후일에 어떤 사람들이 믿음에서 떠나 미혹케 하는 영과 귀신의 가르침을 좇으리라 하셨으니 자기 양심이 화인 맞아서 외식함으로 거짓말 하는 자들이라." 이처럼 믿음에서 떠날 자들이 있는데 그들은 귀신의 가르침을 좇을 것이라고 했다.

그렇다면 귀신이 어떻게 가르쳤단 말인가. 그것은 바로 귀신이 미혹시킨 자의 가르침을 받아 사람들이 믿음에서 떠나게 되는 것이다. 이렇게 볼 때 오늘의 현실 교회는 다른 복음이 판을 치는 현장이 되었다고 해도 과언이 아닐 것이다. 우리는 믿지 않는 사람을 대상으로 하는 것이 전도라고 한다. 그러나 미혹된 자를 돌아서게 하는 것도 영혼 구원임을 놓쳐서는 안 된다. 미혹된 자들은 자신이 미혹되었음을 알지 못한다. 사탄의 전략은 인간의 지혜를 능가한다. 그래서 교묘히 다른 복음을 진짜 복음으로 착각하도록 주입시켜놓았다.

찬송을 인도하다보면 옛날부터 잘못 배운 멜로디로 부르는 사람들이 있다. 이것을 고치려고 수없이 시도해보았지만 결국 오래된 교인들은 옛 곡조, 틀린 멜로디로 돌아간다. 우리 성도들에게 여러 달을 시도해보았지만 결국 포기하게 되었다.

이처럼 뇌에 한번 입력되면 고치기가 어렵다. 마찬가지로 복음도 첫 단추를 잘못 끼우면 진짜를 진짜로 받아들이기 어렵다. 이 경우 성령께서 깨우쳐주셔야 돌아설 수 있다. 그러려면 말씀으로 돌아가야 한다. 거기에 그리스도 예수 안에 있는 믿음이 있고, 구원에 이르는 지혜가 있다.

오늘날 인기 있는 메시지가 다른 복음인 사실을 이미 언급했는데, 이 다른 복음으로 미혹된 자들로 자기 왕국을 세우는 것은 끔찍한 일이다. 주님은 이 땅에 하나님 나라를 세우러 오셨는데 오늘날 많은 목회자들이 자기 왕국을 세우고 있으니 어떻게 되겠는가? 그러면서도 '주님의 영광을 위해'라는 외침은 빼놓지 않는다.

순수 말씀으로 돌아가자

이미 언급한 바 있지만 사도바울이 디모데전서 6장 3절에서 "누구든지 다른 교훈을 하며 바른 말 곧 우리 주 예수 그리스도의 말씀과 경건에 관한 교훈에 착념치 아니하면"이라고 하면서 다른 교훈과 바른 말, 곧 우리 주 예수 그리스도의 말씀을 대조했다. 그러면서 주님이 하신 4복음서의 말씀에 착념치 않으면 5절에서 진리를 잃어버리고 10절에서 미혹을 받아 믿음에서 떠나 자기를 찔렀도다라고 했다. 얼마나 강력하고 두려운 말씀인가?

바울은 신약성경 중 13권을 성령의 감동으로 기록한 사람이다. 그렇다면 자기 서신에 착념하라고 할 것이지 왜 우리 주 예수 그리스도의 말씀이라고 했을까? 그런데 많은 목회자들이 디모데전서 6장 3절에서 말하는 우리 주 예수 그리스도의 말씀을 하나님의 말씀인 성경으로 알고 바울 서신을 좋아하면서 인용한다. 바울이 말한 것은 예수님이 이 땅에서 가르치신 4복음서다. 왜 그럴까? 로마서에서 유다서까지는 4복음서를 해석한 것으로 어떤 한 요절을 강조하면 천국복음인 4복음서에 상반되는 부분이 있기 때문이다.

그런데 오늘날 강단에서 선포되는 다른 복음인 알로스와 파라에 대해 아멘이라고 하며 은혜를 받지만 그것이 사탄이 만든 함정임을 알지 못한다. 예수님이 전하신 천국복음의 첫 외침인 회개에 아멘을 하지 않으니 그렇다면 분명히 미혹되어 빛보다 어두움을 더 사랑한 예수님 당시의 지도자들처럼 정죄받을 수밖에 없다는 사실을 명심해야 한다. 그러므로 예수님이 말씀하신 천국복음으로 돌아가지 않으면 치명적인 후회를 하게 될 것이고, 결국 바깥 어두운데로 쫓겨나 슬피 울며 이를 갈 가능성은 거의 확실하다고 보아야 한다.

우리는 순례자다. 이 땅에 영원히 머물지 못한다. 우리의 본향으로 돌아가야 한다. 나는 필리핀에서 사역하지만 고국 한국을 늘 마음에 품고 산다. 그러나 고국은 꼭 돌아가야 하는 곳은 아니다. 지구상 어디라도 안전한 곳은 없다. 우리는 영원한 본향이요 아버지가 계신 저 하늘나라, 본향으로 돌아가야 한다.

그런데 많은 그리스도인들이 믿기만 하면 천국 간다고 알지만 다른 복음에 의한 미혹일 뿐 결코 그렇지 않음을 천국복음을 통해 밝히고자 한다.

2장 천국복음과 선교

예수님은 천국복음을 전하셨고(마 4:23) 이 천국복음이 온 세상에 전파되면 그제야 끝이 온다(마 24:14)고 하셨다. 그리고 사도행전 28장 31절을 보면 사도들이 담대히 하나님 나라를, 즉 천국복음을 전파했음을 보게 된다.

오늘날 한국교회는 공식, 비공식적으로 보낸 선교사가 25,000여 명에 이르는 선교 대국이다. 반면 기독교 역사에서 가장 부패한 교회도 한국교회라고 하는 이야기도 들린다. 선교 대국과 역사상 가장 부패한 교회라는 두 개의 흐름은 과연 별개인가, 아니면 같은 흐름인가? 우리가 말하는 선교 대국은 파송한 선교사 수에 기초한 것일 뿐, 그 선교사들이 과연 어떤 사역을 하고 있는지 그리고 그것이 주님이 원하시는 사역인지를 분명히 할 때 선교 대국을 언급할 수 있을 것이다.

우리가 잘 알듯 선교의 대명령은 마태복음 28장 19-20절이다.
"너희는 가서 모든 족속으로 제자를 삼아라" 이것 하나다. 이 제자를 삼기 위해 세례를 주고 가르쳐 지키게 하라고 했다.

가서 제자 삼아라

주변에 있는 선교사들이 어떤 사역을 가장 많이 할까 하고 살펴보아도 제자 삼기 위한 사역은 보기 힘들다. 한국교회가 선교사를 파송하는 목적도 가시적이라 파송 선교사가 어떤 사역을 하는지에는 관심이 없다는 것이 많은 선교사들의 고백이기도 하다. 그러나 선교사 자신이 바른 복음의 사역자라면 문제가 없지만, 한국교회에서 보고 배운 것을 답습하는 실정이니 주님이 전하신 천국 복음은 실종된 채 이벤트 중심의 프로그램이 교회의 생명력처럼 보여지는 현실 교회와 선교지의 사역이 무엇이 다르겠는가?

선교사들이 제자가 무엇인지 개념도 모른다면 어떻게 제자를 삼는가? 무엇보다 자신이 주님의 제자가 아니라면 아무도 제자를 삼을 수 없는 것이다. 예수님의 제자들을 보면 다 버리고 예수님을 따랐다. 특히 선교사는 친척 아비 집을 떠난 자로서 제자의 한 단계를 거친 자다.

지금까지 한국교회가 실시한 제자 양육 및 제자 훈련을 한 교회들의 실상을 보면 초급, 중급, 고급까지 체계적이고 단계적인 훈련을 했는데, 제자 훈련의 대가라고 자타가 인정하는 분들의 말을 들어보면 제자 훈련을 마쳤음에도 변하지 않는다고 가슴 아파했다.

왜 그들이 변하지 않았을까? 나도 천국복음을 외치기 전까지는 사람은 잘 변하지 않는다고 생각했지만 천국복음을 외치기 시작하고부터 변화되는 훈련생들의 모습을 직접 보게 되었다. 예를 들면 5일 동안 교사양육 합숙훈련의 경우 주간에는 교사양육 교육을 받고, 새벽과 저녁에는 천국복음 메시지와 회개 기도로 성령의 만져주심을 경험하게 되는데 그러면 그 5일 만에 교사들이 변했다고 그들을 보낸 많은 선교사들이 보고와 증언을 해주었다.

이렇게 보면 제자 훈련 교재에 문제가 있음을 알 수 있다. 만일 천국복음과 회개 기도가 제자 훈련의 필수과정이 된다면 확실하고 성공적인 제자 훈련이 될 것이다.

다시 선교사에 대해 언급하자면 제자가 되지 않은 선교사를 파송한다는 것은 초등학교 선생을 대학 강사로 보내는 격이다. 성경이 말하는 제자의 모습이 정확히 언급되어 있음에도 불구하고 한국교회가 파송하는 선교사의 자격 기준에 제자에 대한 언급은 없다. 단순히 신학공부를 끝냈고 선교사로 헌신했고 안수도 받았고 자격 서류를 갖추었으니 예수님의 제자로 인정하고 파송하는 것이 일반적이다.

제자의 조건 6가지

세상에서 제자라 함은 선생이 있고 그 선생을 통해 배우면 제자가 된다. 그러나 예수님의 제자는 예수님을 따르는 자다. 예수님은 12제자를 가르쳐 제자로 삼으신 것이 아니고 일하고 있는 자들을 보고 나를 따라 오너라 하시니 그들이 모든 것을 버려두고 예수님을 좇은 것이다. 이같이 열둘을 세우셔서 자기와 함께 있게 하시고, 전도도 하고 귀신을 좇아내는 권세도 있게 하셨다.

그럼 우리가 제자인지 점검해야 할 내용은 예수님과 함께 있는가다. 예수님 당시 그들은 예수님과 함께 있었지만 지금은 예수님이 지상에 안 계시니 어떻게 함께 있을 수 있는가? 앞서 언급했듯이 예수님을 빛으로 오신 왕으로 모시고 그 주님의 통치를 받고 있다면 그는 예수님과 함께 있는 자다. 사도 바울은 그의 서신서 가운데 주 안에서, 그리스도 예수 안에서, 성령 안에서라고 언급했는데, 오늘날 주님과 함께 있다 함은 주님이 내 안에, 내가 주님 안에 있는 것이다. 그렇지 않다면 제자도 아니므로 그들은 결코 제자 삼을 수 없다.

제자의 조건 첫 번째

누가복음 14장 26절은 "무릇 내게 오는 자가 자기 부모와 처자와 형제와 자매와 및 자기 목숨까지 미워하지 아니하면 능히 나의 제자가 되지 못하고"라고 했다. 이 말씀은 정말 이해하기 어렵다. 가족을 미워하라는 말씀은 원수를 사랑하라는 말씀과 상반된다. 그러나 우리가 분명히 알아야 할 것이 있는데 인간관계는 원수를 사랑해야 하지만, 하나님과의 관계에서는 우선순위를 바꿀 수 없다는 것이다. 과거나 오늘이나 하나님 뜻대로 살려고 할 때 이를 가장 힘들게 하는 자들은 가족이다. 예수님의 제자가 되기 위해서는 하나님 사랑이 우선순위 1번인 것이다. 이 부분에 대해 마태복음 10장 36-37절은 "사람의 원수가 자기 집안 식구리라 아비나 어미를 나보다 더 사랑하는 자는 내게 합당치 아니하고 아들이나 딸을 나보다 더 사랑하는 자도 내게 합당치 아니하고"라고 했다.

내가 천국복음을 전하고부터 나를 가장 힘들게 한 사람은 아내였다. 아내는 자기 생각과 과거에 알고 있던 것과 다른 것을 가르친다고 때로는 부부 싸움까지 했다. 이런 상황을 보면서 제자의 첫 번째 조건은 가족의 공격을 예상하라는 말씀이기도 하다.

제자의 조건 두 번째

누가복음 14장 27절은 "누구든지 자기 십자가를 지고 나를 좇지 않는 자도 능히 나의 제자가 되지 못하리라"고 한다. 이 부분에 대해 다른 복음에서는 자기를 부인하고 자기 십자가를 지고 주님을 좇으라고 한다. 이것은 제자가 되는 핵심 조건이라 할 수 있다. 왜냐하면 제자는 예수님을 따르는 자인데 예수님이 십자가를 지고 가셨는데, 우리도 제자가 되려면 자기 십자가를 지고 예수님을 따라야만 한다.

그렇다면 선교사가 자기 십자가를 지고 선교지로 가야 한다는 것인가? 아니다. 자기 십자가는 자기 죄를 위한 십자가일 뿐 남의 것이 아니다. 그러므로 자기 십자가를 지고 주님을 따라가야 하는데 자기 죄는 금고에 잘 보관해두고 주님의 제자가 될 수는 없다. 예수님이 십자가에서 죽으셨다면 제자도 자기 십자가를 지고 가 자기 십자가에서 죽어야 한다. 주님은 우리 인류의 죄를 대신하셨기에 십자가에서 죽으셨지만 인간은 남의 죄를 대속할 수 없기에 자기 죄를 십자가에 못 박아 버려야 한다. 그런데 많은 선교사들이 십자가에 못 박히지도 않고 선교지에 와서 현지인들을 십자가에 못 박으려 한다면 불상사가 일어날 수밖에 없다.

우리가 착각하는 한 가지는 자기 십자가를 이상한 방향으로 생각하는 것이다. 남편이 예수 안 믿으면 그 남편이 자기 십자가라고 하고, 자식이 말썽을 부려도 자기 십자가라고 하는데, 얼핏 맞는 말 같지만 그렇지 않다. 예수님은 인류의 죄를 대속하셨지만 우리는 결코 남의 죄를 대속할 수 없다. 그러기에 자기 십자가에 자신의 죄를 못 박으라는 것이다. 즉, 죄에 대해 죽으라는 것이다. 죄에 대해 죽었다면 죄에 대해 반응할 수 없기에 하나님께만 반응하게 되는 것이다.

그렇다면 자기 십자가를 지고 예수님을 따르는 것이 무엇인지 확실해졌다. 그런데 일반적인 가르침은 예수님이 십자가에서 다 이루셨고, 우리는 그 보혈의 공로로 값없이 구속함을 받았기에 우리가 할 일은 그저 믿기만 하면 된다고 가르친다. 이 말은 진리다. 그러나 이 말씀에서 우리가 순종해야 할 것이 있는데 정말 보혈의 공로를 믿는다면 우리는 자기 십자가를 지고 가서 십자가에 못 박혀야 한다. 다시 말한다면 주님은 죄가 없으시기에 온 인류의 죄를 지고 가셨고 그 속에 나의 죄도 포함되어 있지만, 우리에게 십자가를 지고 가라는 것은 나의 죄를 말하는 것임을 알아야 한다. 내가 죄인인데 내가 누구의 십자가를 지고 갈 수 있단 말인가?

주님이 자신의 십자가를 지고 골고다에서 못 박히셨다면, 제자는 주님을 따르는 자로서 내가 지고 간 내 십자가에 내 모든 죄를 못 박을 때 주님의 제자가 되는 것이다. 이 경우 주님이 십자가에 못 박히셨기에 나의 모든 죄가 사해졌으므로 예수 믿기만 하면 된다고 가르치면 이것은 알로스의 다른 복음이 되는 것이다.

그럼 이 두 번째 조건을 이루는 실제적인 말씀을 보자.

갈라디아서 5장 24절을 보면 "그리스도 예수의 사람들(제자들)은 육체와 함께 그 정과 욕심을 십자가에 못 박았느니라." 그런데 이렇게 십자가에 못 박지 않고도 너무나 당연하게 그리스도인이라고 말하는 사람들이 많다. 이보다 더 강한 말씀은 갈라디아서 6장 14절이다. "그러나 내게는 우리 주 예수 그리스도의 십자가 외에 결코 자랑할 것이 없으니 그리스도로 말미암아 세상이 나를 대하여 십자가에 못 박히고 내가 또한 세상에 대하여 그러하니라." 이 말씀에서 세상에 대하여 못 박혔다는 것은 우리가 세상에 대해 죽었다는 것으로 세상과 우리의 관계는 죽은 관계라는 것이다. 그것은 우리가 죽은 세상에 대해 반응할 수 없다는 것이고, 우리 역시 세상에 대해 죽었기에 세상의 어떤 것에 대해서도 아무런 반응을 할 수 없다는 것이다.

그럼으로 자기를 부인하고 자기 십자가를 지고 주님을 따르는 것은 오직 내 안에 그리스도가 사시는 것이기에 결국 세상 줄이 저절로 끊어지게 되는 것이다.

제자의 조건 세 번째

누가복음 14장 33절은 "이와 같이 너희 중에 누구든지 자기의 모든 소유를 버리지 아니하면 능히 내 제자가 되지 못하리라"고 말씀한다. 주님은 산상수훈을 기록한 마태복음 6장 24절에서 "한 사람이 두 주인을 섬기지 못할 것이니 혹 이를 미워하며 저를 사랑하거나 혹 이를 중히 여기며 저를 경히 여김이라 너희가 하나님과 재물을 겸하여 섬기지 못하느니라"고 하셨다. 우리는 둘 중 하나만 선택해야 한다. 그런데 오늘날 많은 그리스도인들이 두 가지를 다 선호하면서 잘 믿는다고 하니 결국 파라의 다른 복음인 것을 인식하지 못하는 것이다. 그리스도의 참된 제자는 소유에 대해 자유함을 누려야 한다. 그러기 위해 탐심은 절대 금물로서, 옛적부터 탐심은 현장에서 처리되었는데 구약의 아간과 초대교회의 아나니아와 삽비라 그리고 예수님의 제자 유다가 대표적인 경우다. 베드로후서 2장 3절은 말씀한다. "저희가 탐심을 인하여 지은 말을 가지고 너희로 이를 삼으니 저희 심판은 옛적부터 지체하지 아니하며 저희 멸망은 자지 아니하느니라."

제자의 조건 네 번째

예수님은 그분을 믿는 유대인들에게 "너희가 내 말에 거하면 참 내 제자가 된다"(요 8:31)고 말씀하셨다. 여기서 "내 말"에 대해 생각해보아야 한다. 우리는 쉽게 성경 말씀이라고 생각할 수 있지만 당시에는 신약 성경이 없었다. 그렇다고 구약을 말씀하신 것이 아님은 확실하다. 이것은 분명히 주님이 가르치신 핵심인 하나님 나라에 대한 것이다. 좀 더 구체화하면 먼저 그의 나라와 그의 의를 구하는 것이다. 즉, 우리 마음에 하나님 나라가 임하는 것이다. 또 "너희가 내 말에 거하면", 즉 말씀에 순종할 때 예수님의 제자가 된다. 우리가 말씀대로 살지 않으면서 말씀을 가르치면 신앙과 생활이 분리된 것을 현지인이 먼저 알아 돈을 받을 때는 "Yes Sir" 하지만 돌아서면 목사도 선교사도 아닌 물주로 치부해버린다.

요한복음 6장에서 예수님이 "내 살을 먹고 내 피를 마시는 자는 영생을 가졌고 마지막 날에 내가 그를 다시 살리리라"고 말씀하셨을 때 따르던 무리들이 "이 말씀은 어렵도다 누가 들을 수 있는가" 하면서 떠나가버린 후 예수님이 12제자에게 "너희들도 떠나겠느냐"라고 하셨을 때 베드로가 한 유명한 대답을 우리는 안다. "주여 영생의 말씀이 계시매 우리가 뉘게로 가오리까?" 그 때 예수님은 "내가 너희 열 둘을 택하지 아니하였느냐 그러나 너희 중에 한 사람은 마귀니라"고 하심은 가룟 유다를 가리키심인데 왜 그가 예수를 팔려고 했겠는가? 그는 탐심으로 주님의 말씀에 거하지 않았기 때문이다.

제자의 조건 다섯 번째

요한복음 13장 35절은 말씀한다. "너희가 서로 사랑하면 이로써 모든 사람이 너희가 내 제자인줄 알리라." 앞서 34절에서 "새 계명을 너희에게 주노니 서로 사랑하라 내가 너희를 사랑한 것 같이 너희도 서로 사랑하라"고 하심을 볼 때 서로 사랑함은 제자의 조건이고 새 계명이다. 오늘날 한국교회를 향해 사랑이 있는가라고 물었을 때 얼마나 많은 교회가 자신 있게 대답할 수 있겠는가? 또 제자 훈련을 하고 있는 교회들이 왜 분쟁을 하는가?

또한 "우리가 형제를 사랑함으로 사망에서 옮겨 생명으로 들어간 줄을 알거니와 사랑치 아니하는 자는 사망에 거하느니라"(요일 4:14)는 말씀에 비추어볼 때 형제 사랑과 구원은 관계가 없다고 말할 수 없다. 이어서 "형제를 미워하는 자마다 살인하는 자니 살인하는 자마다 영생이 그 속에 거하지 아니하는 것을 너희가 아는 바라"고 함은 당시 그리스도인들은 형제를 사랑하지 않으면 영생을 얻지 못한다는 사실을 다 알고 있었던 것이다.

그래서 사도 요한은 그의 서신서에서 서로 사랑함에 대해 계속 언급하고 있다. 형제의 궁핍함을 보고도 도와줄 생각을 하지 않으면 하나님의 사랑이 그 속에 거하지 않을 것이므로, 우리가 말과 혀로만 사랑하지 않고 오직 행함과 진실함으로 할 때 우리는 진리에 속한 자로서 우리 마음을 주 앞에서 굳세게 하는 것이다.

나아가 하나님께로서 난 자는 서로 사랑하는 자로 하나님을 알고, 사랑하지 않는 자는 하나님을 알지 못하는데 그것은 하나님이 사랑이시기 때문이다. 그 하나님의 사랑이 우리 죄를 위해 화목제로 그 아들을 보내셨고, 이같이 우리를 사랑하셨는데 우리도 서로 사랑하는 것이 마땅한 것이다.

어느 때나 하나님을 본 사람이 없으되 만일 우리가 서로 사랑하면 하나님이 우리 안에 거하시고 그의 사랑이 우리 안에 온전히 이루기에 우리로 심판날에 담대함을 가지게 하며, 누구든지 하나님을 사랑하노라 하고 그 형제를 미워하면 거짓말하는 자니 보는 바 그 형제를 사랑치 아니하는 자가 보지 못하는 바 하나님을 사랑할 수 없는 것이다. 우리가 이 새 계명을 받았기에 하나님을 사랑하는 자는 또한 그 형제를 사랑해야 한다.

제자의 조건 여섯 번째

요한복음 15장 8절에서 주님은 "너희가 과실을 많이 맺으면 내 아버지께서 영광을 받으실 것이요 너희가 내 제자가 되리라"고 하셨다. 과실을 많이 맺으려면 우리가 주님 안에, 주님이 우리 안에 계시면 된다. 따라서 주님을 떠나서는 우리는 아무것도 할 수 없다.

그렇다면 먼저 회개함으로 회개에 합당한 열매를 맺어야 하며 만약 좋은 열매를 맺지 않으면 찍혀 불에 던져지게 되는데 그 불은 지옥 불이다. 필리핀의 망고는 유명한데 망고 나무가 5년, 8년이 되어도 열매를 맺지 않으면 결국 잘라 빵가똥(타갈로그어로 가난한 집들이 밖에서 밥을 할 때 쓰는 나무)으로 사용하듯이 그리스도인들이 열매를 맺지 않으면 결국 지옥의 빵가똥으로 사용되는 것이다.

성경에서 말하는 최고의 열매는 성령의 9가지 열매로 사랑과 희락과 화평과 오래 참음과 자비와 양선과 충성과 온유와 절제이고, 가장 악한 열매는 거짓 사역자의 열매로 마태복음 7장 17-19절에 나오는 못된 나무가 나쁜 열매를 맺는데 이런 아름답지 못한 열매를 맺으면 역시 찍혀 불에 던져지는데 그 불은 지옥 불이다.

선교사들이 가시적인 선교의 열매를 거두는데 집착한다면 결코 제자 삼는 일은 일어나지 않는다. 현지인들과 함께 회개하고 기도하고 말씀을 나누고 함께 복음을 전하고 함께 먹고 마실 때 제자 양육은 열매를 맺을 것이다.

선교사가 먼저 제자가 되어 현지인을 제자 삼기 위해 해야 할 두 가지를 살펴보자.

1) 세례를 주라

선교사들이 세례의 의미도 모르고 세례를 주는 경우가 많다. 그것은 한국교회의 책임이다. 세례 문답만 통과하면 세례를 주기 때문이다. 그 세례 문답도 세례의 의미와 상관없는 것으로 문답을 공부시키고 합격하면 무조건 세례를 준다.

세례의 의미가 무엇인가? 죄 씻는 것인가? 문답할 때 "예수님이 왜 돌아가셨는가?"라고 물으면 "내 죄요"라고 답하면 합격인데, 도대체 무엇에 근거한 문답인가?

세례란 예수님과 함께 죽고 예수님과 함께 살아난 것으로 로마서 6장 1-11절에서 상세히 설명하고 있다. 그럼 예수님과 함께 죽었다는 의미가 예수님이 내 죄를 위해 죽었다는 말인가? 예수님과 함께 죽었다란 의미는 내가 죽었다는 말이지 결코 예수님이 내 죄를 대신해 죽었다는 의미가 아니다. 많은 세례 교인이 세례를 받을 때 예수님이 내 죄를 위해 죽으셨다고 고백함으로 세례를 받았지만 반면 나는 죽지 않았기에 결코 세례를 받은 자가 아니다.

세례는 예수와 합하여 받아야 하고 그의 죽으심과 합하여 받아야 한다. 즉, 그와 함께 장사 되어야 하고 하나님이 그를 죽은 자 가운데서 살리심과 같이 우리로 또한 새 생명 가운데서 행하게 하심이다. 이것은 그의 죽으심을 본받는 것이요 그의 부활을 본받아 연합한 자가 되어야 한다. 즉, 내가 예수 그리스도와 함께 십자가에 못 박혔나니 이제 내가 산 것이 아니라 내 속에 그리스도가 사신 것이 될 때 본받은 자요 연합한 자가 된다.

나아가 예수님과 함께 죽었다는 의미는 죄에 대해 죽었다는 것이다. 누가 세례를 받은 자인가? 죄에 대해 죽은 자다(롬 6:11). 죄에 대해 죽었다면 어떻게 죽은 자가 죄에 대해 반응할 수 있는가? 죽었다면 의식이 없는데 만일 반응한다면 죽지 않은 것이다. 사도 요한은 요한일서 3장 8-9절에서 "죄를 짓는 자는 마귀에게 속하나니 마귀는 처음부터 범죄함이니라…하나님께로서 난 자마다 죄를(원문에 계속이 있음) 짓지 아니하나니 이는 하나님의 씨가 그의 속에 거함이요 저도 범죄치 못하는 것은 하나님께로서 났음이라." 이같이 성경은 죄에 대해 죽었다는 것은 하나님의 씨로 출생했기에 범죄치 못하는 것이라고 했는데, 만일 그리스도인들이 죄를 지으면서 죄 안 짓는 사람 있으면 나와 보라고 하며 뻔뻔스러울 수 있다면 그는 세례 교인일지라도 세례 받은 자가 아니며 또 하나님의 씨가 그 속에 없는 것이다. 우리 육체의 DNA는 닮은 꼴이 되게 한다. 하나님의 씨인 성령은 영적 DNA다. 성령으로 거듭난 그리스도인이라면 아버지인 하나님을 닮아야 한다. 만약 닮지 않았다면 간음을 했거나 아직 거듭나지 않은 것이다.

세례 요한은 회개의 세례를 베풀었다. 회개의 세례란 지금까지 죄 짓던 생활을 청산하고 주님께로 방향을 돌려 죄에 반응하지 않는 것을 의미한다. 예수님은 죄가 없으신데 왜 세례를 받으셨는가? 여기에 우리가 사용하는 세례를 위한 문답이 적용된다. 예수님은 우리의 죄를 위해 세례를 받으셨다. 핵심은 세례 문답하는 내용이 비진리라거나 잘못된 것이라는 말이 아니라 세례의 의미와 상관없는 것을 가르침으로 그리스도인의 삶을 하나님께로 향하지 못하게 하는 주범이라는 것이다.

세례받는다는 것은 예수님과 함께 죽고 함께 사는 것(골 2:12), 곧 복음의 핵심인 그리스도의 죽으심과 부활을 말하는 것이며 예수님이 세례를 받으심은 우리의 죄 때문이므로 문답에서 예수님이 왜 세례를 받으셨는가라는 질문을 통해 우리는 다음과 같이 가르쳐야 한다. 곧 죄 없으신 예수님이 우리를 위해 세례를 받으셨기에 죄인인 우리는 남의 죄를 위해 할 수 있는 것은 전혀 없고 단지 자신의 죄를 십자가에 못 박아 옛 사람은 죽고 예수님과 함께 부활해 하나님께 대해 새 생명으로 사는 것이 세례라는 것을 가르쳐 그렇게 살도록 해야 한다. 그래야 세례받은 자의 진정한 삶이 시작된다.

여기에서 예수님이 우리 죄를 위해 십자가에 돌아가셨지 우리 죄 때문에 세례를 받으셨다는 것이 말이 되는가라고 반문할 것이다. 그것은 성경을 단면적으로 보는 것으로 세례의 의미만 보아도 명확하다. 세례의 의미인 "예수님과 함께 죽는 것과 부활하는 것"은 십자가의 죽으심과 부활을 말하는 것으로, 예수님이 왜 돌아가셨는가와 왜 세례를 받으셨는가는 같은 질문인 것이다.

이래도 이해가 되지 않는다면 예수님이 직접 하신 말씀을 살펴보자.

먼저 마가복음 10장 38-39절이다. 야고보와 요한이 장차 예수님이 정치적인 메시아로 등극하실 줄 알고 우 정승 좌 정승의 자리를 청탁했을 때 "예수께서 가라사대 너희 구하는 것을 너희가 알지 못하는도다 너희가 나의 마시는 잔을 마시며 나의 받는 세례를 받을 수 있느냐 저희가 말하되 할 수 있나이다 예수께서 이르시되 너희가 나의 마시는 잔을 마시며 나의 받는 세례를 받으려니와." 여기에 언급된 나의 마시는 잔과 받는 세례란 무엇인가?

누가복음 12장 50절을 보자. "나는 받을 세례가 있으니 그 이루기까지 나의 답답함이 어떠하겠느냐." 예수님이 나는 받을 세례가 있다고 하셨을 때 이미 세례 요한을 통해 세례를 받으셨는데 무슨 세례인가? 받은 세례라고 하셔야 하지 않을까?라고 생각할 수 있다. 그런데 분명히 받을 세례라 하신 것은 십자가의 죽으심과 부활을 가리키시는 것이다. 여기에서 퀴즈를 하나 풀어보자. "예수님이 받으신 진짜 세례는 어디서 받으신 것인가?" 세례 요한이 준 물 세례만 생각할 수도 것이고 또 성령이 비둘기 같이 임하신 사건을 생각할 수도 있을 것이다. 그러나 주님이 받으신 실제 세례는 십자가의 죽으심과 부활이다.

오늘날 한국교회가 세속화된 한 가지 이유를 말하라고 한다면 세례를 꼽고 싶다. 세례야말로 복음의 핵심이요 그리스도인의 삶의 핵심이기 때문이다. 마가복음 16장 15-16절은 말씀한다. "너희는 온 천하에 다니며 만민에게 복음을 전파하라 믿고 세례를 받는 사람은 구원을 얻을 것이요 믿지 않는 사람은 정죄를 받으리라." 한번 생각해보라. 세례를 받아야 구원을 얻는다고 하면 쉽게 아멘 하겠는가? 여기서 믿고 세례를 받은 사람을 어떻게 설명할 것인가? 예수도 믿지 않는 세례를 주는가? 아니다. 그럼 믿는 사람이 따로 있고 세례받은 사람이 따로 있을까? 그것도 아니다. 그렇다면 믿는 사람이 세례받은 자이고 세례받은 자가 믿는 자로서, 예수님과 함께 죽고 예수님과 함께 살아 새 생명 가운데서 행하는 자다. 믿음과 세례는 하나다. 갈라디아서 2장 20절을 인용하자면 내가 그리스도와 함께 십자가에 죽었고(세례) 내가 산 것이 아니고 그리스도가 내 속에 사신다(부활의 주님). 그리고 나를 사랑하사 나를 위하여 자기 몸을 버리신 하나님의 아들을 믿는 믿음 안에서 사는 것이 복음의 핵심으로 믿음 따로 세례 따로가 아니며, 믿음과 세례는 분리되지 못한다. 다시 말한다면 물 세례가 아니라 회개와 성령 세례를 받아야 구원을 받는다. 예수님 당시에 바리새인들과 율법사들이 요한의 회개의 세례를 받지 않았을 때 예수님은 그들을 향해 스스로 하나님의 뜻을 저버렸다고 했다(눅 7:29-30). 그러므로 지금도 회개의 세례가 일어나면 물로 세례의 의식을 행하며 나아가 성령의 세례와 불 세례로 나아가게 된다는 사실을 간과해서는 안 된다.

그런데 복음의 핵심과 상관없이 세례받은 자가 교회 안에 많다. 그것은 전적으로 교회의 책임이다. 믿는 자도, 세례받은 자도 복음의 핵심인 예수님과 함께 죽고 예수님과 함께 살지 않았다면 믿는 것과 세례받은 것이 의식에 불과한 것이 된다.

사도행전 2장 36-38절은 베드로가 전한 오순절 설교의 마지막 부분이다. "그런즉 이스라엘 온 집이 정녕 알찌니 너희가 십자가에 못 박은 이 예수를 하나님이 주와 그리스도가 되게 하셨느니라 하니라." 이 말을 들은 유대인들은 예수님을 십자가에 못 박으라고 외쳤던 자들로서 우리가 생각해도 저들은 용서받을 수 없는, 지옥 가야 마땅한 자들이다. 그런데 그들이 마음에 찔려 사도들에게 한 말을 보자 "형제들아 우리가 어찌할꼬." 그때 베드로가 "너희가 회개하여 각각 예수 그리스도의 이름으로 세례를 받고 죄 사함을 얻으라 그리하면 성령을 선물로 받으리니"라고 했다. 회개하고 세례를 받는 것이 구원의 길이다. 회개하면 예수 그리스도의 피가 나의 죄를 씻어 죄 사함을 받는다. 세례는 죄에 대해 죽는 것이므로 회개와 세례는 별개의 것이 아니라 같은 것이요 또 하나님께 대해 사는 것은 별개가 아니라 이 모두가 하나로 죄 사함을 받은 것이다. 그러므로 믿음의 삶은 회개하고 세례를 받고 죄 사함을 받고 성령을 선물로 받은 자로서 새 생명 가운데서 사는 삶이다.

잠시 구약으로 넘어가 구약에서 세례를 언급한 것은 없지만 구약의 세례를 살펴보자.

첫 번째로 노아의 여덟 식구가 세례를 받았는가?

노아의 여덟 식구는 사십 주야 동안 큰 깊음의 샘들이 터지고 하늘의 창들이 열려 비가 땅에 쏟아졌을 때 방주를 통해 구원받았는데 이것이 세례를 받은 것이다. 베드로전서 3장 20-21절을 보라. "…방주에서 물로 말미암아 구원을 얻은 자가 몇 명뿐이니 겨우 여덟 명이라 물은 예수 그리스도의 부활하심으로 말미암아 이제 너희를 구원하는 표니 곧 세례라 육체의 더러운 것을 제하여 버림이 아니요 오직 선한 양심이 하나님을 향하여 찾아가는 것이라." 그 당시 홍수는 구원의 표인 세례였다.

둘째, 출애굽한 이스라엘 백성은 세례를 받았는가?

고린도전서 10장 2절에 "모세에게 속하여 다 구름과 바다에서 세례를 받고"

라고 명확히 기록되어 있다. 이것은 세례의 의미대로 이스라엘 백성들이 홍해로 들어간 것은 장사된 것이고, 미디안 광야로 올라간 것은 부활한 것이므로 세례를 받았다고 한 것이다.

이같이 신약을 통해 구약에서의 두 차례 세례가 나타났는데 당시 누구에 의해 세례를 베푼 것이 아니라 과정 자체가 세례였던 것이다. .

이렇게 구약 시대에 두 차례 세례가 있었다고 할 수 있을 것이다. 그러나 우리가 시대 구분을 알면 세례 요한의 세례가 구약 시대인지 신약 시대인지에 대한 답이 나온다. 우리가 일반적으로 예수님의 탄생을 기점으로 신약 시대라고 말한다면 그것은 BC와 AD의 구분일 뿐 실제가 아니다. 구약 시대는 세례 요한까지다. "모든 선지자와 및 율법의 예언한 것이 요한까지니 만일 너희가 즐겨 받을찐대 오리라 한 엘리야가 곧 이 사람이니라"(마 11:13-14). "율법과 선지자는 요한의 때까지요 그 후부터는 하나님 나라의 복음이 전파되어 사람마다 그리로 침입하느니라"(눅 16:16).

이같이 세례 요한의 물 세례가 구약 시대의 세례인 것이다. 그래서 세례 요한의 증거를 보면 "나도 그를 알지 못하였으나 나를 보내어 물로 세례를 주라 하신 그이가 나에게 말씀하시되 성령이 내려서 누구 위에든지 머무는 것을 보거든 그가 곧 성령으로 세례를 주는 이 인줄 알라 하셨기에 내가 보고 그가 하나님의 아들이심을 증거하였노라 하니라"(요 1:33-34). 이것은 세례 요한의 사역은 구약 시대요 예수님의 사역은 신약 시대의 시작으로 성령 세례를 받아야 함을 언급한 것이다. 마가복음 1장 8절에서 세례 요한은 "나는 너희에게 물로 세례를 주었거니와 그는 성령으로 너희에게 세례를 주시리라"고 하심을 보면 물 세례만 받았다면 그것은 실제로 세례받은 것이 아니다. 왜냐하면 물은 구원하는 표로서, 세례를 줄 때 사용하는 의식이지 결코 육체의 더러운 것을 제하는 것이 아니다. 물을 통해 세례를 받음으로 회개를 통해 양심이 깨끗해져 하나님께로 향해 부활의 능력으로 살아가는 것(벧전 3:21)이기에 물 세례만 받았다면 의식에 불과한 것이다.

다시 언급하면 세례 요한과 예수님은 같은 시대에 사역을 했으나 세례 요한은 구약 시대의 마지막 주자로 신약 시대에 넘겨줄 배턴으로 물로 회개의 세례를 베풀면서 내 뒤에 오시는 분은 성령과 불로 세례를 주신다고 했고, 예수님은 세례 요한의 배턴을 받아 역시 회개의 세례를 물로 주시면서 신약 시대를 여신 것을 우리는 알아야 한다.

그러므로 우리는 예수님이 주시는 성령 세례를 받아야지 세례 요한이 준 물 세례만을 받는다면 구약 시대의 폐지된 의식으로 되돌아간 것이 된다. 그래서 사도 바울은 사도행전 19장 3절에서 "…그러면 너희가 무슨 세례를 받았느냐 대답하되 요한의 세례로라"고 했는데 이 요한의 세례가 아무 문제없다면 다시 세례를 베풀 이유가 없는 것이다. 4-7절에서 "바울이 가로되 요한이 회개의 세례를 베풀며 백성에게 말하되 내 뒤에 오시는 이를 믿으라 하였으니 이는 곧 예수라 하거늘 저희가 듣고 주 예수의 이름으로 세례를 받으니 바울이 그들에게 안수하매 성령이 그들에게 임하시므로 방언도 하고 예언도 하니 모두 열두 사람쯤 되더라." 이같이 요한의 물 세례만 받은 저들은 다시 주 예수 이름으로 세례를 받아 성령이 임하시는 성령 세례를 받았으니 이에 대해 우리가 잘 알아야 한다.

다시 정리하면 세례 요한은 주의 길을 예비하러 왔고(눅 3:4) 주의 길을 예비하는 그의 사역은 세례를 통해 나타나 있다. 마가복음 1장 4-5절은 말씀한다. "세례 요한이 이르러 광야에서 죄 사함을 받게 하는 회개의 세례를 전파하니 온 유대 지방과 예루살렘 사람이 다 나아가 자기 죄를 자복하고 요단강에서 그에게 세례를 받더라." 여기 두 장소를 보면 죄 사함을 얻게 하는 회개의 세례를 전파한 곳은 광야이고 세례를 받은 곳은 요단강으로 보이지만 실제 세례는 회개의 세례를 전파했을 때 저들이 죄를 자복한 회개가 바로 세례인 것으로, 이것을 체험케 하려고 요단강에 가서 침례(장사)하고 부활한 새 생명으로 살아가라는 것이 물 세례인 것이다.

그러므로 세례는 복음의 핵심인 십자가의 죽으심과 부활이기에 이 복음의 핵심인 예수님과 함께 죽고 예수님과 함께 부활하는, 즉 죄에 대해 죽고 하나님께 대해 사는 것으로 다시 언급하면 세례는 복음의 핵심인 십자가의 죽으심과 부활을 메시지로 선포될 때 회개가 일어나면 회개의 세례이고 그 뒤 성령의 세례를 받아야 한다.

예수님은 자신이 세례 요한을 통해 물 세례를 받았고 또 자신의 제자들과 함께 요한의 죄 사함을 얻게 하는 회개의 세례를 물로 베풀었던 것이다. 우리가 알아야 할 것은 구약과 신약이 결코 다른 내용이 아니고 같다는 사실이다. 그러나 현실 교회가 주는 세례가 물 세례 받는 것으로 끝나면 그것은 의식에 속한 것이다.

다시 정리해보자. 세례는 물 세례, 회개의 세례, 성령 세례, 불 세례로 세례 요한과 예수님은 동시대에 신약 시대를 준비하고 열었으며, 지금도 물 세례와 회개의 세례와 함께 반드시 성령 세례로 가야 한다. 물 세례를 줄 때 명심해야 할 언급은 물속에 잠길 때 당신도 예수님과 함께 죽는 것으로 당신의 모든 죄를 다 죽인다는 의미다. 그러니 이 후로는 죄를 멀리하고 죄에서 떠나야 한다. 그리고 물에서 나오는 것은 부활을 의미하는 것으로 하나님께 대해 사는 새 생명을 얻는 것이다. 이로써 새로운 피조물이 되어야 한다고 가르쳐야 한다. 그래서 그가 죄에서 떠나고 회개가 일어나야 성령 세례를 받을 수 있는 것이다. 그러나 오늘날 세례 받은 자가 물 세례만 받았을 뿐 회개도, 성령도 모른다면 그는 세례받은 자가 아니다. 그가 받은 세례는 예수 그리스도의 십자가로 다 폐해진 의문에 속한 의식적인 세례를 받았을 뿐 세례받은 자가 아니기에 할례 받은 것과 다를 바 없다. 세례가 십자가의 죽음과 부활로 죄에 대해 죽고 하나님께 대해 살아 부활의 능력으로 새 생명으로 사는 것(갈 2:20, 요일 3:9, 벧전 3:21)이요 그리스도로 옷 입는 것이다(갈 3:27). 그런데 세례문답을 거쳐 의식적인 세례를 받고 세례를 받았다고 하니 세례교인 증명서는 발급받을 수 있지만 실제 죄에 대해 죽지 않았기에 세례 받은 것이 아니다. 세례 교인은 많고 죄에 대해 죽은 자는 심히 적기에 그리스도인의 삶이 세속화된 것이라고 본다.

우리는 세례를 베풀고 받는 것으로 인식하지만 앞서 언급했듯이 세례야말로 복음의 핵심으로 전파해야 한다.

로마서는 개인 구원에 대해 1-8장까지 잘 정리했다. 6장과 7장 전반부는 구원에 관한 성화를 말한다고 본다. 6장은 세례와 순종의 종, 즉 의의 종 그리고 7장 전반부는 그리스도와의 혼인에 대한 말씀으로 이 세 가지는 로마서가 말하는 구원의 핵이다. 특히 6장 전반부에 언급한 세례는 그리스도와 합하여 세례를 받아야 하고 그의 죽으심과 합하여 세례를 받아야 하며 그의 죽으심을 본받아 연합한 자가 되고 또한 그의 부활을 본받아 연합한 자가 될 때 세례받은 자가 된다. 그런데 의식적으로 물 세례 받은 그리스도인들은 그리스도와 함께 죽었고 그리스도와 함께 살아났다는 것이 세례와 무슨 상관이냐고 한다면 심각한 문제가 된다. 그리고 그리스도인이 죄에 대해 죽고 하나님께 대해 살아 죄에 대해 반응치 않고 하나님께 대해 반응하며 새 생명 가운데서 사는 것이 세례 받은 증거라고 함은 바로 예수 믿는 믿음의 삶을 언급한 것이므로, 믿는 것과 세례받은 것은 동일한 것이다. 믿고 세례를 받는 사람은 구원을 얻을 것이요 믿지 않는 사람은 정죄를 받으리라(막 16:16). 이같이 그리스도인들이 세례받은 삶을 산다면 그 얼마나 경건과 거룩함으로 살겠는가?

그런데 오늘날 경건이 어디 있으며 거룩이 어디 있는가? 기도 소리를 들으면 거룩하신 하나님 아버지라고 하는데 아버지는 거룩한데 왜 아들들은 거룩하지 않는가? 하나님의 씨가 없다는 증거다. 많은 그리스도인들이 어디서 배웠는지 "완전히 타락한 인간이 어떻게 거룩할 수 있는가"라고 너무 자신만만하게 말한다. 그렇다면 십자가의 죽으심은 효력이 없다라고 말하는 격이 되므로 히브리서 13장 12절을 부인하는 것이다. "그러므로 예수도 자기 피로서 백성을 거룩케 하려고 성문 밖에서 고난을 받으셨느니라."

이같이 예수님이 십자가에서 죽으심으로 우리를 구속하신 것인데 많은 그리스도인들이 여기까지는 잘 알고 있지만 어린양 같은 그리스도의 보배로운 피가 흠 없고 점 없다는 것(벧전 1:19)에 대해서는 무관심하다. 왜 흠도 점도 없는 보배로운 피로 구속하셨는가? 그것은 창세 전에 그리스도 안에서 우리를 택하사 우리로 사랑 안에서 그 앞에 거룩하고 흠이 없게 하기(엡 1:4) 위함이다. 그리스도인의 삶에 대해서도 빌립보서 2장 15절에서 "이는 너희가 흠이 없고 순전하여 어그러지고 거스리는 세대 가운데서 하나님의 흠 없는 자녀로 세상에서 그들 가운데 빛들로 나타내며"라고 했다. 그리스도인인 남편과 아내의 관계에서도 "물로 씻어 말씀으로 깨끗하게 하사 거룩하게 하시고 자기 앞에 영광스러운 교회로 세우사 티나 주름 잡힌 것이나 이런 것들이 없이 거룩하고 흠이 없게 하려 하심이니라"(엡5:25-27)고 했다. 우리가 이 문제를 해결하지 않으면 그리스도의 십자가 죽으심은 우리와 별 상관없게 된다. 골로새서 1장 21-22절을 보라. "전에 악한 행실로 멀리 떠나 마음으로 원수가 되었던 너희를 이제는 그의 육체의 죽음으로 말미암아 화목케 하사 너희를 거룩하고 흠 없고 책망할 것이 없는 자로 그 앞에 세우고자 하셨으니"라고 하셨다.

우리는 그리스도의 신부라고 찬양도 하고 말은 잘 하지만, 정말 정결한 신부로 준비하지 않으면 하나님을 뵐 수도 없다는 사실을 명심해야 한다(마 5:8, 히 12:14). 결혼식을 올리고 혼인신고까지 한 남자가 종종 옛 애인을 만나고 간음죄를 범하면서, 부부 모임에 가면 우리 아내가 최고야 하면서 능청을 떤다면 그 이중적인 삶이야말로 행복이 아닌 불행인 것이다. 이와 같이 세례를 받은 그리스도인이 신랑 예수님을 사모하며 산다고 하면서 또 한편으로는 불의를 저지르고 우상 숭배인 탐심에 빠져 있으면서도 나는 그리스도인이다, 선교사다, 목사다, 장로다 한다면 얼마나 가증하겠는가? 인간으로 간음죄를 지으면서 능청 떠는 것보다 더 하나님을 두려워하지 않는 행위가 된다.

물 세례를 받았어도 회개가 일어나야 함은 두 말할 필요가 없는데 십자가의 죽음과 부활의 세례까지 받은 우리가 세례와 상반된 삶을 살면서 교만하기 짝이 없다면 일단 영적 생명이 있는지 점검해보아야 한다. 이 세례가 너무 중요하기에 거듭 언급하게 된다. 어떤 이들은 물 세례 받은 것으로 세례 교인이면 되었지 성령 세례, 불 세례는 필요치 않다고 한다.

그러나 성경을 보면 세례들이라고 표현하고 있다. 히브리서 6장 1–2절에서 그리스도 도의 초보를 언급하면서 2절에 "세례들과"라고 언급했는데 초보가 세례들이라면 물 세례만으로는 구약에서 폐한 의식을 행한 결과가 된다. 그러므로 물에 잠길 때 예수님과 함께 죽고 나올 때 예수님과 함께 부활하는 체험 세례를 통해 죄에 대해 죽고 하나님께 대해 살았기에 새로운 피조물이 된 것이요, 이것이 하나님의 형상이 회복된 하나님의 자녀가 되는 것이다. 바로 이 하나님의 형상 회복은 물과 성령으로 거듭남인데 성령으로 거듭났다고 하는 것은 받아들이면서 성령 세례는 받아도 좋고 받지 않아도 구원에 문제가 없다고 가르치는 것은 엄청난 오류를 범하는 것이다. 우리가 분명히 알아야 할 한 가지는 물, 성령, 피는 하나(요일 5:8)라는 진리로 물 따로 피 따로 성령(DNA) 따로는 있을 수 없는 일반 상식이기도 하다.

당신은 의식적인 물세례만 받았는가? 그렇다면 아직 그리스도인이 아닐 수 있다.

당신은 물 세례 받을 때 회개의 세례를 받았는가? 회개하고 복음을 믿은 자다.

당신은 성령 세례를 거부했는가? 목회자, 선교는 꿈도 꾸지 말라.

당신은 예수님과 함께 죽고 산 세례를 받고 성령과 불 세례를 받았는가? 선교의 대명령을 수행할 수 있다.

골로새서 2장 12절은 말씀한다. "너희가 세례로 그리스도와 함께 장사한바 되고 또 죽은 자들 가운데서 그를 일으키신 하나님의 역사를 믿음으로 말미암아 그 안에서 함께 일으키심을 받았느니라." 세례는 복음의 핵심이기에 구원과 직결되어 있다. 우리가 예수님과 함께 죽지 않았다면 부활은 없고 부활이 없다면 구원도 없는 것이다. 그러므로 진정한 세례를 받아야 한다. 우리가 세례를 받을 때 아무런 느낌도 변화도 없었다면 의식에 불과했을 뿐이지만, 회개의 성령이나 임재가 나타났다면 성령 세례를 받은 것이고 실제 뜨거움을 느꼈다면 불 세례를 받은 것이다.

이제부터 언급하고자 하는 부분은 세계적으로 보편화된 것이라 조심스럽게 언급하고자 한다. 마태복음 28장 19절에서 아버지와 아들과 성령의 이름으로 세례를 주라는 부분이다. 이 사명을 받은 제자들은 성령을 받았고 폭발적인 성령의 사역이 일어났다. 그런데 베드로가 큰 실수를 했다. "베드로가 가로되 너희가 회개하여 각각 예수 그리스도의 이름으로 세례를 받고"(행 2:38). 주님은 분명히 아버지와 아들과 성령의 이름으로 세례를 주라고 했는데 왜 베드로 사도는 예수 그리스도의 이름만 언급하고 아버지와 성령을 빼는 잘못을 저질렀을까?

베드로 사도는 마태복음 16장 16절에서 정확하게 예수님이 누구시라는 것을 말했다. 주는 그리스도시요 살아 계신 하나님의 아들이라고 했을 때 주님은 이를 알게 한 것은 하늘에 계신 내 아버지라고 하셨다. 또 요한복음 6장 66-68절에서도 예수님을 따르던 제자들의 무리가 다 떠나가고 열두 제자만 남았을 때 너희도 가려느냐고 하시자 베드로는 영생의 말씀이 계시매 우리가 뉘게로 가오리까란 유명한 말을 했다.

이것은 베드로 사도가 과연 실수한 것일까? 아니면 성경을 잘못 번역한 것인가?

오늘날 세계 교회가 다 성부와 성자와 성령의 이름으로 세례를 주노라는 문구로 세례를 베푸는데 왜 사도들은 다른 문구를 사용했을까? 만약 후세 교계 지도자들이 모여 이 문구를 사용하기로 결의했다면 과연 그것이 성경적인가 하는 것이다.

먼저 사도행전에서 세례를 베푼 실제를 찾아보자.

8장 16절에 기록된, 베드로와 요한이 사마리아에 가서 베푼 세례로서 "오직 주 예수의 이름으로 세례만 받을 뿐이러라." 10장 48절에 기록된, 베드로가 고넬료 가정에서 베푼 세례로서 "예수 그리스도의 이름으로 세례를 주라." 19장 5절에 기록된, 바울이 에베소에서 베푼 세례로서 "저희가 듣고 주 예수의 이름으로 세례를 받으니." 22장 16절에 기록된, 다메섹에 있는 아나니아가 바울에게 베푼 세례로서 "이제는 왜 주저 하느뇨 일어나 주의 이름을 불러 세례를 받고." 이처럼 성부와 성령의 이름을 사용치 않았다면 2장 38절에 기록된 베드로의 말도 실수가 아님이 확실하다.

나는 이에 대해 상식적인 말을 하고 싶다. 어떤 아버지가 아들에게 심부름을 시켰다고 하자. 은행에 가서 아버지의 이름으로 출금을 해오라고 했는데 아들이 은행에 가서 예금주 이름 난에 '아버지의 이름'이라고 기재할 아들이 어디 있겠는가? 만일 나의 아들이라면 내 이름 '지광남'이라고 기재하지 않겠는가?

예수님이 제자들에게 아버지와 아들과 성령의 이름으로 세례를 주라고 했는데도 불구하고 아버지와 아들과 성령의 이름으로 세례를 주노라고 하지 않은 것은 사도들이 실수한 것이 아니라 극히 정상적인 것이다. 문제는 아버지와 아들과 성령의 이름이 없다면 지금 사용하는 것이 문제가 없지만 분명히 사도들은 성부와 성자와 성령의 이름을 알고 있기에 그 이름을 사용한 것이다. 그런데 오늘날 사용하는 문구로 볼 때 아버지 이름이 성부이고, 아들 이름이 성자고, 성령 이름이 성령이라면 아무 문제가 없는데 왜 사도들이 주 또는 예수 그리스도라고 했는가 하는 것이다. 그렇다면 사도들은 분명 아버지와 아들과 성령의 이름을 알고 있었고, 그 이름으로 세례를 베푼 것은 지극히 당연한 일인 것이다.

그럼 성부와 성자와 성령의 이름이 성경에 이미 나와 있는 것을 알아야 한다. "나는 내 아버지의 이름으로 왔으매 너희가 영접하지 아니하냐"(요 5:43). "보혜사 곧 아버지께서 내 이름으로 보내실 성령 그가"(요 14:26). "아버지여 내게 주신 아버지의 이름으로"(요 17:11-12). "아들을 낳으리니 이름을 예수라 하라"(마 1:21).

이 복음서를 기록한 사도들이 여기서 정확히 아버지와 아들과 성령의 이름을 정리했고 사도행전에서 세례를 줄 때 사용을 했으니 사도들이 실수한 것이 아니고 후세 종교 지도자들의 상식에 미치지 못하는 지식으로 만들어낸 작품으로

부여진다.

잠시 생각하고자 하는 한 가지는 마태복음 28장 19-20절에서 예수님이 주 예수의 이름으로 세례를 주라고 했다면 이런 오류가 일어나지 않았을 것인데 하는 아쉬움이 있지만 이 부분은 주님의 마지막 유언을 하실 때 하신 것으로, 아무도 그 부분에 대해 아버지와 아들과 성령의 이름이 무엇입니까라고 질문하지 않은 것은 당연하고, 나아가 사도행전에서 아무도 성부와 성자와 성령의 이름으로 세례 시에 사용하지 않은 것도 역시 당연하다.

그렇다면 왜 주 예수 그리스도의 이름으로 세례를 준 것일까?

세례는 죄에 대해 단번에 죽으심(롬 6:10)이기에 인간의 몸을 입으신 완벽한 인간으로 세상 죄를 지신 십자가의 죽으심과 부활로 직접 세례를 받으신 그분의 이름으로 세례를 받는 것은 너무나 당연하고 확실하기에 세례를 받으실 수 없는 인간의 몸을 입지 않으신 성부와 성령을 사용하지 않았다고 보여진다.

2) 내가 너희에게 분부한 모든 것을 가르쳐 지키게 하라

예수님이 말씀하신 것을 우리가 단어 하나와 문장을 조심히 살펴 무엇을 가르쳐 지키게 하라고 하셨는지를 바로 알아야 한다. 주님은 분명히 내가 너희에게 분부한 모든 것이라고 했다. 그럼 오늘날 교회들이 주님이 분부한 모든 것을 가르치고 있는가? 아니지 않는가? 주님은 이 땅에 오셔서 천국복음을 전하셨고 사도들도 전했는데 지금은 알로스와 파라의 다른 복음이 판을 치고 있다. 예수님 당시도 유전으로 하나님의 말씀을 폐한다고 했고, 마가복음 7장 13절에서 언급했듯이 오늘날도 요절 하나로 만들어진 교리와 알로스와 파라의 다른 복음으로 미혹시켜 교인들을 종교인으로 만드는 것이 사탄의 전략이다. 현실 교회를 보면 십일조 많이 하고, 헌금 많이 하고, 봉사 잘하면 일등 교인에 속한다.

성경 어디에 이런 자가 일등 그리스도인이라 했는가?

주님이 분부한 모든 것을 무엇이라고 생각해야 하나? 두 말할 필요 없이 4복음서다. 사도 바울도 디모데전서 6장 3-5절에서 "누구든지 다른 교훈을 하며 바른 말 곧 우리 주 예수 그리스도의 말씀과 경건에 관한 교훈에 착념치 아니하면"이라고 한 것을 볼 때 우리 주 예수 그리스도의 말씀은 분명히 4복음서다. 많은 사역자들이 후세에 복음서를 제치고 서신서를 통해 교리를 가르치고 또 성경 공부와 설교에 많이 언급할 것을 성령님께서 아시고 사도 바울을 통해 성경에 기록해두셨다. 하지만 이 말씀을 무시한 사역자들은 4-5절에서 저들은 교만하여 아무것도 알지 못하고 변론과 언쟁을 좋아하는 자며 이로써 투기와 분쟁과 훼방과 악한 생각이 나며 마음이 부패하여지고 진리를 잃어버려 경건을 이익의 재료로 생각하는 자들의 다툼이 일어나게 되는 것으로 오늘날 이미 이 상황 속에 빠져 있다고 본다.

4복음서의 핵심은 마태복음 5-7장으로 보고자 한다. 왜냐하면 4장 23절에서 천국복음을 전파하셨다고 하면서 5장부터 입을 열어 가르치셨기 때문이다. 5장에서 8복을 언급했는데 첫 번째 천국으로 시작해 마지막 천국으로 6번은 누가 하나님을 볼 것이며 7번은 누가 하나님의 아들이라 일컬음을 받을 것인가 하는 것임을 볼 때 이것이야말로 중요한 구원의 말씀이다.

마태복음 5장 13-16절은 소금과 빛의 사명이 그리스도인의 모습이 되어야 한다고 말씀한다. 5장 17-19절은 율법 폐지론자를 막기 위해 율법을 완전케 하셨는데 바로 십계명을 가르쳐 지키게 하라, 즉 행하며 가르치라고 직접 언급하셨다.

그 다음 절부터 그리스도인의 삶에 대해 '하지 말라와 하라'로 말하는데, 5장의 결론은 "그러므로 하늘에 계신 너희 아버지의 온전하심과 같이 너희도 온전하라"고 하고 있다. 48절을 보고 하나님은 온전하시지만 우리는 그렇게 될 수 없다라고 가르친다면 역시 알로스의 다른 복음에 속한다.

사도 바울도 에베소서 4장 11-15절에서 사도, 선지자, 복음 전하는 자, 목사, 교사를 주신 목적으로 이는 성도를 온전케 하며라고 하면서 우리가 다 하나님의 아들을 믿는 것과 아는 일에 하나가 되어 온전한 사람을 이루어 그리스도의 장성한 분량이 충만한 데까지 이르리니…오직 사랑 안에서 참된 것을 하여 범사에 그에게까지 자랄찌라 그는 머리니 곧 그리스도라고 하면서 사도 바울도 온전함을 참된 그리스도인의 표지로 언급했다.

마태복음 6장에 가면 구제, 기도, 금식, 재물, 의식주에 대해 언급한 후 하나님 나라와 의를 구한다면 이 모든 것은 보너스로 주겠으니 염려하지 말라고 했다.

7장에 가서 다시 남을 비판하지 말라와 성령을 구하는 것으로 시작해 예수님의 설교의 결론이 좁은 문으로 들어가라는 구원의 말씀과 열매 없는 거짓 선지자들을 삼가라고 하시며, 그들은 불법을 행하므로 주님이 내치실 것이며 그분의 이 말씀을 듣고 행하는 자와 행치 아니하는 자로 결론을 내렸다.

여기서 우리가 착각하는 것이 있다면 이 산상 수훈이 구원에 관한 것이 아니라고 생각하고 가르치고 있는 경우가 있지만, 이것이야말로 성경적인 구원에 관한 말씀인 것을 알아야 한다. 그 증거로 이 산상 수훈에 의해 그리스도인의 삶이 이루어진다면 1등 그리스도인이 될 것을 확신한다.

왜 오늘날 그리스도인들이 세속화되었는가? 그것은 예수님이 이 땅에 오셔서 처음부터 천국복음을 전하셨는데 많은 목회자들은 천국복음이 바로 교리와 성경 말씀이라고 생각하고 전혀 의심 없이 다른 복음(알로스와 파라)을 가르쳤기 때문이다.

구약 시대에도 가르치는 지도자들이 문제였다. 성경을 찾아보면 다음과 같다.

"백성을 인도하는 자가 그들로 미혹케 하니 인도를 받는 자가 멸망을 당하는도다"(사 9:6).

"주께서 가라사대 이 백성이 입으로는 나를 가까이 하며 입술로는 나를 존경하나 그 마음은 내게서 멀리 떠났나니 그들이 나를 경외함은 사람의 계명으로 가르침을 받았을 뿐이라"(사 29:13).

"선지자들은 거짓을 예언하며 제사장들은 자기 권력으로 다스리며 내 백성은 그것을 좋게 여기니(파라) 그 결국에는 너희가 어찌하려느냐"(렘 5:31).

"저희(제사장)가 내 백성의 속죄 제물을 먹고 그 마음을 저희의 죄악에 두는도다 장차는 백성이나 제사장이나 일반이라 내가 그 소행대로 벌하며 그 소위대로 갚으리라"(호 4:8-9).

"저희(제사장)의 행위가 저희(백성)로 자기 하나님에게 돌아가지 못하게 하나니 이는 음란한 마음이 그 속에 있어 여호와를 알지 못하는 까닭이라"(호 5:4).

"너희(제사장)는 정도에서 떠나 많은 사람으로 율법에 거치게 하도다"(말 2:8).

이같이 구약의 지도자들의 부패함으로 결국 이스라엘은 망하고 말았다.

예수님 당시의 지도자들은 어떠했을까? 예수님은 외식하는 서기관들과 바리새인들을 책망하셨다. 저들은 듣기는 들어도 깨닫지 못하고 보기는 보아도 알지 못했고 그래서 백성들은 마음이 완악하여져서 그 귀는 듣기에 둔하고 눈은 감겼다고 했다. 지도자들은 사람에게 보이고자 행동했고, 그들의 겉은 신사 같았지만 속은 부패한 것으로 가득 차 있었다. 예수님은 이들에게 "너희의 전한 유전으로 하나님의 말씀을 폐하며 또 이 같은 일을 많이 행하느니라"(막 7:13)라고 하셨다.

이들이 백성에게 무엇을 가르쳤을까? 예수님은 이들에게 소경이라 하시면서 소경이 소경을 인도하면 둘 다 구덩이에 빠진다(마 15:14)고 하셨는데 그 구덩이는 지옥을 의미한다. 결국 이 지도자들이 백성을 선동해 간 곳이 빌라도의 법정이었다. 저들의 후손은 디아스포라가 되어 유리 방황하는 처참한 민족이 된 것이다.

우리는 성경을 읽을 때 세심히 살펴야 한다. 가르쳐라고 하지 않았고 가르쳐 지키게 하라고 했으며 그것도 내가 너희에게 분부한 모든 것이라 했다.

나의 경우 2008년까지 교리를 가르쳤고 주님의 책망 후 짧은 기간이지만 천국복음을 외쳤다. 그런데 그 복음으로 사람들이 변하는 사실을 보면서 선교는 최선을 다하는 것도 중요하지만 다른 복음을 모르면 결코 천국복음을 전할 수 없다는 사실을 말하고 싶다. 천국복음이야말로 "내가 너희에게 분부한 모든 것"에 속한다.

3장 | 천국복음과 회개

연평도 포격 사건이 일어난 2010년 11월 23일 한국에서 필리핀으로 오신 모 선교사의 후원교회 담임 목사가 이틀 뒤 나를 방문했다. 그 목사는 성결과 거룩을 필리핀에 전하는 사역을 하고 있다고 했다. 그래서 마침 연평도 사건이 일어난 직후라 "목사님, 귀국하시거든 교인들에게 회개를 외치셔야 합니다"라고 내가 말했더니 곧바로 받아서 "회개요? 회개 외치면 교인들 다 떠나가요"라고 했다. 그로부터 2년 뒤 파송된 선교사의 말에 의하면 성결과 거룩을 주 메시지로 전하시던 그 목사가 교회 장로들의 만장일치로 "목사님 메시지에는 전혀 하자가 없으나 삶을 보면 구역질이 나서 더 이상 설교 듣고 싶지 않으니 떠나주세요" 이렇게 끝이 났다고 했다. 자신이 회개치 않고 목회를 하다 끝난 경우로 이것이 한국교회의 실정이 아니라고 부인할 사람은 없을 것 같다. 소수의 교회만

이 회개를 통해 영적으로 살아 움직이고 있는데 대개 이런 교회들은 다른 교회로부터 심한 핍박을 받는다.

내가 천국복음 세미나를 시작하고부터 많은 분들이 나를 경계하기 시작했다. 그들은 믿음이 있어야 회개를 하는데 어떻게 회개부터 하라는 것인가 하며 의아해했다. 나 역시 천국복음을 전하기 전에 믿음이 있어야 회개도 하고 믿음이 있어야 모든 것을 할 수 있다고 가르쳤다. 그러나 성령의 가르침은 회개 없이 믿음은 출발하지 못한다고 하셨다.

예수님은 이 땅에 하나님 나라를 세우기 위해 오셔서 회개하라고 외치셨고, 예수님이 오시기 6개월 전 예수님을 증거하기 위해 온 세례 요한이 외친 것도 회개였다.

모든 인간은 하나님의 피조물로 죄로 말미암아 믿음에서 떠난 것이기에 죄 문제를 해결하지 않으면 믿음은 출발되지 않는다. 그런데 많은 그리스도인들이 요한복음 3장 16절을 붙들고 누구든지 저를 믿기만 하면 된다고 큰소리를 친다.

어떤 아들이 부모의 결혼 예물을 훔쳐 집을 나가 악한 친구들과 어울려 나쁜 짓을 일삼다가 어느 순간 내가 이렇게 살아서야 되겠나 생각하고 아버지 집으로 돌아가려면 무엇부터 해야 하는가? 그 아들이 아버지께 가서 아버지 믿습니다라고 해야 하는가? 누군가 아버지께 가서 '아버지, 믿습니다라고 하면 된다'고 가르쳐준다면 그 가르침을 따르겠는가? 바보라면 몰라도 따르지 않을 것이다. 상식에서도 벗어나기 때문이다. 아버지와 아들의 신뢰 관계는 아들이 믿습니다라고 한다고 되는 것이 아니라 아버지께 돌아가 잘못을 뉘우치고 회개하고 용서를 받으면 신뢰가 회복되는 것이다.

필리핀을 방문한 어떤 목사님이 나에게 믿음이 먼저입니까, 회개가 먼저입니까라고 느닷없이 물었다. 아마도 누군가 천국복음을 전하는 것에 대해 잘못되었다고 고자질을 한 것 같아 내가 회개가 먼저라고 했더니 요한복음 3장 16절도 모르냐고 했다. 그러면서 당신이 보는 성경과 내가 보는 성경이 다른가라고 빈정대듯 말했다. 그 당시 옆에 함께 온 교인이 없었다면 다르다고 했을 것이다. 왜 다르냐 하면 그가 읽는 성경은 로고스고 내가 보는 성경은 레마이기 때문이다.

우리는 허물과 죄로 하나님과 원수가 되어 있는데 많은 가르침이 예수 믿기만 하면 용서해주시고 하나님의 자녀가 된다고 하는데, 하나님이 속으실 리 없고 오직 하나, 즉 진정한 회개를 할 때 예수 그리스도의 피로 죄 씻음을 받을 때 죄 사함을 통해 하나님과의 관계가 회복된다. 그것이 하나님의 형상의 회복인 것이요 의인이 믿음으로 말미암아 사는 것이 된다.

예수님을 십자가에 못 박으라고 외쳤던 유대인들이 베드로의 설교를 듣고 마음에 찔려 "형제들아 우리가 어찌할꼬"라고 할 때 베드로가 가르친 것이 핵심이다. "너희가 회개하여 각각 예수 그리스도의 이름으로 세례를 받고 죄 사함을 얻으라 그리하면 성령을 선물로 받으리니." 여기에 믿으라는 언급은 없다. 회개, 세례, 죄 사함을 언급했는데 이 세 가지는 다 같은 의미로, 회개는 돌이켜 죄에서 떠나는 것이고, 세례는 죄에 대해 죽은 것이며, 죄 사함은 회개와 세례를 통해 그리스도의 보혈로 씻음받은 결과로 이것이 진짜 믿는 것이다.

우리가 하나님의 형상 회복도 안 된 상태에서 믿는다는 것은 거짓말이다. 하나님은 빛이시고 어두움이 조금도 없으신데 우리가 하나님을 믿는다고 하면서 어두움에 거하고 있다면, 즉 회개를 하지 않았다면 거짓말하는 것이라고 요한일서 1장 6절에서 엄히 언급했다.

회개는 마음을 돌이켜 우상에서 떠나야 하고, 얼굴을 돌이켜 모든 가증한 것을 떠나야 하며(겔 14:6), 스스로 돌이켜 죄에서 떠나야 하고(겔 18:32), 스스로 돌이켜 하나님 아버지께로 달려가야 한다(눅 15:17, 20). 그런데 오늘날 잘못된 가르침은 구세주를 영접하면 구세주가 다 이루어 놓으신 그 구원을 값없이 받는다고 가르친다. 그러나 아무리 구세주를 영접했다 해도 회개치 않은 어두운 심령 그대로라면 결코 그의 구세주가 아닌 것이다.

믿음은 예수님을 영접하는 것인데 왕이신 예수님이 더러운 우리 심령에 어떻게 들어오시겠는가? 만약 대통령이 우리 집을 방문한다고 한다면 대통령을 영접하기 전에 무엇을 할 것인가? 집안 청소부터 시작해 목욕하고 이발하고 미장원도 가면서 야단법석을 떨며 영접할 준비를 하지 않겠는가? 그런데 쓰레기 썩는 냄새에 먼지투성이로 둔 채 청소도 안 해 놓았다면 비서가 미리 점검한 후 방문을 취소하지 않겠는가. 그런데 잘못된 가르침은 주님은 우리의 추하고 더러운 죄악과 불의를 사해주시려 오셨기에 믿기만 하면 다 사해주시려고 십자가에서 다 이루셨기 때문에 우리는 믿기만 하면 된다고 가르치니 모두들 속고 있는 것이다. 그럼 우리가 회개하지 않아도 구세주만 영접하면 내 속에 있는 모든 죄악을 말끔히 청소해주신다는 말인가? 이것은 구세주를 가정부로 생각하는 과오를 범하게 만든다. 주님은 결코 회개치 않는 내 속을 청소해주시지 않는다. 우리가 스스로 돌이키지 않는 한 예수 보혈로 씻음을 받을 수 없다.

그러므로 예수님을 영접하는 것이 믿음인데 심령에 쓰레기도 치우지 않고 왕이신 예수님, 들어오세요라고 한다면, 이웃집 사람을 초대해도 그렇게는 안 할 것이다.

그런데 모든 전도법이 구세주를 영접시켜 심령의 더러운 쓰레기를 구세주가 다 치워주실 것이라고 가르친다. 우리는 영접해 믿기만 하면 심령의 쓰레기는 저절로 처리된다고 생각하게 하는데 이것은 거짓 가르침이요 망하는 길이다.

앞서 언급한 것처럼 빛으로 오신 왕이신 예수님을 영접할 때 어두움이 물러가는 회개가 일어나며 그때 예수 그리스도의 피가 우리의 죄를 씻어주심으로 자동으로 주님이 나의 구세주가 되시는 것이다.

회개는 해도 좋고 안 해도 별 문제 없는 것이 아니라 필수다. 성경을 보자. 부자와 나사로의 기록에서 왜 자신이 지옥에 왔는가에 대한 부자 본인의 말이 성경에 있다. 누가복음 16장 27-30절을 보면 부자의 형제가 다섯이 있는데 저들이 지옥에 오지 않게 나사로를 자기 아버지 집으로 보내 달라고 요청한다. 그가 아브라함을 아버지 아브라함이여라고 부른 것을 보면 그는 분명 하나님을 믿었는데 지옥에 온 이유를 알게 되어, 형제 우애가 돈독한 그는 자기 형제를 위해 죽은 나사로가 간다면 그들이 믿을 것이라고 말하지 않았고 회개할 것이라고 했다. 이 말은 자신은 회개치 않아 지옥에 왔다는 말이다.

세례 요한과 예수님이 의논하여 회개하라 천국이 가까웠느니라고 외친 것이 아니다. 회개해야 천국 간다는 것은 믿음의 첫 단계다. 우리가 옷을 입을 때 첫 단추를 잘못 끼우면 그 다음은 다 어긋나듯이 우선순위가 잘못되면 망치게 된다. 예수님은 마가복음 1장 15절에서 믿고 회개하라고 하지 않으시고 회개하고 복음을 믿으라고 하셨는데 왜 많은 목회자들이 믿음, 믿음 하면서 회개를 언급하지 않는지 모르겠다. 회개 없는 믿음은 관념적인 믿음이다. 왜냐하면 믿음은 피로 인해(롬 3:25) 출발이 되고, 피는 회개할 때 우리에게 적용되기 때문이다. 그러므로 회개하지 않은 믿음은 죽은 믿음이 되고 만다.

세례 요한은 바리새인들과 사두개인들에게 믿으라고 하지 않고 회개에 합당한 열매를 맺으라고 했다. 예수님은 의인을 부르러 온 것이 아니요 죄인을 불러 나를 믿게 하려 함이라고 하지 않으시고 회개시키러 왔노라(눅 5:32)고 명백히 말씀하셨는데, 회개는 믿음보다 앞서 우리가 구원받기 위해 행해야 할 것이다.

예수님은 누가복음 13장에서 두 번씩이나 회개치 않으면 망한다(3, 5절)고 하셨다. 그럼에도 많은 그리스도인들이 믿기만 하면 된다고 하는데 그들은 잘못된 가르침을 따르고 있는 것이며, 또 이 말씀을 읽어도 눈이 가려 지나쳐 버렸을 것이고 보았어도 깨닫지 못했을 것이다.

우리는 복음서에서 극적인 회개를 발견하게 된다. 그것은 십자가의 두 강도 중 한 명의 회개다. 누군가 구원받은 한 강도는 택함을 받은 자이기에 구원받았다고 했다. 누가복음 23장 40-41절을 보면 그가 회개한 후의 모습이 기록되어 있다. 다른 복음서에서 두 강도가 다 예수를 비방했다고 언급하고 있는데, 누가복음에서 그의 모습이 돌변한다. 이것이 회개한 그의 모습이다. 찬송가를 보자. "십자가를 질 수 있나" 2절을 보면 "너는 기억하고 있나 구원받은 강도를 저가 회개하였을 때 낙원 허락받았다"라고 했는데 이 찬송가 작사자는 성경을 바로 알고 있는 영적인 작사자다.

회개에 대한 사도들의 증언

이미 언급한 것이지만 너무나 중요하기 때문에 다시 언급하면서 사도들의 증언을 살펴보자.

예루살렘 교회가 오순절 성령의 임재로 시작되면서 예수님을 십자가에 못 박은 무리들이 베드로의 설교를 듣고 마음이 찔려 "형제들아 우리가 어찌할꼬"라고 하자 베드로가 "너희가 회개하여 각각 예수 그리스도의 이름으로 세례를 받고 죄 사함을 얻으라 그리하면 성령을 선물로 받으리라"(행 2:38)고 한 것은 대단히 중요한 말이다. 여기에 믿으라는 내용은 없고 회개가 먼저 언급된 것과 세례와 죄 사함 그리고 성령을 선물로 받으라고 한 것이 베드로의 실수이겠는가? 아니다. 바로 이것이 믿는 것이다.

또 베드로가 솔로몬 행각에서 설교하며 "그러므로 너희가 회개하고 돌이켜 너희 죄 없이 함을 받으라"(행 3:19)고 했다. 사도행전 5장으로 가면 대제사장들과 사두개인의 당파가 마음에 시기가 가득하여 사도들을 옥에 가두었으나 주의 사자가 밤에 옥문을 열고 끌어내어 성전에 가서 생명의 말씀을 가르치라는 천사의 지시로 새벽에 성전에서 가르쳤다. 이 사실을 알지 못한 대제사장 무리들은 사도들을 옥에서 끌어내 오라고 사람을 보냈는데 옥문을 열고 보니 아무도 없다는 보고를 받았다. 이들은 성전에 가서 가르치고 있는 사도들을 끌어내 예수의 이름으로 가르치지 말라고 경고했는데 왜 또 가르치는가라고 묻자 그때 베드로와 사도들은 이렇게 말했다. "너희가 나무에 달아 죽인 예수를 우리 조상의 하나님이 살리시고 이스라엘로 회개케 하사 죄 사함을 얻게 하시려고 그를 오른손으로 높이사 임금과 구주를 삼으셨느니라." 여기서도 회개가 바로 믿음의 출발임을 보여준다.

사도행전 10장에서 백부장 고넬료가 구원 받을 말씀을 듣도록 성령님의 인도로 베드로를 청해 구원의 말씀을 들을 때 성령이 임했고 저들이 세례를 받았다. 이 일어난 일을 베드로가 예루살렘 교회에서 보고한 것이 11장에 나온다. 이 보고를 들은 사도들과 형제들이 11장 18절에서 "저희가 이 말을 듣고 잠잠하여 하나님께 영광을 돌려 가로되 그러면 하나님께서 이방인에게도 생명을 얻는 회개를 주셨도다 하니라"고 했다. 회개야말로 구원의 출발인 것이다.

사도행전 17장 30절에서도 바울이 아덴에서 전도하면서 이렇게 말했다. "알지 못하던 시대에는 하나님이 허물치 아니하셨거니와 이제는 어디든지 사람을 다 명하사 회개하라 하셨으니."

사도 바울이 에베소 교회에서 자신의 마지막 설교를 하면서 "유대인과 헬라인들에게 하나님께 대한 회개와 우리 주 예수 그리스도께 대한 믿음을 증거한 것이라"(행 20:21)고 회개를 먼저 언급하고 그 다음에 믿음을 언급했다. 회개는 하나님께로 방향을 돌리는 것이기에 먼저 해야 한다. 그러나 믿음은 지금 확정된 것이 아니라 구원처럼 이루어나가듯 믿음도 성장해 그리스도의 장성한 분량까지 가야 하는 것이다. 그러므로 회개하지 않고 믿음이 출발하지 못하는 것은 지극히 상식에 속하며 회개도 죽을 때까지 해야 한다.

사도 바울이 아그립바 왕에게 간증을 한 사도행전 26장 19-21절을 보자. "아그립바왕이여 그러므로 하늘에서 보이신 것을 내가 거스리지 아니하고 먼저 다메섹에와 또 예루살렘에 있는 사람과 유대 온 땅과 이방인에게까지 회개하고 하나님께로 돌아가서 회개에 합당한 일을 행하라 선전하므로 유대인들이 성전에서 나를 잡아 죽이고자 하였으나." 여기서 보면 바울의 전도의 핵심은 회개인 것을 보게 되며 이것이 믿음으로 인도하는 길임을 알 수 있다.

로마서는 1장-8장까지 개인 구원에 대해 언급한다. 2장 4절을 보면 "혹 네가 하나님의 인자하심이 너를 인도하여 회개케 하심을 알지 못하여 그의 인자하심과 용납하심과 길이 참으심의 풍성함을 멸시하느뇨 다만 네 고집과 회개치 아니한 마음을 따라 진노의 날 곧 하나님의 의로우신 판단이 나타나는 그 날에 임할 진노를 네게 쌓는도다"라고 했다. 하나님을 믿는 유대인들이 헬라인들을 판단했을 때 유대인들에게 하신 말씀이다. 회개치 않으면 진노를 쌓는 것이다.

사도 바울은 그의 서신서 고린도후서 7장 10절에서 "하나님의 뜻대로 하는 근심은 후회할 것이 없는 구원에 이르게 하는 회개를 이루는 것이요 세상 근심은 사망을 이루는 것이니라"고 했다. 이 말씀을 잘 보라. 세상 근심은 사망이라고 한다면 받아들이겠는가? 그럼 구원에 이르게 하는 회개는 요한복음 3장 16

절의 누구든지 저를 믿으면 영생이라 했으니 사도 바울이 싱경을 잘못 기록한 것인가? 결코 아니다. 회개치 않으면 믿음은 출발도 못하며 믿음과 함께 죽을 때까지 회개해야 한다.

히브리서 6장에 보면 그리스도 도의 초보가 있는데 그 순서는 죽은 행실을 회개함과 하나님께 대한 신앙과 세례들과 안수와 죽은 자의 부활과 심판으로, 이 6가지를 우리가 확실히 알아야 한다. 여기서도 회개가 제일 먼저 언급되어 있다.

구약의 회개

에서는 한 그릇 식물을 위하여 장자의 명분을 판 망령된 자로 후에 아버지 이삭으로부터 축복을 기업으로 받으려고 눈물을 흘리며 구했지만 버린바 되어 회개할 기회를 얻지 못했다고 히브리서 12장 17절에 기록되어 있다.

성경은 이같이 회개를 말하고 있는데 왜 현실 교회는 회개는 온데간데없이 믿음만 말하고 있는지 모르겠다. 이것은 아마도 뭔가에 미혹된 것이 틀림없다.

구약의 선지자들은 하나님께 돌아오라고 외치지만 이스라엘 백성들은 보편적인 죄에 빠져 죄를 죄로 여기지 않고 평안하다고 가르치며 하나님을 배반함으로 결국 나라가 망하고 말았다. 특히 에스겔 18장 30-32절을 보면 "나 주 여호와가 말하노라 이스라엘 족속아 내가 너희 각 사람의 행한 대로 국문할찌라 너희는 돌이켜 회개하고 모든 죄에서 떠날찌어다 그리한즉 죄악이 너희를 패망케 아니하리라 너희는 범한 모든 죄악을 버리고 마음과 영을 새롭게 할찌어다 이스라엘 족속아 너희가 어찌하여 죽고자 하느냐 나 주 여호와가 말하노라 죽는 자의 죽는 것이 내가 기뻐하지 아니하노니 너희는 스스로 돌이키고 살찌니라." 여기서도 스스로 돌이키고 살라고 했는데 어떻게 믿음이 있어야 회개할 수 있다고 가르치는가?

회개에 있어 우리가 꼭 살펴봐야 하는 사람이 구약의 욥이다. 욥기 1장 1절을 보면 "우스 땅에 욥이라 이름 하는 사람이 있었는데 그 사람은 순전하고 정직하여 하나님을 경외하며 악에서 떠난 자더라"고 한다. 그는 자녀들의 성결을 위해 잔치 후 자녀들을 불러 혹시나 자녀들이 죄를 범하여 마음으로 하나님을 배반하였을까 하여 번제를 드렸는데 이같이 욥의 행사가 늘 그랬다고 기록되어 있다. 그리고 1장 8절에서 여호와께서 사탄에게 "내 종 욥을 유의하여 보았느냐"라고 하셨다. 그렇다면 욥이야말로 하나님 앞에 흠 없는 자일 것이다.

욥기는 42장으로 구성되어 있는데 과연 1장에서 말씀하신 내용으로 그가 구원받은 하나님의 백성이라고 단언할 수 있는가 하는 것이다. 우리 생각으로 1장의 욥은 분명히 구원받은 멋진 하나님의 사람으로 볼 수밖에 없다. 그러나 욥기 전체를 살펴보면 너무 끔직한 내용을 보게 된다. 앞서 언급한 대로 구원은 회개와 믿음으로 이루어나가는 것인데 욥의 회개와 믿음을 정확히 말하고 있는 곳이 바로 42장에 있다는 사실이다.

42장 6절을 보자 "그러므로 내가 스스로 한하고 티끌과 재 가운데서 회개하나이다." 왜 그가 회개를 하게 되었는가? 바로 앞 절을 보면 "내가 주께 대하여 귀로 듣기만 하였삽더니 이제는 눈으로 주를 뵈옵나이다." 바로 5절에서 회개가 터진 것이다. 그가 소문으로 들었을 때 아무런 변화도 일어나지 않았다. 그런데 눈으로 주를 보자 회개하지 않을 수 없다는 것을 보게 된다. 베드로도 예수님을 바로 알았을 때 "주여 나를 떠나소서 나는 죄인이로소이다"라고 고백했듯이 어느 누구라도 하나님을 만나면 자신의 실상을 알게 되고 회개하지 않을 수 없다.

여기에 믿음의 정의인 히브리서 11장 1절을 적용해보면 답이 나온다. "믿음은 바라는 것들의 실상이요 보지 못하는 것들의 증거니." 즉, 하나님을 보고 싶어하는 바람(소망)의 실상으로 귀로만 듣던 하나님을 눈으로 실상을 보게 된 것이요, 역시 보지 못하는 것들의 증거로 하나님을 보지 못하다가 보게 된 증거를 확실히 가지게 된 믿음이 결국은 회개를 통해 증거로 나타난 것이다.

그렇다면 1장과 42장의 욥을 비교해 보면 그의 영적 상태가 이해가 되지 않을 것이다. 그렇게 순전하고 정직하고 하나님을 경외하고 악에서 떠난 자가 영적으로 무슨 문제가 있기에 42장에 와서야 회개와 믿음이 나타난 것인가? 여기에 답이 있다.

욥기 19장 25절을 보자. "내가 알기에는 나의 구속자가 살아 계시니 후일에 그가 땅 위에 서실 것이라." 이어서 19장 27절, "내가 친히 그를 보리니 내 눈으로 그를 보기를 외인처럼 하지 않을 것이라 내 마음이 초급하구나"라고 한 고백을 보면 욥은 순전하고 정직하고 하나님을 경외하고 악에서 떠난 자이지만 구속자에 대해 지식으로만 알고 있었고, 실제 그의 구속자는 아니었으며 후일에 보게 될 것으로 인해 마음이 초급하다고 했으니 그의 삶은 율법적인 의에 속한 것이었다. 또 23장 3절을 보자. "내가 어찌하면 하나님 발견할 곳을 알꼬 그리하면 그 보좌 앞에 나아가서." 여기서 보면 1장의 욥은 하나님을 발견하지 못했지만 도덕적, 윤리적, 율법적으로 멋진 신사로 산 것을 알 수 있다. 오늘날 예수를 믿지 않지만 도덕적으로 멋진 신사숙녀로 사는 자들이 있다. 때문에 그들은 자칭 의롭게 산다고 말한다.

그 가운데 걸리는 하나가 있다. 하나님이 욥을 내 종이라고 하신 것이다. 그러나 그것은 문제가 되지 않는다. 이스라엘의 적국인 바벨론을 비롯해 많은 적국의 왕들을 통해 하나님의 종으로 사용되었음을 보면 욥을 내 종이라고 부르신 것이 문제될 것은 아니고 후세에 주의 종, 의의 종으로 만들어가시는 하나님의 섭리를 보아야 한다. 그 당시 욥의 모습을 보자. 33장 8-12절에서 엘리후가 욥에게 이렇게 말하고 있음을 보라. "네가 실로 나의 듣는데 말하였고 나는 네 말 소리를 들었느니라 이르기를 나는 깨끗하여 죄가 없고 허물이 없으며 불의도 없거늘 하나님이 나를 칠 틈을 찾으시며 나를 대적으로 여기사 내 발을 착고에 채우시고 나의 모든 길을 감시하신다 하였느니라 내가 네게 대답하리라 이 말에 네가 의롭지 못하니 하나님은 사람보다 크심이니라." 이어서 33장 24절에서 엘리후가 욥에게 말했다. "하나님이 그 사람을 긍휼히 여기사 이르시기를 그를 건져서 구덩이에 내려가지 않게 하라 내가 대속물을 얻었다 하시리라." 이같이 욥이 42장에서 하나님을 만나게 되는 것을 보면, 그 동안 하나님을 만나지 못한 율법적인 의에 속한 자로 우리가 조심해야 할 것은 하나님을 만나지도 않았고 회개도 없이 구세주를 영접했다고 한다면 거짓말인 것이다.

주님은 많은 사람들이 멸망치 않기 위해 오래 참고 계시는데 믿게 하기 위해 참으시는 것이 아니라 다 회개하기를 위해 참고 기다리신다(벧후 3:9).

우리가 잘 아는 누가복음 15장의 비유를 보자.

재산을 허비한 그 아들이 주려 죽게 되었을 때 첫 번째 한 것이 무엇인가? 그는 스스로 돌이켰다. 하나님을 떠난 인간이 먼저 해야 할 것은 상식적으로도 하나님께로 돌아서야 한다. 그런데 현실 교회에서 왜 회개가 사라졌는가? 앞서 언급한 다른 복음 때문이다. 알로스와 파라의 다른 복음을 전하기 때문이다. 이런 복음을 전하는 자는 저주를 받는데 그는 그리스도의 종이 아니기 때문이다. 이것은 사도 바울이 갈라디아서 1장 10절에서 언급한 것이다.

4장 천국복음과 하나님 나라

예수님은 천국복음을 전하셨다. 그 천국복음의 주제는 하나님 나라다. 앞서 언급한 바 있지만 그리스도인들은 실제로 하나님 나라에 대해 구체적으로 말하라면 쉽게 말하지 못한다.

어느 날 큰며느리가 전화해서 "아버님, 너희는 먼저 그의 나라와 그의 의를 구하라고 했는데 구체적으로 어떻게 하는 것입니까?"라고 물었다. 이 질문에 대해 그 당시 나는 천국복음에 대한 사역을 하기 전이라 그냥 하나님의 통치를 받는 것이라고 쉽게 넘어갔다. 그러나 천국복음 사역이 계속 진행되면서 순간 순간 성령님의 가르침이 있었기에 이젠 자신 있게 말하고자 한다.

주님은 사역을 시작하시면서 하나님 나라를 외치셨다. 그것은 이미 이사야 선지자의 예언에서 "다윗의 위에 앉아서 그 나라를 굳게 세우고"(사 9:7)라고 한 것으로, 다윗 왕의 위는 이미 지났고 당시 히스기야 왕의 통치 시기에는 이사야가 사역을 했기에 이것은 다윗의 후손으로 오실 메시아 왕국, 즉 하나님 나라가 임함으로 주님이 제자들에게 기도를 가르치신 내용 가운데 "나라이 임하옵시며"라고 하신 하나님 나라를 말하는 것이다.

그렇다면 하나님 나라야말로 가장 중요한 것으로 보아야 한다. 우리가 아는 하나님 나라는 하나님이 계시는 천국을 생각할 것이다. 그러나 하나님 나라는 하나님의 보좌가 실제 있는 하나님 나라와 우리에게 임한 하나님 나라다. 주님이 이 땅에 오셔서 하나님 나라를 외치신 것은 실제 하나님 나라가 우리의 마음에 임하게 하는 것이었기에 첫 사역부터 하나님 나라를 외치신 것이다. 주님은 사역 초기에 산상수훈의 8복을 통해 하나님 나라의 주인공이 될 자를 언급하셨는데, 첫 번째와 마지막 언급이 바로 천국이 저희 것이라고 하셨다. 그러므로 그리스도인이라면 먼저 그의 나라와 그의 의를 구해야 하는데 어떻게 그것을 구체화해서 우리에게 하나님 나라가 임하게 하느냐에 따라 진짜 그리스도의 제자가 되느냐, 아니면 거짓 제자가 되느냐가 결정된다. 예수님이 부활하시고 승천하시기 전까지 40일 동안 하신 것은 하나님 나라의 일에 대한 말씀으로, 이 중요한 것을 그리스도인들이 모른다면 진정한 그리스도인의 삶을 살기에는 문제가 있을 것이다.

나는 다음 장에서 마음에 임한 하나님 나라가 천국 갈 비자라고 했는데, 이것은 하나의 비유처럼 설명했지만 결코 상상에 의한 이야기가 아니고 실제임을 말하고자 한다.

예수님의 비유 중 마태복음 25장의 마지막 날에 대한 비유 외에는 모두 하나님 나라다. 우리는 하나님 나라에 가는 것을 구원이라 하고 영생이라 한다. 그래서 주일학교에서 "믿음으로 가는 나라 하나님 나라"라고 노래를 부른다.

그렇다면 "너희는 먼저 그의 나라와 그의 의를 구하라"고 하신 것은 구원에 관한 핵심으로 받아들여야 한다. "누가 하나님 나라에 갈 것인가"라고 물었을 때 우리가 너무 흔히 답하는 "예수 믿으면"이라고 한다면, 그 대답에는 알로스의 다른 복음이 되는 문제가 있음을 지적한 바 있다. 오히려 그 묻는 내용을 그대로 되받아 그의 나라와 그의 의를 소유한 자가 간다고 답하면 멋진 답이 될 것이다. 앞서 말한 산상수훈의 팔복도 심령이 가난한 자는 복이 있나니 하나님 나라가 저희 것임이요라고 시작하여 마지막으로 의를 위하여 핍박을 받는 자는 복이 있나니 하나님 나라가 저희 것임이라고 했으니, 하나님 나라를 소유한 자야말로 하나님 나라의 백성이요 바로 그 백성이 하나님 나라에 갈 것이기 때문이다. 하나님 나라와 그의 의가 실제 우리에게 어떻게 임하는가 하는 것이 핵심이지, 그것이 이론만은 아닌 것이다.

먼저 에덴동산으로 가보자. 에덴동산은 하나님이 이 땅에 창설하신 하나님 나라의 모형으로 창세기 2장 15절에서 "여호와 하나님이 그 사람을 이끌어 에덴동산에 두사 그것을 다스리며 지키게 하시고"에서 "이끌다"라는 히브리어 원어인 '와이카흐'로서, 아담이 전혀 생각지 못했던 복된 곳으로 이끌었다는 뜻이다. 이 하나님 나라의 모형인 에덴에 하나님이 거니실 때(창 3:8) 의의 태양 되신 하나님의 임재를 나타내는 의의 깃발이 휘날리고 있었다. 어느 날 사탄이 하와에게 접근했고 유혹하기 시작했다. 그것은 하나님 나라를 망치고 의의 깃발을 빼앗으려는 작전이었다. 즉, 한 사람의 범죄함으로 모든 인류를 죄인으로 만드는 엄청난 파괴 공작이었으나 하와는 눈치조차 채지 못하고 달콤한 감언이설에 끌려갔고 마침내 인류의 역사는 고난의 역사로 바뀌고 말았다.

이로 인해 에덴의 하나님 나라의 모형은 폐쇄되었고, 에덴동산에 휘날리던 의의 깃발은 내려졌으며, 그 깃발을 사탄이 훔쳐간 것이 되고 말았다. 이 사탄에게 파괴되고 빼앗겼던 것을 도로 찾는 것이 바로 그의 나라와 그의 의인 것이다.

주님이 우리에게 먼저 그의 나라와 그의 의를 구하라고 하신 것은 기도하면 준다는 것이 아니라 전쟁을 치르라는 의미다. 사탄에 의해 파괴되고 빼앗겼던 것을 다시 찾기 위해 전투를 하라는 것이다. 그리고 그놈들을 몰아내라는 것이다. 이 부분은 너무나 중요하기 때문에 다음에 다시 언급하겠지만 일단 우리가 분명히 알아야 할 한 가지는 그 사탄의 졸개인 마귀 새끼들이 어디에 있는지 알아야 전투한다는 것이다.

많은 목회자들이나 그리스도인들이 자신들에게 마귀가 있다고 인식하는 사람은 그렇게 많지 않다. 한번은 어떤 동역자가 심한 우울증에 걸렸다. 그것을 치유받기 위해 본인이 해야 할 것은 내 속에 마귀가 들어와 이 꼴이 되었다는 사실을 알고 받아들여야 했기에 내가 그 목사님에게 목사님 속에 있는 우울증은 마귀가 붙들고 있기에 마귀를 몰아내는 것이 치유 방법이라고 했더니 화를 내면서 "내가 목사인데 내 속에 마귀가 있다고 하냐"며 거부했다. 두 번 다시 그분을 도울 수가 없었고 10년이 넘게 우울증으로 시달리고 있다.

성경을 보면 마귀가 가장 좋아하는 곳은 사람 속이다. 죄를 짓는 것은 마귀를 불러들이는 환영 파티와 같다. 그러므로 범죄하는 순간 마귀는 합법적으로 범죄한 인간 속에 들어가는 것이다. 여호수아서의 아간에게 탐욕의 마귀가 들어갔고 그로 인해 자신만이 아니라 온 가족이 돌무더기가 되어버렸다.

사도행전 5장의 아나니아와 삽비라를 보라. 정말 이해가 안 되는 내용이다. 자기 땅을 팔아 왜 얼마를 감추었는을까? 떳떳하게 자기의 필요를 남기고 주님께 바쳤다면 죽을죄에 걸리지 않았을 것이다. 베드로의 질문에 얼마는 제가 사용해도 됩니까라고 했다면 죽지 않았을 것인데 그들이 탐욕으로 말미암아 성령님을 속이는 거짓말을 한 것은 사탄이 가득한 것으로서, 현장에서 성령의 치심으로 두 사람 다 죽었다. 이같이 아나니아와 삽비라의 거짓말은 그 속에 있는 사탄에 의한 것이다. 사탄은 도적질하고 죽이고 멸망시키는 놈이다.

가룟 유다는 돈 궤를 맡아 늘 도적질하는 그에게 예수를 팔 생각을 마귀가 넣었고, 마지막 만찬에서 떡을 받는 순간 사탄이 그에게로 들어가 탐욕의 마귀가 그를 마귀의 군마로 사용해 선생을 넘겨주는 끔찍한 죄를 짓게 했다(요 13:2, 27). 결국 그는 자살로 망하고 말았다.

너희는 먼저 그의 나라와 그의 의를 구하라는 것은 앞서 말한 바 영적 전쟁을 하라는 것인데 영적 전쟁은 마귀 새끼들을 박살내는 것이다. 그렇다면 마태복음 12장 28절은 그냥 넘기면 결코 안 되는 요절이다. "그러나 내가 하나님의 성령을 힘입어 귀신을 쫓아내는 것이면 하나님의 나라가 이미 너희에게 임하였느니라." 이로써 우리는 먼저 그의 나라와 그의 의를 구하는 구체적인 것이 바로 여기에 있음을 알게 된다. 귀신을 쫓아내는 것이 바로 하나님의 나라가 임하는 길이요, 하나님 나라가 임했을 때 마귀에게 빼앗겼던 의의 깃발을 찾아오는 것이 되므로 그의 의가 회복되는 것이 바로 그의 의를 구한 것이 된다는 사실을 간과해서는 안 된다. 그러므로 내 속에 있는 마귀가 쫓겨나지도 않았다면 결코 하나님 나라가 나에게 임하지 않았다.

그렇다면 하나님 나라가 나에게 임하기 위해 마귀를 몰아내는 것이 핵심인데, 주로 예수 이름을 사용해서 축귀를 하지만 그것은 어떤 능력 있는 자가 그렇게 마귀를 몰아내는 것은 드러난 마귀일 경우다. 그러나 여기서 말하는 흑암의 권세, 죄, 심령의 더러움, 악한 영, 악한 세력, 마귀 등은 모두 같은 의미이므로 모든 사람은 다 죄인이요, 그 속에 악한 영이 있고, 죄를 짓는 것도 그 마귀에 의해 죄를 짓게 되며, 혈기 부리는 것도 그 속에 혈기 부리게 하는 영에 의해 그렇게 하게 된다.

　필리핀에 선교사 자녀학교가 미국 선교부에 의해 세워져 50년 이상의 역사를 자랑하는데 한국 선교사 자녀들이 반 이상이다. 2008년에 고등학생 전원이 캠프에 갔는데 두 학생에게 귀신이 들어가 전교생과 교사들이 혼비백산했다. 학생들은 무서움에 떨면서 울며 난리가 났지만 어느 누구 하나 성령의 능력자가 없어 제압을 못했고 또한 귀신을 쫓아내는 것을 경험한 적도 없었으니 속수무책이었다. 이로 인해 학생들은 귀신의 존재를 확신하게 되었고 예수 이름의 능력을 알게 되었다. 이것은 밖으로 드러난 귀신으로 성경에 나타나 있다.

　문제는 예수님도 성령의 능력을 힘입어 귀신을 쫓아내었는데 아무나 예수 이름으로 명한다고 귀신이 쫓겨나는 것은 아니다. 사도행전 19장 14-16절에 보면 바울이 악귀를 쫓아내는 것을 보고 유대의 한 제사장 스게와의 일곱 아들도 예수를 빙자하여 악귀를 쫓아내려 할 때에 악귀 들린 자가 말하기를 예수도 내가 알고 바울도 내가 알거니와 너희는 누구냐 하며 저들을 덮치니 저들이 상한 몸으로 도망한 것을 볼 수 있다.

　이렇게 볼 때 우리가 성령의 능력을 힘입지 못하면서 "예수 이름으로 명하노니"를 함부로 사용하면 큰 봉변을 당한다. 이것은 남에게 있는 마귀를 쫓아낼 때 해당된다. 그러나 앞서 언급한 아간이나 아나니아와 삽비라 그리고 유다에게 만약 예수 이름으로 명하노니라고 하면 내 속에도 저들과 비슷한 악한 세력이 있는데 마귀 새끼가 뭐라고 말하겠는가? "어이 친구, 너도 정신 차리지 않으면 혼난다"라고 하지 않겠는가?

　이 문제는 너무나 중요하기에 다음 장에서 더 상세히 언급하기로 하고 하나님 나라가 나에게 임하기 위해 내 속에 있는 잡다한 마귀 새끼들을 어떻게 몰아낼 것인가가 핵심이다. 내 자신 속에 있는 잡다한 마귀를 몰아내는 길은 한 가지밖에 없다. 마귀는 흑암의 권세로서 빛이신 예수를 왕으로 영접할 때 흑암의 권세는 박살나는데, 그것은 예수 그리스도의 피가 모든 죄를 씻는 것으로 이것은 회개하는 자에게 일어나는 것이다.

그러므로 하나님 나라는 다른 사람에 의해 내 심령에 임하게 하지 못한다. 우리가 예수님의 제자라면 예수님을 따르는 자다. 그렇다면 "회개하라 천국이 가까왔느니라"를 흘려보내면 결코 예수님의 제자가 될 수 없고, 또한 하나님 나라가 임하지 않을 것이다.

사도 바울은 에베소서 2장에서 회개와 하나님 나라를 상세히 설명했는데 이를 살펴보자. 허물과 죄로 죽었던 우리를 그리스도와 함께 살리셨다고 함은 앞서 언급한 세례를 말하는 것으로, 우리의 죄를 십자가에 못 박아버리지 않는 한 그리스도와 함께 살아날 수 없다. 사도행전 2장 38절에서 말하는 바, 회개하고 세례를 받아야 한다는 것은 변치 않는 진리로서, 회개하면 그리스도와 함께 살아나게 되어 그 속에 있는 마귀들을 몰아내게 된다. 마귀를 몰아내었으니 그 속에 하나님의 나라가 임하는 것이다.

그래서 사도 바울은 더 확실하게 하나님 나라가 임하는 것을 에베소서 2장 6절에서 이렇게 표현했다. "함께 일으키사 그리스도 예수 안에서 함께 하늘에 앉히시니." 하나님 나라의 임함을 받아들이지 않으면 이 요절은 해석할 길이 없다. 우리가 지금 지상에서 있는데 어떻게 "하늘에 앉히시니"라는 말씀이 이해될 수 있겠는가? 예수님도 천국이 가까웠다고 하셨는데 2천 년이나 지나버렸으니 그 말씀은 거짓이란 말인가?

어떤 회사가 본점이 있고, 지점이 있고, 외국에 지사가 있다. 필리핀 자매가 필리핀에 있는 삼성이나 LG 지사에 채용되어 근무하면 그는 엄연히 삼성이나 LG 직원이다. 이처럼 하나님 나라가 회개를 통해 마귀를 몰아내고 내 심령에 임하면 나는 자동으로 하나님 나라에 속해 내 마음에 모신 왕이신 주님 옆에 앉아 있는 것은 당연한 것이 아닌가? 그런데 죽어서 가는 하나님 나라만을 생각하는 자에게는 하나님 나라의 비자가 발급되지 않을 것이다. 하나님 나라가 회개를 통해 내 심령에 세워질 때 비로소 천국 백성이 되며, 천국 백성만이 하나님 나라에 입성할 수 있다.

주님은 누가복음 17장 20-21절에서 말씀하셨다. "바리새인들이 하나님의 나라가 어느 때에 임하나이까 묻거늘 예수께서 대답하여 가라사대 하나님의 나라는 볼 수 있게 임하는 것이 아니요 또 여기 있다 저기 있다고도 못하리니 하나님의 나라는 너희 안에 있느니라."

5장 | 천국복음이 말하는 하나님 나라 갈 준비

이미 언급한 다른 복음을 다시 상기해보자. 지금까지 알고 있던 복음은 단순했고 그냥 받아들이기만 하면 되는 것이었다. 그것이 다른 복음일 줄이야 생각해본 적도 없다.

로마서 1장 17절은 로마서의 주제다. "의인은 믿음으로 말미암아 살리라." 우리는 이 본문을 이렇게 배웠다. 오직 믿음으로 구원받는다. 여기에 문제가 없을까? 주제를 잘 보면 가르침이 이상하지 않은가? 분명히 의인의 삶을 언급했지 믿으면 의인이 된다가 아니다. 그러기에 의인, 즉 참된 그리스도인의 믿음의 삶은 무엇인가로 보아야 한다. 그리고 구원받는 믿음은 어떤 믿음인가를 보아야 한다.

이렇게 볼 때 뭔가 부족함을 느낀다. 우리가 여행을 해도 필요한 것은 다 챙

겨야 한다. 특히 다른 나라에 갈 경우 꼭 지참할 것들이 있다. 그것을 준비하지 않고 그냥 배 타고, 비행기 타고는 못 간다. 우리가 다른 나라에 갈 때 무엇이 필요한가?

패스포트나 비자, 이것만 있으면 갈까? 아니다. 티켓과 비용도 있어야 한다. 이 세 가지 없이 다른 나리에 갈 수 없다.

하나님 나라는 지상 나라는 아니지만 분명히 하나의 나라다. 즉, 하나님의 왕국이다. 그럼 하나님 나라에 가기 위해 필요한 것이 무엇인가? "예수 믿기만 하면 된다"라고 하는 경우가 많다. 그럼 예수 믿는 것이 무엇인가? 되물으면 대답하지 못한다.

이미 앞서 말한 영생은 유일하신 참 하나님과 그의 아들을 아는 것이라 했다. 그런데 영생이 무엇인지, 예수 믿는 것이 뭔지 모르는데 어떻게 본향인 하늘나라로 갈 것인가? 이 땅에서도 길을 모르면 헤매듯이 믿는 것이 무엇인지 모르면 모든 것이 헛것이 된다.

믿기만 하면 된다는 가르침은 상당히 심각한 수준이다. 이것은 머리로 알고 답은 했지만 실제를 모른 채 들어서 아는 수준이다. 그러므로 이 수준의 울타리를 부수고 가슴으로 내려와야 한다. 가슴으로 내려올 때 그제야 하나님 나라 갈 때 필요한 것이 있음을 인식하게 된다. 세상 나라 여행은 누구나 돈만 있으면 모든 서류와 필요를 갖출 수 있지만, 하나님 나라는 확실한 증거 없이 갈 수 없다. 세상 여행보다 더 철저하다.

하나님 나라에 가기 위해 역시 패스포트, 비자, 티켓이 필요하다. 누군가 반론을 제기할 것이다. 하나님의 구원의 은혜는 값없이 준 선물이라고 말이다. 하나님의 구원의 은혜는 값이 없다. 이것은 진리다. 그러나 구원의 은혜를 받은 사람은 구별된 사람인 것을 알아야 한다. 아무나 다가 아니다. 에베소서 2장

8-10절을 보면 구원의 은혜는 하나님의 선물이라고 하면서 10절에 "그리스도 예수 안에서 선한 일을 위하여 지으심을 받은 자"라고 했다. 이것으로도 충분하지만 이미 입력된 공짜 선물을 해결해야 한다.

구원의 은혜를 받은 자라면 하늘나라에 갈 패스포트와 비자 그리고 티켓을 준비한 자가 구원의 선물을 받은 자임을 알아야 한다. 다시 말하지만 구원의 선물을 받은 자라고 큰소리 치는 자가 패스포트, 비자, 티켓이 없다면 그럼 무엇이 구원의 선물이란 말인가?

하나님 나라에 가기 위한 패스포트 만드는 법

한국에서 태어난 사람은 한국 패스포트, 미국에서 태어났거나 시민권자는 미국 패스포트를 자기 나라 관청에 요청하면 발급해준다. 미국 사람에게 한국 패스포트를 발급하지 않는다. 그렇다면 하나님 나라에 가기 위한 패스포트를 발급받기 위한 조건은 무엇인가?

두 말할 필요 없이 하나님 나라 백성으로 태어나야만 한다.

물과 성령으로 난 자, 즉 하나님께로서 난 자(요 3:5)는 하나님의 자녀다. 하나님의 자녀란 새 생명(롬 6:4)을 가진 자다. 즉 새로운 피조물(고후 5:17)이 된 것이다. 부모로부터 태어난 생명은 아담의 범죄함으로 인하여 모두 죄인이 된 것이므로 이 죄인이 그냥 살다가 죽으면 멸망으로 떨어진다. 그래서 물과 성령으로, 즉 하나님께로서 태어나야 한다.

창세기 1장 26절에서 하나님이 사람을 창조하실 때 하나님의 형상과 모양으로 창조하셨다. 형상은 속에 있고 모양은 겉이다.

비행기가 멋있게 활주로에 있다. 겉은 틀림없이 비행기가 맞다. 그런데 조종석에 계기판도 조종간도 없다. 엔진은 고장났고 물론 항공유도 없다. 겉모양은 멋진 비행기다. 그렇다면 그 비행기는 스스로 움직일 수 없고 하늘로는 결코 날 수 없다. 신사처럼 멋진 사람이 있다고 하자. 그의 모습은 정말 깔끔하고 인격적으로 보인다. 그런데 속은 어떤지 알 길이 없다. 그는 마귀에 의해 행동하고 있지만 자신은 모른다. 그가 물과 성령으로 거듭나지 않는 한 예수 그리스도의 보배로운 피로 더럽고 추한 죄를 씻을 길은 없다. 이같이 거듭나지 않는 한 하늘나라 패스포트는 발급되지 않는다. 거듭나지 않고 아무리 선행을 해도 그는 하나님 나라와 상관없다. 그것은 하나님의 형상이 부서졌기 때문이다

이같이 비행기 속이 없으면 날 수 없듯이 사람에게 하나님의 형상이 없으면 하나님 나라로 향할 수가 없다. 하나님의 형상대로 지음받은 인간이 죄를 지은 것은 사탄에 의한 것이다. 사탄이 인간을 미혹해 죄를 짓게 한 목적은 에덴동산에 휘날리던 의의 깃발을 훔치는 것이었다. 그 방법은 인간이 죄를 지으면 그 의의 깃발이 내려지는 것이다. 아담과 하와는 죄를 지었고 그러자 에덴에 휘날리던 의의 깃발은 내려졌다. 그 뒤 하나님 나라의 모형인 에덴은 사라졌다. 그리고 인간 속에 있던 하나님의 형상은 부서지고 망가져버렸다.

그렇다면 하나님의 자녀가 될 때 발급되는 패스포트는 무엇인가? 그것은 물과 성령으로 거듭난 하나님의 자녀가 된 새 생명, 새로운 피조물이 될 때 회복되는 하나님의 형상이다. 바로 하나님의 형상 회복이 하나님 나라에 갈 패스포트인 것이다. 만약 하나님의 자녀라고 자처하는데 하나님의 형상을 회복하지 못했다면 패스포트를 발급받지 못한 것이다.

우리가 패스포트를 가졌지만 다음 단계인 비자를 받기 위해 절차를 밟아야 하듯이 하나님의 형상을 회복했고 하나님의 자녀이니 이젠 안심이라고 생각하

는 경우가 있는데 그 경우도 알로스에 속하는 다른 복음으로 볼 수 있다. 그러므로 그 다음 단계인 비자를 받아야 한다.

비자를 발급하는 곳

미국을 가려면 미국 대사관, 중국을 가려면 중국 대사관에서 받아야 한다. 무비자라 해도 입국시 이민국에서 비자를 받고 입국한다. 그럼 하늘나라를 가려면 어디서 발급 받아야 하는가? 두 말할 것 없이 하늘나라 대사관에서 받아야 한다. 그렇다면 세상 어디에 하늘나라 대사관이 있는가?

놀라운 사실은 왕이신 예수님이 대사시라는 사실이다. 히브리서 3장 1절은 말씀한다. 우리의 믿는 도리의 사도가 바로 왕이신 주님이시다. 사도와 대사는 같은 의미로 보냄을 받은 자다. 사도이신 예수님이 계신 곳이 바로 하늘나라 대사관이다. 왕이신 그리스도의 통치를 받는 하나님의 형상을 회복, 즉 패스포트를 소지한 자는 하늘나라 대사관을 통해 비자를 받을 수 있다. 대사이신 예수님을 마음에 영접했으니 우리의 마음이 하늘나라 대사관이다. 누가복음 17장 21절은 "하나님의 나라는 너희 안에 있느니라"고 했다. 그렇다. 하나님의 나라 대사관은 그리스도의 통치를 받는 자, 그 마음에 있다.

그럼 하늘나라에 갈 비자는 무엇인가? 예수님은 마태복음 6장 33절에서 "너희는 먼저 그의 나라를 구하라"고 하셨다. 그럼 그의 나라를 어떻게 구하는가? 이것은 믿음으로 구해야 한다. 믿음이 무엇인가? 믿음은 빛으로 오신 왕이신 예수님을 영접하면 내 속에 어둠이 물러가는 회개가 일어나고, 예수 그리스도의 피가 나의 더러운 죄를 씻어줌으로 예수님이 나의 구세주가 되는 것이 믿음이다.

왕이신 예수님은 영광스러운 하늘 보좌를 버리시고 이 땅에 하나님 나라를 세우러 오셨다. 우리가 예수님을 영접했으니 왕이신 예수님이 계신 곳에 임한 하나님 나라가 하늘나라 비자인 것이다. 주님이 산상 수훈을 통해 먼저 그의 나라와 그의 의를 구하라고 하신 것은 이미 앞장에서 언급했고, 내 마음에 임한 하나님 나라가 하나님 나라로 갈 비자인 것으로 비자 스탬프가 내 마음에 찍힌 것이다.

누가 하늘나라 비자를 받았는지 어떻게 알 수 있는가? 로마서 14장 17절은 말씀한다. "하나님의 나라는 먹는 것과 마시는 것이 아니요 오직 성령 안에서 의와 평강과 희락이라." 하나님의 나라 비자를 받은 증거는 좋은 집에 사는 것이 아니며 좋은 차를 타는 것도 아니다. 부자로 사는 것도 아니며 먹고 마시며 즐기는 것도 아니다. 세상이 말하는 행복이 아니다. 그렇다고 가난하게 사는 것도 아니다.

그런데 오늘날 강단에서 "복 받아라"고 외치는 것은 상당히 위험한 파라의 다른 복음이다.

비자를 받은 자의 증거는 삶의 모습이다. 무엇보다 성령 안에 있는 것이다. 즉, 육신의 생각을 버리고 성령의 생각을 하는 자다. 로마서 8장 6절 말씀처럼 성령의 생각은 생명과 평안이요, 로마서 8장 9절 말씀처럼 성령이 없으면 그리스도의 사람이 아니다. 그러므로 하늘나라 비자를 받은 마음의 찬국을 이룬 자는 성령 안에 있는 자다.

성령 안에 있는 자에게 나타나는 세 가지

1) 의

하나님이 주신 의다. 우리는 의롭지 않다. 그러기에 그의 의를 구하라고 했다. "하나님의 의를 모르고 자기 의를 세우려고 힘써 하나님의 의를 복종치 아니하였느니라"(롬 10:3). 왜 하나님께서 우리에게 의를 주셨는가? 주신 의로 우리가 의로운 것이 아니다. "의를 행하는 자는 그의 의로우심과 같이 의롭다"(요일 3:7), "의를 행하는 자마다 그에게서 난 줄을 알리라"(요일 2:29), "의를 행하지 않는 자는 하나님께 속하지 아니했다"(요일 3:10). 이 말씀들을 통해 의를 행하지 않으면 하나님이 주신 의는 액세서리에 불과함을 알 수 있다.

우리는 죄인이었지만 하나님께서 의인이라고 법정 선고를 내리셨기에 의인이 된 것이다. 그러므로 우리가 천국 간다고 하면 앞의 말은 진리지만, 뒤의 말인 "우리가 천국 간다"는 알로스의 다른 복음이다. 칭의에 의해 의인이 되었다면 믿음으로 말미암아 살아야 한다(롬 1:17). 에스겔 18장 9절에서도 "내 율례를 쫓으며 내 규례를 지켜 진실히 행할진대 그는 의인이니 정녕 살리라 나 주 여호와의 말이니라"고 말한다. 하늘나라 비자를 받은 자는 성령 안에서 의를 행하는 자다.

2) 평강

하나님은 평강의 하나님이시다.

로마서 15장 33절 말씀처럼 평강의 하나님께서 함께 계실 때 성령 안에 있는 것이다.

데살로니가전서 5장 23절은 말씀한다. "평강의 하나님이 친히 너희로 온전히 거룩하게 하시고 또 너희 온 영과 혼과 몸이 우리 주 예수 그리스도 강림하실 때에 흠 없게 보전되기를 원하노라."

데살로니가후서 3장 16절의 말씀처럼 성령 안에 있으면 하나님이 때마다 일마다 주시는 평강은 지속적이고 영원하다. 그러나 사람이 주는 평강은 거짓 평강이다.

예레미야 6장 14절은 평강하다 평강하다고 말한 선지자와 제사장은 거짓 평강을 말할 뿐이라고 말씀한다. 오늘날 주의 날이 가까웠는데 거짓 평안으로 살아가는 그리스도인들이 있다. 데살로니가 교회 교인들이 입으로 평안하다, 안전하다고 하지만 거짓임을 보게 된다.

데살로니가전서 5장 3절은 "저희가 평안하다 안전하다 할 그 때에 잉태된 여자에게 해산 고통이 이름과 같이 멸망이 홀연히 저희에게 이르리니 결단코 피하지 못하리라"라고 했다.

그리스도인들이 성령 안에 있지 않고 이 같은 거짓 평안을 붙든 채 속고 살아간다면 그는 하늘나라 비자를 받은 자가 아니다. 세상이 아무리 혼란하고 환란이 닥쳐와도 성령 안에 있는 자는 평강이 있다. 왜냐하면 하나님 나라가 그의 심령에 있고, 그 심령이 가난하기 때문에 천국이 저희 것이므로 평강이 있을 수밖에 없다.

전쟁터일지라도 엄마 품에 있는 아기는 결코 걱정 근심이 없다. 하늘나라 비자를 받은 자는 지속적인 평강을 가진 자다.

3) 희락

희락은 성령의 열매다(갈 5:22). 성령 안에서 열매가 맺히면 그 기쁨은 세상이 주는 기쁨과 비교가 안 된다. 이 기쁨은 새 집을 사서 이사 간 기쁨이 아니요, 새 차를 산 기쁨도 아니며, 취직된 기쁨도 아니다. 이 세상이 주는 기쁨은 잠시뿐이다.

그러나 비자를 받은 자는 성령 안에 있기에 기뻐한다. 주님 때문에 기뻐한다. 멸망받을 나를 구해 주신 기쁨이요 진리와 함께 기뻐하는 것이다.

하박국 선지자는 이렇게 표현했다. "비록 무화가 나무가 무성치 못하며 포도나무에 열매가 없으며 감람나무에 소출이 없으며 밭에 식물이 없으며 우리에 양이 없으며 외양간에 소가 없을지라도 나는 여호와를 인하여 즐거워하며 나의 구원의 하나님을 인하여 기뻐하리로다"(합 3:17-18).

세상 말로 쫄딱 망했는데 뭐가 즐거운가? 그러나 세상 것 다 가져도 하나님 나라가 내 마음에 없다면, 아니 성령 안에 거하지 않으면 아무것도 기뻐할 것이 없다.

미국 유학을 가려는 학생이 미국 대사관에 비자를 신청하여 인터뷰를 하고 비자를 받아 나올 때 밖에서 기다리던 엄마는 아들의 얼굴만 봐도 그가 비자를 받았는지 거절당했는지를 안다. 이처럼 하나님 나라 비자를 받은 자는 싱글벙글할 수밖에 없다.

이제 패트포트와 비자를 준비했으니 티켓팅을 해야 한다. 돈이 없으면 비자까지 받았어도 갈 수가 없다. 티켓을 사야 한다. 티켓은 선물로 받을 수도 있다. 이사야 55장 1절에서 우리를 초청한 분이 돈 없이 값 없이 와서 사라고 했다. 주님의 초청에 우리는 응하면 된다. 마태복음 11장 28절에서 "수고하고 무거운 짐 진 자들아 다 내게로 오라 내가 너희를 쉬게 하리라"고 하셨다. 이같이 주님의 초청에 응할 때 일어나는 한 가지가 바로 회개다. "회개하라 천국이 가까웠느니라"(마 4:17).

누가 비행기를 탈 때 이고 지고 메고 타지 않는다. 짐은 다 맡기고 탄다. 우리가 회개할 때 죄 짐을 다 내려놓게 되는 것이다. 많은 그리스도인들의 착각 중 가장 심각한 착각은 믿음만 있으면 다 된다고 하는 것이다. 만약 삶 속에서 회개를 철저히 하는 사람이라면 그 말이야말로 진리다. 그러나 회개와 상관없이 믿음만 말한다면 알로스의 다른 복음이 될 것이고 또 사람의 귀를 즐겁게 해주는 파라의 다른 복음이 된다.

주님이 이 땅에 오셔서 하신 첫 외침이 회개요 천국인데, 회개하지 않으면 하늘나라에 갈 수 없다는 것은 명백한 진리다.

티켓은 무엇인가?

우리는 비행기를 탈 때 티켓으로 보딩패스를 만들어 비행기 안으로 들어간다. 티켓이 하늘을 나르는 것이 아니다. 그럼 비행기가 하늘로 날려면 무엇이 필요한가? 많은 티켓을 판 돈으로 항공유를 가득 채워야 날 수 있다.

예수님의 첫 외침은 "회개하라 천국이 가까웠느니라"였다. "회개하고 복음을 믿으라"고 했고, "구원에 이르게 하는 회개를 이루는 것이요"(고후 7:10)라고 했으니 하늘나라 가는 티켓은 회개인 것이다.

회개하면 어떤 일이 일어날까? 예수의 피가 우리를 모든 죄에서 깨끗케 한다(요일 1:7). 하늘나라로 날아갈 항공유는 티켓을 판 돈으로 주유하게 되며, 이 항공유는 가장 순수한 것과 같이 회개하면 예수 그리스도의 피로 우리의 모든 추한 죄와 불의가 깨끗해지는 것이다. 베드로전서 1장 18-19절을 보면 우리를 구속한 것은 은이나 금 같은 것이 아니고 흠 없고 점 없는 어린양 같은 그리스도의 보배로운 피다.

비행기에 항공유가 없으면 날 수 없듯이 하늘나라 가는데 예수 그리스도의 피가 없으면 갈 수 없기에 회개하는 자에게 예수의 피가 주유되는 것이라 보면 된다.

만약 가솔린 차에 디젤을 주유하면 어떻게 되는가? 시동도 안 걸릴 뿐 아니라 심각한 문제가 발생한다. 역시 디젤 차에 가솔린을 주유해도 문제가 생긴다. 특히 비행기의 항공유는 기름 중에 좋은 것으로 가장 순수해야 한다. 만약 항공유에 불순물이 들어간다면 큰 사고가 날 확률이 높다.

우리가 하늘나라를 가는 데 더럽고 추하고 불의하면 못 간다. 우리는 더럽고 추하고 불의하다. 그러므로 회개하고 세례를 받으면 흠 없고 점 없는 그리스도의 보배로운 피로 씻어 깨끗하게 해야 그 피의 공로로 값없이 가는 것이다. 회개치 않았고 깨끗해지지 않았는데 믿기만 하면 간다고 하면 거짓말이다. 회개한 자는 하나님과 사귐이 있는 자요 어두움에 거하지 않은 자다(요일 1:6). 예수님도 마태복음 5장 8절에서 "마음이 청결한 자는 복이 있나니 저희가 하나님을 볼 것 임이요"라고 했다.

그런데 다른 복음은 예수 보혈로 죄 사함을 받지도 않고 믿기만 하면 된다면서 믿음을 주유시킨다. 성경을 바로 보아야 한다. 보배 피가 없으면 믿음도 없다. 로마서 3장 25절은 "그 피로 인하여 믿음으로"라고 했다. 예수 피 없는 믿음은 믿음이 아니다. 생각으로 무엇을 못 믿겠는가? 말씀에 근거하지 않으면 아닌 것이다.

패스포트, 비자, 티켓은 승객이 소지한 것이다. 우리가 외국을 여행할 때 육로로 갈 수도 있고 배를 타고 갈 수 있으며 항공기를 이용할 수도 있다. 무엇을 탈 것인가?

하나님 나라에 가려면 무엇을 타야 하는가?

아버지께로 가려면 그리스도를 통해야 한다. "내가 곧 길이요 진리요 생명이니 나로 말미암지 않고는 아버지께로 올 자가 없느니라"(요 14:6). 우리가 예수만 믿으면 된다고 하지만 그리스도를 믿어야 한다는 것을 앞서 언급한 바 있다(요일 5:1).

하늘나라는 육로나 바다로 가는 것이 아니니 항공기라고 표현하면 좋을 것 같다. 헬기도 아니고 수송기도 아니고 보잉 747도 아닌 가장 멋진 것을 타야 한다. 그곳은 그리스도 146 항공기를 타야만 간다.

이것은 그리스도 안에 들어가는 것이다. 사도 바울이 그의 서신서에서 가장 많이 사용한 것이 "그리스도 안에서"다. 로마서 8장 1-2절은 말씀하기를 그리스도 예수 안에 있는 자에게 정죄함이 없다. 그리스도 예수 안에 생명의 성령의 법이 있기에 우리가 죄와 사망의 법에서 해방된 것이다.

누가 그리스도 예수 안에 있는 자인가? 누가 하늘나라 가는 항공기를 탄 자인가? 그들은 그리스도 146 항공기를 탄 그리스도인들이다. 그는 하나님의 형상을 회복한 자다. 그는 마음의 천국을 이룬 자다. 그는 회개를 통해 보배로운 피로 죄 사함을 받은 자다. 즉, 하늘나라 갈 패스포트, 비자, 티켓을 소지한 자다. 이들만이 그리스도 146 항공기를 탄 자들이다.

우리는 공항에 가서 티켓을 보딩패스로 바꾼다. 거기에는 몇 번 Gate라고 적혀 있다. 내가 탈 비행기는 그 Gate로 가야만 한다. 미국 갈 사람이 인도 가는 Gate로 들어가면 헤매게 된다.

요한복음 10장 9절에서 예수님은 내가 문이라고 하셨다. 그와 같이 그리스도 146 항공기를 타기 위해 109 Gate로 가야 한다. 109 Gate는 좁아서 잘 찾아가야 한다. 일단 Gate 109로 들어가서 714 좁은 길 Street로 가야 한다. 미대복음 7장 14절은 말씀한다. "생명으로 인도하는 문은 좁고 길이 협착하여 찾는 이가 적음이니라." 고난의 문을 거치지 않고는 갈 수 없다.

하늘나라에 타고 갈 그리스도 146 항공기의 항공사 이름은?

우리가 항공기를 이용할 때 한 항공사를 정해 마일리지를 축적한다. 그것은 마일리지가 차면 무료 티켓을 받을 수 있기 때문이다. 그렇다면 하늘나라에 가는 그리스도 146 항공기가 어느 항공사인지 알아야 한다.

로마서 8장 24절을 보자. "우리가 소망으로 구원을 얻었으매." 믿음으로 구원을 받는데 무슨 소망이냐고 한다면 믿음과 소망의 관계를 모르는 소리다. 믿음과 소망은 같이 있다(고전 13:13).

소망이 없었다면 항공기인 그리스도 안에 들어가겠는가? 소망이 없었다면 힘든 좁은 문으로 들어가겠는가? 아니다. 그렇다면 믿기만 하면 구원받는다는 것은 문제가 있음이 확실해진다. 알로스의 다른 복음이다. 만약 믿습니다 하고 말은 했지만 소망이 없다면 믿음을 버리는 것이다. 믿음을 버리면 구원도 포기한 것이 된다.

히브리서 11장 1절은 말씀한다. "믿음은 바라는 것들의 실상이요." 바라는 것은 즉 소망이고, 소망은 지금 보이지 않을 뿐 아니라 이루어진 것이 아니다. 그래서 "보지 못하는 것들의 증거니"라고 한 것이다. 소망이 실상이 되고 증거가 되어 이루어진 것이 믿음이다. 그러기에 소망으로 구원받았다고 말해야 하고, 믿음으로 구원을 이루어나가야 하는 것이다. 그러기에 소망 없는 믿음은 액세

서리에 불과하며 중도하차하게 된다.

하늘나라 가는 항공사는 바로 소망 항공, 즉 소망 에어라인(Hope Airline)이다.

디모데전서 1장 1절은 "우리 소망이신 그리스도 예수" 바로 그리스도 예수가 우리의 소망이라고 말씀한다. 이 소망 에어라인을 타야 한다. 어떤 사람은 행복호를 타고 우쭐댄다. 명예호를 타고 뻐긴다. 권력호를 타고 휘두른다. 금력호를 타고 뿌린다. 거기에는 소망이신 그리스도가 없다.

자, 이제 소망호를 탔다. 소망 에어라인의 그리스도 146 항공기가 이륙해 하늘을 날려면 두 개의 날개와 날개 밑에 달린 두 개의 엔진, 바로 추진력이 필요하다. 모든 나는 것은 좌우에 두 개의 날개가 있다. 새도 비행기도 두 개의 날개로 나는 것이지, 하나로 날 수 있는 것은 없다.

하늘나라로 가는 그리스도 146 두 날개의 이름은?

"때가 찼고 하나님 나라가 가까웠으니 회개하고 복음을 믿으라"(막 1:15).

하늘나라 가는 소망 에어라인의 그리스도 146기의 두 날개는 회개와 믿음이다. 앞서서 회개는 티켓이라고 했는데 여기서는 왜 날개라 할까?

그 동안 마귀의 지배 아래 있을 때는 쾌락호를 이용했으나, 그리스도 146을 타기 위해 회개란 티켓을 구입해 소망호로 환승했다. 그러나 소망호를 타고 가면서도 때로는 잘못된 생각, 행동, 말을 한다. 그럴 때마다 소망호가 흔들린다. 그때 회개해야 안정을 회복한다.

그리고 한번 주유한 비행기가 평생 날 수 없듯이 계속 항공유를 공급받아야 한다. 역시 한번 회개했다고 다 된 것은 아니다. 우리가 흠 없고 점 없는 그리스도의 보배로운 피를 계속 공급받아 회개의 열매를 맺을 때 우리의 더럽고 추한 마음이 청결하게 되어 하나님을 만날 때 부끄럼 없게 된다.

우리가 회개함과 동시에 믿음이 출발한다는 사실을 간과해서는 안 된다. 어떤 분이 믿음 없이 어떻게 회개하는가라고 했다. 이렇게 아는 분들이 생각보다 많다. 그러나 회개의 참 뜻을 알면 회개가 먼저라는 것이 어렵지 않다.

집을 나간 둘째 아들이 스스로 돌이키지 않은 채, 우리 아버지 집에는 먹을 것이 많은데 하며 아무리 믿는다 해도 그는 굶어 죽을 수밖에 없는 것이다. 회개, 즉 스스로 돌이켜 아버지 집으로 가야 한다. 믿음은 바라는 것들의 실상이지 이론이 아니다. 보지 못하는 것들의 증거지 공상이 아니다. 스스로 돌이켜, 즉 회개하고 아버지 집에 가면 바라는 것이 이루어지고 증거가 나타날 때 그것이야말로 믿음인 것이다. 그런데 회개란 한 날개로는 날 수가 없기에 회개하고 복음을 믿으라고 한 것이다. 믿음이라는 날개를 가동시켜야 한다. 이미 믿음에 대해 언급한 바 있다. 그런데 왜 또 언급할까? 한번 믿었으니 영원히 보장되면 다시 언급할 필요가 없다. 그런데 믿음은 앞서 언급한 대로 소망이 없으면 주저앉고 만다.

에베소서 4장 13절에서 "우리가 다 하나님의 아들을 믿는 것과 아는 일에 하나가 되어 온전한 사람을 이루어 그리스도의 장성한 분량이 충만한데까지 이르리니"라고 말하고 있다. 이 한 말씀만 보아도 지금 우리의 믿음은 합격된 믿음이 아니라 계속 자라 온전한 데까지, 즉 그리스도까지 자라야 하는 것이다.

"믿음의 결국은 영혼 구원을 받음이라"(벧전 1:9). 믿음은 이루어나가는 것이지 지금 내가 예수 믿으니 구원받았다고 한다면 거짓말이 된다(요일 1:6). 믿음은 자라야 한다. 새가 날개 짓을 하지 않으면 영원히 날지 못하는 닭처럼 된다.

독수리는 높은 곳에서 떨어뜨려 날개 짓을 하는 훈련을 시킨다. 그래서 독수리는 창공을 유유히 날아다닐 뿐 아니라 먹이를 향해 비호같이 빠른 속도로 내려와 먹이를 채어 비상한다.

믿음도 계속 성장하여 예수님의 친구로 그리스도의 장성한 분량에 도달하면 강한 믿음이 된다. 환난이나 곤고나 핍박이나 기근이나 칼이 와도 타협하지 않고 믿음을 지키기에 전진하는 것이다. 제트 비행기를 보라! 이륙할 때 엔진의 회전을 최대로 한다. 그러나 고도에 진입하면 엔진 소리는 조용하고 유유히 날아간다. 그러나 명심할 것은 비행기가 이런 고도에 올랐다고 만사형통한 것이 아니다. 먹구름 속도 통과해야 할 것이고, 기압골로 인해 갑자기 강하하게 될 것이며, 악천후를 만나기도 할 것이다.

이같이 하늘나라로 가는 소망호도 마찬가지다. 환난의 비바람이 몰아칠 것이다. 사망의 음침한 골짜기도 지나야 한다. 중요한 것은 그때도 그리스도 안에, 즉 소망호에 있는 것이 가장 안전한 곳이라는 것이다.

갓난아기는 엄마 품에 있으면 전쟁의 포화 속에도 평안하다. 우리가 사는 현실은 전쟁의 포화 속과 같다. 주를 떠나선 아무것도 할 수 없다. 환난이 들이닥쳐도 그리스도 안에서 소망을 버리지 말고 믿음으로 전진하는 것이 진정한 영생의 길인 것이다.

사도행전 14장 22절은 "우리가 하나님 나라에 들어가려면 많은 환난을 겪어야 할 것이라"고 말씀한다. 이같이 소망호의 날개는 회개와 믿음으로 되어 있다.

믿음이 무엇인가? 빛이신 예수 그리스도를 왕으로 내 마음에 모셔 그 왕의 통치를 받는 것으로, 빛이 내 어두운 심령에 들어오면 회개가 일어나므로 주님이 나의 구세주가 되시는 것이다. 이것은 구원이 확정된 것이 아니고 믿음의 출발인 것이다.

하늘나라로 가는 것은 회개를 통해 예수 보배 피로 더럽고 추한 모든 죄악들을 날마다 깨끗이 씻고 믿음을 통해 왕이신 주님의 통치를 받는 그리스도인들에 의해 소망호가 힘차게 날아서 가는 것이다.

비행기를 보면 날개 아래 엔진이 있다. 엔진이 가동되지 않는 한 날 수 없다. 우리 회개와 믿음의 엔진을 가동시킬 때 하늘나라로 향하는 것이다. 새를 보라. 날개 짓을 천천히 하면 천천히 날지만, 날개 짓을 세차게 하면 빠르게 날 수 있다. 올림픽 100미터 달리기 금메달리스트라도 참새를 이기지 못한다. 날개가 없기 때문이다.

비행기나 새도 쉴 때가 있다. 우리 또한 24시간, 한 달, 일년 내내 쉬지 않고 회개와 믿음이 가동되는 것은 아니다. 회개는 더러운 옷을 빨아 입듯이 더러워진 심령을 회개로 씻는 것이다. 주님과 늘 교제하며 더러워지지 않고 경건한 삶을 살면 우리의 심령은 더 이상 더러워지지 않고 계속 보혈로 씻다가 결국 그리스도의 정결한 신부가 되는 것이다.

생각해보라! 소망호가 도착하면 누가 기다리고 있겠는가? 두말할 필요 없이 정결한 신부를 맞을 신랑이신 주님 예수 그리스도가 기다리고 있다는 것을 생각만 해도 가슴이 설레지 않는가?

정리해보자.

'다르다'라는 세 개의 낱말, 즉 헤테로스, 알로스, 파라의 다른 복음이 현실 교회 안에서 가르쳐지고 있다는 사실을 알 때 소름이 돋아나야 정상이 아니겠는가? 그리고 복음은 쉽고 단순하다는 듣기 좋은 말을 포기하지 않으면 치명적인 후회를 하게 될 것이다.

패스포트인 하나님의 형상을 회복해야 한다.

비자인 마음의 천국을 이루어 의와 평강과 희락의 삶을 살아야 한다.

티켓인 회심 그리고 회개를 통해 예수 그리스도의 보배로운 피로 흠 없고 점 없는 거룩함으로 나아가야 한다.

하나님 나라로 가려면 소망 에어라인에 티켓팅해서 그리스도 146 항공기를 타야 한다. 명심해야 할 것은 소망호를 버리고 쾌락호로 환승하지 말아야 한다는 것이다. 쾌락호는 달콤한 사탄의 미혹일 뿐이다.

6장 하나님의 계획, 우선순위 1번

일반적으로 성경은 인간 구원을 말하고 있다고 하는데 틀린 말은 아니다. 그러나 우리가 알아야 할 중요한 것은 성경은 하나님을 말하고 있다는 것이다. "태초에 하나님이 천지를 창조하시니라"로 시작해 "아멘 주 예수여 오시옵소서"로 끝난 것을 보면 이는 확실하다. 그러므로 하나님은 인간 구원보다 더 중요한 한 가지 계획이 있음을 알아야 한다. 즉, 인간 구원을 이루기 위해 먼저 해야 할 것이 있다는 것이다.

가장 지위가 높았던 천사가 하나님을 대적했고 하나님 자리를 노렸다. 그 놈이 사탄이다. 사탄으로 인해 피조 세계에 죄가 들어왔고 그래서 모든 인간이 죄인이 되었다.

그럼 죄에 빠진 인간을 구하는 것이 우선인가? 사탄을 멸하는 게 우선인가?

만약 아들이 조직 폭력배 일당에게 원치 않게 끌려 그들의 일원이 되었다면 어떻게 구할 것인가? 부모가 가서 데려오겠는가? 다시 끌려갈 것은 뻔하다. 경찰이 가서 데려오게 하겠는가? 역시 그들은 의리를 버리면 죽여버리겠다고 협박하며 다시 조직으로 끌고갈 것이다. 자식을 구하고 해방시킬 묘안은 없다. 그러나 한 가지 분명한 사실은 그들의 범죄 행위가 드러나 법의 심판을 받으면 보스는 실형에 처해지고 조직이 와해될 것이다. 당신이 아들을 구하기 위해 할 것은 아무것도 없다. 당신 아들은 자동으로 조폭으로부터 자유의 몸이 되는 것이다.

그렇다면 하나님의 지혜가 이보다 못하단 말인가? 하나님의 미련한 것이 사람보다 지혜 있다(고전 1:25)고 했는데 왜 많은 사람들이 성경을 인간 구원을 위한 우선순위로 두는가?

가령 인간을 먼저 구원했다고 했을 때 그 구원은 진정한 것이 될 수 없다. 왜냐하면 사탄에 의해 다시 타락하게 될 것이기 때문이다. 이것이 성경의 흐름이다. 다시 말하면 하나님은 자신의 자리를 노리고 대적한 사탄을 멸하시는 것이 우선순위 1번이다. 정말인가 확인해보자.

하나님은 애굽에서 노예로 살고 있는 이스라엘 백성을 구원하기 위해 모세를 보내셔서 무엇을 먼저 하셨는지 우리는 안다. 이 세상이요 사탄의 나라인 애굽에 재앙을 내리기 시작하셨다. 그들을 멸하기 위한 영적 전쟁인 것이다. 왜 모세는 시간 낭비를 하고 있는가? 하나님의 권능으로 이스라엘 백성을 구원하면 한순간에 하실 수 있는데 왜 하나의 재앙도 아니고 열 재앙을 내리셨는가? 재앙이 내릴 때마다 바로는 자유를 주겠다고 했으나 재앙이 거두어지면 더 강퍅해졌기에 결국 마지막 재앙까지 끌고 가서야 이스라엘의 해방이 선포되었고 출애굽이 시작되었다. 그럼 출애굽이 구원이요 해방이요 자유였는가? 이스라엘 백성은 해방의 기쁨을 가지고 출애굽 했으나 그 기쁨은 오래가지 못했다. 아직 사탄의 니리 애굽이 완전 멸해지지 않은 상대였다. 그래서 그들은 출애굽한 이스라엘을 추격하기 시작했다.

그때 이스라엘 백성들의 원망과 태도를 보라. 출애굽이 싫었는데 왜 이 꼴을 만드느냐. 차라리 애굽 사람을 섬기는 것이 광야에서 죽는 것보다 낫겠다고 모세에게 소리치지 않았는가? 그때 모세가 백성에게 한 말을 보라. "너희는 두려워 말고 가만히 서서 여호와께서 오늘날 너희를 위하여 행하시는 구원을 보라 너희가 오늘 본 애굽 사람을 또 다시는 영원히 보지 못하리라."

여기에서 우리는 쉽게 초점을 이스라엘 구원에 맞추지만, 실제 하나님의 계획은 오늘 본 애굽 사람을 또 다시 영원히 보지 못하리라는 것에 있다. 만약 미리 홍해가 갈라지고 이스라엘 백성이 다 건넌 다음 바다의 길이 없어진 후 애굽 군대가 왔다고 해보자. 물론 이스라엘은 구원을 받았다고 생각할 것이지만 강대국 애굽이 배를 타고 건너 올 것은 뻔하다. 그러므로 하나님은 구원을 그렇게 이루면 완전한 구원이 아님을 이미 아셨기에 그 방법을 택하지 않으셨다.

하나님의 권능으로 홍해가 갈라지고 이스라엘이 홍해를 건넌다. 그러나 계속 홍해로 진격해오는 애굽 군대를 수장시켜 사탄인 애굽을 완전히 멸해야 저들이 두 번 다시 이스라엘을 향하지 못하게 되므로 이것이 완전한 구원이요 완전한 해방으로 세례(고전 10:2)를 통한 완전한 구원을 보여준 것이다.

출애굽기 15장 1-21절은 모세와 이스라엘 백성과 미리암의 노래다. "말과 그 탄 자를 바다에 던지셨음이로다…바로의 병거와 그 군대를 바다에 던지시니…큰 물이 그들을 덮으니 그들이 돌처럼 깊음에 내려졌도다…주의 오른손이 원수를 부수고…주를 거스리는 자를 엎으시고…그들을 초개같이 사르니이다…열방이 듣고 떨며 불레셋 거민이 두려움에 잡히며 에돔 방백이 놀라고 모압 영웅이 떨림에 잡히며 가나안 거민이 다 낙담하나이다." 이같이 모든 사탄의 무리의 간담을 녹이는 것이 바로 하나님의 구원의 우선순위임을 알아야 한다.

미리암은 이렇게 노래를 마무리한다. "말과 그 탄 자를 바다에 던지셨음이로다."

하나님이 대적을 이렇게 멸해버리시니 구원은 자동으로 이루어진 것이다.

또 사무엘상 17장의 이스라엘과 블레셋의 전쟁을 보자. 여기에서 이스라엘 백성을 구원하는 길은 무엇인가? 사울 왕은 그 백성을 구원할 책임이 있었지만 전쟁에서 이길 소망이 없었다. 그는 영토를 버린 채 백성을 끌고 도망하거나 아니면 항복하고 블레셋의 종이 되거나 이 두 길밖에 없는 막다른 길에서, 하나님이 목동 다윗을 보내셨다. 강한 블레셋 대적 골리앗을 꺾지 않는 한 완전한 구원은 없기 때문이었다. 대적 사탄을 멸하는 것이 구원의 길인 것이다. 하나님의 아들이 나타나신 것은 사탄의 일을 멸하려 하심이다(요일 3:8).

성경에서 가장 무서운 말씀은 사함을 받지 못하는 죄다. 예수님은 마태복음 12장에서 귀신을 쫓아내셨다. 그런데 바리새인들이 비방하고 훼방했다. 그때 예수님은 내가 성령을 힘입어 귀신을 쫓아내는 것이면 하나님 나라가 이미 임했다고 했다. 하나님 나라가 어떻게 임하는가? 사탄의 나라를 멸할 때다. 하나님 나라가 임하지 않으면 구원이 이루어지지 않는다. 이것이 하나님 계획의 우선순위 1번인데 이것을 방해하고 훼방하는 자에게 가장 무서운 저주의 말씀을 하신 것(마 12:31-32)이므로 사함을 받지 못한다고 엄히 명하셨다. 왜냐하면 사탄을 멸하지 않고 인간 구원은 이루어지지 않기 때문이다.

그런데 오늘날 그리스도인들이 사탄을 멸하는 일을 우습게 여긴다. 하물며 쓸데없는 짓이라고 하는데 그렇다면 에베소서 6장 11-17절 말씀을 지워버려야 한다. 마귀의 궤계를 능히 대적하기 위하여 하나님의 전신 갑주를 입으라고 명령하셨으니 말이다. 과연 그리스도인들이 하나님의 전신 갑주로 무장하고 있는

기? 그렇지 않다면 구원에 관해 언급할 자격이 없다. 여기서 이기지 못하면 사탄의 종이 되는데 그리스도인에게 가장 비참한 것이 바로 이것이다.

"십자가 군병 되어서 예수를 좇을 때…믿는 사람들은 주의 군대니…마귀들과 싸울지라 죄악 벗은 형제여…." 우리는 이런 찬송들을 부르지만 실제 십자가 군병이 아니라면, 실제 마귀와 싸우지 않는다면 그가 말하는 구원은 성경의 구원과 다른 것 아닌가?

일본은 한국을 비롯한 동남아를 집어삼키며 2차 대전을 하던 1941년 12월 7일 주일 새벽에 잠자던 미국 하와이 진주만을 선전포고도 없이 공습하여 군함 21척과 전투기 200대를 폭파하고 2,338명 사망, 1,178명 부상이라는 끔찍한 일을 저질렀다. 일본은 계속 동남아를 집어삼키려고 전진하고 있었다. 전쟁을 종료하라고 권고했으나 소귀에 경 읽기였다.

1945년 8월 6일 히로시마에, 8월 9일에 나가사끼에 미국이 원폭을 투하했다. 왜 투하했는가? 동남아를 구하기 위해서인가, 아니면 한국을 구하기 위해서인가? 아니다. 미국의 자존심을 망가뜨린 대적이었기 때문이다.

이로 인해 대한민국은 36년의 일본 치하에서 수많은 순국열사들이 피를 흘렸음에도 해방을 맛보지 못했으나 1945년 8월 15일 뜻밖의 해방을 맞이했다. 보라! 우리의 손에 의한 것도 아닌데 대적이 망하니 자동으로 해방과 구원이 이루어진 것이다.

세상 나라도 이런데 하나님의 계획 우선순위 1번이 인간 구원이란 말인가? 대적을 멸하지 않는 한 구원은 기대할 수 없다.

이와 같이 사탄 대적을 멸하는 것은 선택이 아니다. 필수이자 우선이다. 그런데 그리스도인들은 영적 전쟁이 무엇인지 모르니 영적 무기를 가진 자가 극히 적다. 심각한 문제는 영적 전쟁을 하는 자를 이상한 눈으로 보는 것이다. 그는 결코 그리스도의 십자가 군병이 아니요 오히려 사탄 편에 서 있는 자다. 만약 영적 전쟁하는 자를 비방하고 훼방하면 이는 성령 훼방 죄로서 영원히 사함을 받지 못하는 무서운 죄이므로 조심해야 한다.

우리가 죄인 된 것이 누구를 통해서인가? 사탄을 통해 온 인류가 죄인이 된 것이다. 그렇다면 사탄을 멸하는 것이 인간 구원을 위한 우선순위 1번임을 보여 준다.

귀신 들린 자가 있다면 그를 구하는 길은 무엇인가? 그를 안전한 곳에 보호하고, 약을 복용시키고, 좋은 옷을 입히고, 영양가 있는 맛있는 음식을 먹이는 것인가? 아니다. 귀신을 쫓아내는 길밖에는 다른 방도가 없다.

사탄에 의해 죄인이 된 인간을 구하는 길도 역시 사탄을 멸하는 것이 우선이다. 그렇다면 우리 사역에서 영적 전쟁을 하느냐 하지 않느냐는 선택이 아니다. 그런데 영적 전쟁하는 사역자를 이단시 하는 것은 대단히 위험한 것이다.

앞서 말한 여섯 가지의 하나님의 전신 갑주를 입으라고 한 뒤에 기도를 하라고 언급했는데, 이것은 군인이 무장하고 전쟁에 임하듯 하나님의 전신 갑주를 입었으니 기도를 통한 영적 전쟁을 하라는 것이다. 그런데 우리 그리스도인들이 영적 전쟁에 대해 교육을 받지 않아 어떻게 영적 전쟁을 해야 하는지 잘 모를 뿐 아니라 아예 관심이 없다. 영적 전쟁은 자신을 위한 것과 타인을 위한 것이 있다. 자신의 영적 전쟁은 그리스도인의 병역 의무다.

그리스도인의 영적 전쟁의 병역 의무

지구상의 나라마다 사회 안전과 전쟁을 위한 병력이 있다. 특히 한국은 북한과 맞서고 있어 남자로 태어났다면 병역의 의무를 거쳐야 직장생활도 사회생활도 할 수 있다. 그런데 권력과 금력으로 병역의 의무를 면제 받았다가 창피를 당하는 일들이 있음을 안다. 또한 군 복무를 통해 인간이 되었다는 이야기는 수없이 들었다. 만약 한국에 군인이 없었다면 벌써 적화 통일이 되었을 것이다.

그리스도인은 하나님의 자녀로서 십자가 군병이다. 많은 그리스도인들이 영적 전쟁이란 말은 들었지만 자신이 영전 전쟁에 군병이라고 생각하는 경우는 극히 소수다. 왜 그럴까? 한마디로 적군이 있음을 인식하지 못하기 때문이다. 즉 마귀새끼들이 어디 있으며 무슨 짓을 하는지 보지 못하니 누가 적인지조차 알 수 없다.

반면에 적인 사탄의 졸개들인 마귀들은 우리를 보고 도둑질하고 죽이고 멸망시키는 일을 끊임없이 진행하고 있다. 그런데도 적에 의해 당하고 있음을 인식하지 못하고 재수 없어 손해 보고 병들고, 죽을병에 걸렸다고 한탄을 한다면 이렇게 계속 당하다가 망하는 것이다.

적을 알면 승리는 쉽다. 영적 전쟁에서 적이 어디에 있는가? 즉, 마귀 새끼들이 어디에 있는가? 많은 그리스도인들이 마귀가 자신들과는 상관없다고 생각한다. 이것은 큰 착오다.

우리가 영적 전쟁을 하려면 실제로 마귀가 좋아하는 곳을 알아야 한다.

예수님은 12명을 제자로 선택하셨다. 그러나 한 명은 도둑이었다. 그리고 예수님을 배반했다. 전지전능하신 예수님이신데 어떻게 그런 사람을 제자로 택해 양육에 실패하셨을까? 우리가 알기로는 택한 사람은 망하지 않는다고 아는데 그 망할 유다를 왜 택하신 것인가? 그렇다면 택한 사람이라도 망한다는 본보기가 되는 것이며 택한 백성은 언젠가 견인해서라도 구한다는 교리는 성경적이지 않다. 만약 가롯 유다가 죄를 지었어도 회개하고 돌아섰다면 결코 지옥에 가지 않았을 것이다. 요한복음 13장 2절을 보면 이같이 마귀는 유다의 마음과 생각을 노리고 있었다. 여기에서 우리가 볼 수 있는 한 가지 사실은 택한 자를 마귀가 노리고 있다는 것이다. 예수님은 요한복음 8장에서 유대인들을 보고 "너 아비 마귀"라고 하셨다. 이미 마귀에게 속한 자는 마귀가 좋아하는 일을 한다. 하나님의 아들이신 예수님이 직접 제자훈련을 시키시는데 감히 누가 방해하겠는가? 하지만 마귀는 우는 사자처럼 우리가 믿음에서 떠나도록 집요하게 노리고 있다가 때가 되면 그 마음에 죄지을 생각을 넣어 넘어뜨린다.

앞장에서 간단히 언급했지만 이것은 너무나 중요하기에 더 상세히 언급하고자 한다.

왜 유다는 마귀에게 틈을 만들어주었나? 그는 공금을 도적질한 도둑이었다(요 12:6). 즉, 죄를 짓는 일에 습관적이었다. 이같이 습관적인 죄는 마귀의 도구가 된다. 그래서 마귀는 유다의 마음에 예수를 팔 생각을 넣었다(요 13:2). 요한복음 13장 27절을 보면 사탄이 유다 속에 들어갔고 그는 예수님을 은 30냥에 팔았다. 이같이 돈을 사랑하는 것은 일만 악의 뿌리다(딤전 6:10). 가룟 유다에게 들어간 마귀는 탐심의 마귀다. 마귀는 어떻게 들어갔는가? 유다 자신이 불러들인 것이다. 만약 탐심이 없었고 늘 도적질하지 않았다면 왜 사탄이 그 속에 들어갔겠는가? 죄는 마귀를 불러들이는 통로다.

초대 교회 아나니아와 삽비라의 사건을 사도행전 5장에서 보자. 아나니아는 그의 소유를 팔아 아내와 함께 얼마를 감추었고 사도들 앞에 가져갔다. 그때 베드로가 "아나니아야 어찌하여 사단이 네 마음에 가득하여 네가 성령을 속이고 땅값 얼마를 감추었느냐? 네 땅인데 네 임의로 하면 되는데 왜 이런 짓을 했느냐? 사람에게 거짓말한 것이 아니고 하나님께 한 것이다." 이 말을 들은 아나니아는 그 자리에서 혼이 떠나 죽었고 장사를 치렀다. 3시간쯤 지나 그의 아내 삽비라가 왔다. 베드로가 삽비라에게 물었다. "땅 판 돈이 이것뿐이냐?" 만약 그녀가 "아니요, 제가 쓸 돈을 남겨두고 가져왔습니다"라고 했다면 그녀는 죽지 않았을 것이다.

또 여호수아 7장에 보면 아간의 범죄로 말미암아 조그마한 아이성 전투에서 대패한 사건을 본다. 탐욕의 마귀가 아간에게 들어갔고 하나님께 바칠 전리품을 훔친 죄로 그의 일가족 모두가 돌무덤이 되는 아골 골짜기를 보면, 대적 마귀가 어디에 있는지를 알 수 있다.

우리가 악한 생각을 하거나 죄 지을 생각을 하면 노리던 마귀는 쏙 우리 속으로 들어온다. 그렇다면 내 속에 있는 마귀를 누가 내쫓아야 할까? 지금 여기서 말하는 마귀는 귀신 들린 사람을 말하는 것이 아니다. 우리로 하여금 죄 짓게 해서 마귀의 종 노릇을 하게 하는 것을 말한다. 이 대적 마귀를 박살내는 것이 그리스도인의 영적 전쟁의 병역 의무인 것이다. 이 병역 의무를 어떻게 무엇으로 수행해야 하는가?

주님이 이 땅에 오셔서 하신 첫 외침이 바로 그것이다. 하나님의 우선순위 1번을 외치신 것이다. "회개하라."

왜 회개가 영적 전쟁인가? 사탄의 유혹에 넘어간 인류의 조상이 죄인이 되어 의를 상실했고 하나님의 형상이 부서져버렸다. 이것을 되찾고 회복하는 길은 영적 전쟁을 통해야 한다. 그러므로 주님이 이 땅에 오셔서 우리의 대장이 되셔서 회개하라고 외치신 것은 먼저 우리 속에 있는 마귀 새끼들, 즉 죄들을 회개하라고 하신 것이다. 만약 회개하면 좋고, 회개 안 해도 문제가 없다면 결코 회개는 그리스도인의 영적 전쟁을 위한 병역 의무가 될 수 없다.

내 속에 있는 대적 마귀를 회개로 몰아내지 않는 한 다른 사람 속에 있는 마귀를 몰아낸다는 것은 전혀 불가능하다. 왜냐하면 내 속에 마귀가 있는데 "내가 예수 이름으로 명하노니 더러운 귀신은 떠나가라"고 하면 그 귀신이 "헤이, 동지, 쓸데없는 소리 하지 마"라고 할 것 아니겠는가? 내가 회개로 심령이 깨끗할 때 예수 이름으로 명하면 그 귀신들이 떠나지만 명하는 자 속에 잡다한 악한 세력이 있다면 그 세력들은 귀신과 같은 부류인 동료가 동료를 내어쫓다간 오히려 창피를 당할 것이다. "야, 이놈아 정신 차려라. 귀신이 마귀를 몰아낸다고?"라고 할 것이다.

앞서 언급한 사도행전 19장 14절 이하에서 제사장 스게와의 일곱 아들들이 귀신에게 나가라고 명했더니 귀신이 "예수도 내가 알고 바울도 알거니와 너희는 누구냐"라고 하며 그들을 제압하자 벗은 몸으로 도망했다.

우리가 분명히 알아야 할 것은 영적 전쟁의 병역 의무인 회개를 통해 내 속에 있는 악한 세력들을 예수 그리스도의 보혈로 몰아내야 한다. 그러나 남을 위한 영적 전쟁, 즉 귀신들린 자를 위한 것은 십자가 군병 사관학교에서 훈련을 받아야 한다.

영적 전쟁의 십자가 군병 사관학교

앞서 언급한 영적 전쟁의 병역 의무는 일반 사병에 속한다. 그러나 소대 이상의 전투는 지휘관이 있어야 한다. 역시 영적 전투에서도 지휘관 없이 전쟁을 치를 수 없다. 우리는 일반적으로 목회자를 양육하는 신학교를 지휘관을 양육하는 사관학교로 알고 있다. 그러나 실제로 신학교를 졸업하고 목회자가 되어 영적 전쟁을 수행하고 있는지 보면 거의 영적 전쟁을 하지 않는다고 볼 수 있다.

진정한 영적 지도자는 교인들을 십자가 군병으로 양육하기 위해 무엇보다 회개 기도 훈련을 통해 영적 전쟁의 의무화를 이루어야 하는데, 이 훈련을 하는 교회는 극히 소수에 불과하다. 병역 의무를 수행하지 않는다면 일반 사회도 용납하지 않는데, 교회는 잘 용납할 뿐만 아니라 회개가 영적 전쟁이란 사실조차 인식하지 못하고 있다.

예나 지금이나 문제는 지도자에게 있다. 구약의 참된 선지자들의 외침은 회개하고 여호와께로 돌아오라는 것이었다. 그러나 그들은 더 멀리 갔다.

이사야 9장 16절은 말씀한다. "백성을 인도하는 자가 그들로 미혹케 하니 인도를 받는 자가 멸망을 당하는도다." 예레미야 5장 31절은 말씀한다. "선지자들은 거짓을 예언하며 제사장들은 자기 권력으로 다스리며 내 백성은 그것을 좋게 여기니 그 결국에는 너희가 어찌 하려느냐."

예수님 당시의 상황을 보자. 세례 요한과 예수님이 외쳤다. "회개하라 천국이 가까웠느니라." 그런데 제사장들, 바리새인들, 서기관들은 백성들의 지도자들이었고 메시아를 기다린 자들인데 오히려 그들이 그리스도를 십자가에 못 박는 데 앞장섰다.

이같이 영적 전쟁을 무시한 저들은 결국 망했다. 이 영적 전쟁은 하나님의 계획 우선순위 1번인데 오늘날도 역시 무관심 상태로 목회만 잘하면 된다고 한다. 저들이 말하는 잘하는 목회가 과연 하나님이 기뻐하시는 목회란 말인가? 하나님의 계획 우선순위 1번을 빼고 잡다한 다른 것으로 채워 사람들의 귀를 즐겁게 하는 파라의 다른 복음을 외쳐 사람들을 모은 것이 과연 잘 하는 목회인지 의문이 든다.

그럼 영적 전쟁의 사관학교의 핵심은 무엇인가? 일반 그리스도인들은 자신 속에 있는 죄와 마귀의 일을 전신 갑주를 입고 성령의 검, 곧 하나님의 말씀을 가지고 회개를 할 때 주의 보혈의 능력으로 심령의 잡다한 것들을 처리함으로 심령이 깨끗해지는 영적 전쟁의 승리자가 된다.

반면에 지도자는 자신의 병역 의무는 물론 교인들과 교회와 조직 속에 있는 마귀의 일을 멸하기 위해 반드시 영안이 열려야 한다. "마귀들과 싸울지라 죄악 벗은 형제여"라고 찬송을 부르는데 죄악 벗은 것이 무엇인가? 우리의 영안은 심령이 깨끗할 때 열린다.

에베소서 1장 17-18절에서 "지혜와 계시의 성령을 주사 하나님을 알게 하시고 저희 마음 눈을 밝히사"라고 했다. 영안이 열리지 않고 목회를 하면 적의 상황을 직접 보지 못함으로 아예 영적 전쟁은 생각에도 없게 된다. 오히려 교인 중에 회개를 통해 영안이 열려 마귀들을 보는 경우 그는 그때부터 고통을 당하게 된다. 세상에 장교 같은 사병과 사병 같은 장교가 있다면 얼마나 웃기는 일이겠는가? 그런데 실제로 교회 안에 영안이 열린 평신도가 있다. 그는 영적 세계를 파악하고 늘 영적 전쟁을 한다. 그야말로 그는 장교 같은 사병이다. 그런데 그를 괴롭히는 자가 있다. 바로 사병 같은 장교다. 이 장교는 영안이 열리지 않아 영적 전쟁에 대해 무지하다. 그러므로 영안이 열린 자를 잘못된 자로 교인들에게 조심하라고 하고, 교인들도 영적 무지로 사병 같은 장교의 말에 순종한다. 바로 이것이 마귀의 궤계로 현실 교회에 많다고 보여진다.

수 년 전 모 교회를 방문했을 때 말씀을 선포한 적이 있는데 교인 한 분이 와서 식사 대접을 하겠다고 했다. 그 때 담임목사 사모님이 나의 아내에게 잘못된 집사니 조심하라고 했다. 하지만 만나 보니 그분은 가난한 집사로서, 믿은 지 5년 정도 되었는데 회개를 통해 영안이 열려 있었다. 그분이 나의 설교를 듣고 나를 만나 담임 목사가 자기를 잘못된 사람으로 취급하는데 꼭 상담을 해야겠다는 생각으로 청한 것이라 했다. 그래서 그 집사의 말을 먼저 듣게 되었는데 하나님께서 엄청난 은사를 주었고, 영안이 열려 있었으며, 주의 보혈을 사용하기까지 하고 있었다.

 그러니 사병 같은 담임 목사가 장교 같은 집사를 감당키는 어려우니 아예 잘못된 집사로 교회에 소문을 내어 왕따를 시킨 집사였던 것이다. 물론 이런 교회를 어지럽히는 경우가 있지만 차원이 다르니 사병 같은 목사가 그를 몰아낼 수밖에 다른 방도는 없었다.

 오늘날 가장 심각한 교회의 모습은 영적 사관학교 출신은 거의 없고 알로스와 파라의 다른 복음으로 교인들의 귀를 즐겁게 하고, 가려운 데 긁어주는 인기 중심의 목회를 통해 대형 교회를 꿈꾸는 사병 같은 장교가 너무 많다는 것이다. 이 같은 사병 같은 장교가 회개치 않으면 결국 무서운 결과를 초래하게 된다. 소경이 소경을 인도하면 둘 다 구덩이에 빠진다. 그 구덩이가 지옥이다.

7장 천국복음과 성령

예수님이 산상수훈에서 구하라고 하신 것이 있다. 그러면서 구하는 자에게 좋은 것을 주신다고 했다. 그 좋은 것은 누가복음 11장 13절에서 성령이라고 했다. 우리의 성향은 좋다고 하면 가리지 않고 구입한다. 그런데 주님이 우리 그리스도인들에게 좋은 것을 주신다고 하는데도 관심이 없다면 문제가 심각한 것으로 봐야 한다. 복 이야기를 하면 아멘이라고 하면서 성령을 말하면 아무런 반응이 없다. 왜 그럴까? 육신의 암에 걸리면 좋다고 하는 것은 기를 쓰고 구한다. 그런데 좋은 것, 즉 성령을 구하는 자에게 주신다고 했건만 구하지 않는 것은 왜일까?

가르치는 자의 문제다. 교회가 성령이 가장 좋은 것이니 우리가 무엇보다도 먼저 성령을 받아야 한다고 가르쳐야 하는데 일반 교회들이 성령에 대해서는 거의 언급하지 않는 경우를 본다. 나는 어떤 교회 고등부를 잠시 섬긴 적이 있다. 우리 부서 학생인 장로님의 아들이 "성경이 아니고 성령이라고요? 성령이란 말은 처음 들어요"라고 했다. 주일학교 어린이 부서를 거쳐 고등부까지 왔는데 성령에 대해 성경 공부를 한 적이 한 번도 없다는 말이었다. 심각한 일이었다. 물론 모든 교회가 다 그런 것은 아니다.

오늘날 성령 사역을 하는 사람 중에 신비주의에 빠져 잘못된 길로 가는 경우를 보는데 그것이 천국복음에 기초하지 않았기 때문이다. 말씀이 잘못되면 신비주의에 빠진다. 그러나 성경에서 신비를 빼버리면 성경은 무미건조하게 된다. 그러므로 성령 사역 없이 교회 사역을 한다는 것은 종교 활동에 지나지 않는다. 많은 목회자들이 말씀과 기도로 열심히 하면 된다고 하는데 말씀도 성령의 조명이 없다면 로고스로서 인쇄된 성경에 지나지 않는다. 그러나 성령이 함께할 때 살아 역사하는 말씀인 레마가 된다. 이같이 기도도 성령 없는 기도는 주문을 외우는 것이나 다를 바 없고, 성령 안에서 무시로 기도할 때 성령의 인도와 역사와 능력이 나타나는 것이다.

3년 여 동안 제자를 양육하신 예수님이 이제 얼마 있지 않아 십자가에 달리실 것인데 제자들에게 당부하실 것이 무엇이겠는가? 그 동안 듣고 배운 모든 것을 잘 행하라고 하셔야 함이 마땅하다. 그런데 예수님은 "보혜사 곧 아버지께서 내 이름으로 보내실 성령 그가 너희들에게 모든 것을 가르치시고 또 내가 너희들에게 말한 모든 것을 기억나게 하시리라"(요 14:26)고 하셨다. 제자 훈련을 받은 사도 요한은 "너희는 주께 받은바 기름 부음이 너희 안에 거하나니 아무도 너희를 가르칠 필요가 없고 오직 그의 기름부음이 모든 것을 너희에게 가르치며 또 참되고 거짓이 없으니 너희를 가르치신 그대로 주 안에 거하라"(요일 2:27)고 한 것을 우리는 간과해서는 안 된다. 우리 막내아들이 교육 전도사로 청소년 사역을 하고 있을 때 나는 천국복음을 외치기 시작했다. 그 아이가 목사 안수를 받고 부목사로 다른 교회에 부임했을 때 나는 요한복음 14장 26절과 요한일서 2장 27절을 써 주면서 이 두 요절이 너의 것이 되지 않으면 목회할 생각을 말라고 했는데 이것은 나의 말이 아니고 주님의 말씀인 것이다.

성령의 가르침 없이 아무것도 할 수 없다. 진리의 성령이 예수님을 증거하시며(요 15:26) 우리를 모든 진리 가운데로 인도하시고, 장래 일을 우리에게 알려 주신다(요 16:13). 이 중요한 성령의 약속을 믿지 않으면 결코 받을 수 없다(갈 3:14). 그리고 우리는 성령을 좇아 행해야 성령의 인도를 받고 성령의 인도를 받아야 성령의 열매를 맺으며(갈 5:16-23) 하나님의 아들이 된다(롬 8:9). 우리가 성령을 위하여 심으면 성령으로부터 영생을 거둔다(갈 6:8). 그러므로 성령을 받아들이지 않으면 영생을 거부하는 것이 된다. 그러므로 성령을 소멸치 말아야 하며(살전 5:19) 성령을 욕되게 하는 자는 당연히 형벌이 중하다(히 10:29). 성령이 없는 자는 경건치 않은 정욕대로 행하며 기롱하는 자들이며 이들은 정죄를 받는 것이다(유 15, 18, 19절). 예수 믿는 것 때문에 체포되었을 때 무엇을 말할까 염려하지 말라고 했다. 그 때 무슨 말 할 것을 주시는데 바로 성령님이 주신다고 했다(마 10:19-20). 또 예수님은 부활하신 후 제자들에게 나타나 평안으로 인사하시면서 성령을 받으라고 하셨다. 또 승천하시기 직전 사도들에게 예루살렘을 떠나지 말고 내게 들은 바 아버지의 약속하신 것(성령)을 기다리라고 분부하셨다. 그래서 그들은 예루살렘에 모여 성령을 받기 위해 기도에 몰입했고 거기 모인 약 120여 명이 오순절날 성령 충만을 받음으로 초대 교회가 탄생했던 것이다. 이같이 성령으로 충만한 후 저들의 삶은 변했다. 제자 훈련받은 그들, 십자가 사건 때 도망가고 비겁했던 그들, 예수님이 부활하신 후에도 옛 직업인 어부로 돌아갔던 그들이 어떻게 하루아침에 변할 수 있단 말인가? 이것이 성령님이 하시는 일이다. 성령 없이 사람은 변하지 않는다. 그래서 사도행전을 성령행전이라 한다. 성령 없이 사역하는 목회자나 선교사는 정말 웃기는 자들이다. 배터리 없는 스마트폰을 10개, 20개 가지고 있다 해도 쓸모없는 것일 뿐이다. 이와 같이 성령 없는 교회 만 명, 십만 명 교인들 역시 사랑 없이 소리 나는 꽹과리에 불과하다.

이미 앞서 언급했듯이 성령으로 거듭나는 것은 우리 인체의 DNA와 같이 하나님께로 난 자는 하나님의 씨(성령)가 그 속에 거하기 때문이라고 했다(요일 3:9). 나의 아내는 이웃 선교사님 댁에 늘 실수 아닌 실수를 한다. 이웃 사모와 통화하려고 전화를 걸어 "목사님, 사모님과 통화할 수 있습니까" 하고 묻는다. 그러면 "아들입니다"라고 한다. 또 어느 날은 "사무엘, 엄마 계시니" 하면 "한 목삽니다"라고 한단다. 도대체 구별이 안 되어 선교사님 사모님에게 말했더니, "나도 잘 구별 못하는데요"라고 한다는 것이다. 인간의 DNA는 부모의 것을 받아 그 유사함에 구별이 곤란한데, 영적인 DNA인 성령으로 태어난 자들이 닮지 않았으니 분명히 성령으로 태어나지 않은 옛 사람 그대로라는 사실을 입증하는 것이다. 왜 그리스도인들이 거짓말을 잘하는가 하면 그 속에 하나님의 씨인 성령이 없기 때문이다. 즉, 성령 세례를 받지 않았기 때문이다. 물 세례만으로 세례 받았다고 한다면 이미 언급한 것처럼 의식에 속한 것은 다 폐해졌다는 사실을 망각한 행위로 볼 수밖에 없다.

8장 | **천국복음과 율법의 행위**

서신서의 많은 부분에서 믿음으로 구원받는 것이지 행위로 구원받는 것이 아니라고 했다.

에베소서 2장 8-9절은 "구원은 믿음으로 난 것이지 행위에서 난 것이 아니다", 갈라디아서 2장 16절은 "율법의 행위로 의롭다 함을 받을 육체가 없느니라", 로마서 3장 28절은 "사람이 의롭다 하심을 얻는 것은 율법의 행위에 있지 않고 믿음으로 되는 줄을 우리가 인정하노라", 디도서 3장 5절은 "우리를 구원하시되 우리의 행한바 의로운 행위로 말미암지 아니하고 오직 그의 긍휼하심을 좇아 중생의 씻음과 성령의 새롭게 하심으로 하셨나니"라고 했다. 이 말씀들은 다 진리요 아무런 하자가 없다.

그런데 이 행위가 천국복음을 무너뜨린다면 알로스의 다른 복음이 된다. 많은 그리스도인들이 구원에는 행위가 필요 없다라는 진리를 들을 때 그들의 생각은 파라의 다른 복음으로 달려가게 된다. 즉, 세상과 타협하고 적당하게 살아도 구원과는 상관없다라고 스스로 결정을 내리고 관념적인 믿음으로 살 뿐 믿음의 삶을 살지 않는다. 또 이것은 믿음과 삶을 분리시키는 주범이 된다.

우리가 확실히 율법의 행위를 모르고 위의 요절들을 가르칠 때 사도 바울이 갈라디아서 1장 10절에서 언급한, 복음은 단순하고 쉽다라는 가르침으로 알로스와 파라의 다른 복음으로 사람들을 기쁘게 해주고 귀를 즐겁게 하는 오류를 범하게 될 때 그 메신저는 그리스도의 종이 아니며 저주를 받는다고 한 바울의 엄한 말씀을 외면하면 안 된다.

그렇다면 구원과 상관없는 율법의 행위를 예를 통해 알아보자.

사도행전 10장에 고넬료가 나온다. 백부장 고넬료는 경건한 자요, 하나님을 경외하는 자요, 구제하고 기도하는 자요, 의인이라고 유대 온 족속이 칭찬하는 사람이다(10:1-22).

하나님께서 왜 고넬료에게 천사를 보내 베드로를 청하라 하셨으며, 또 베드로에게도 고넬료에게 가라고 하셨는가? 우리가 알기로는 이 같은 고넬료가 아직 구원과 상관없는 사람이라면 이해하겠는가? 아무도 고넬료가 아직이라고 의심하지 않는다. 왜냐하면 그야말로 보통 이상으로 바르고 정직하게 사는 사람이기 때문이다. 많은 사람들이 이것을 이상히 생각할 수 있다. "아니 고넬료가 아직이라니"라고 말이다. 왜냐하면 10장 30절 이하를 보면 고넬료가 제9시 기도 시간에 기도하는데 천사가 나타나 "고넬료야 하나님이 네 기도를 들으시고 네 구제를 기억하셨다고 하면서 욥바에 사는 베드로라 하는 시몬을 청하라"고 했는데 말이 되느냐고 할 것이다.

이 상황까지를 보면 정말 말이 안 된다. 하나님이 고넬료의 기도를 들으시고 그의 구제까지 기억하셨다는데라고 반문할 것이다. 그러나 우리가 알아야 하는 한 가지는 하나님은 믿는 자의 기도만 들으시는 분이 아니라 모든 인류의 기도를 들으신다는 사실이다. 시편 65편 2절은 말한다. "기도를 들으시는 주여 모든 육체가 주께 나아 오리이다." 그리고 하나님은 역시 믿지 않는 자의 구제도 기억하시는 분이다.

그럼 하나님께서 베드로를 왜 고넬료의 집에 보냈다고 생각하는가? 심방, 부흥회, 성경공부 도대체 무슨 목적인가? 이 답을 얻으려면 베드로가 예루살렘 교회에서 보고한 것을 살펴보아야 한다.

고넬료가 베드로를 청한 목적이 사도행전 11장 13-14절에서 언급된다. "베드로라 하는 시몬을 청하라 그가 너와 네 온 집의 구원 얻을 말씀을 네게 이르리라." 구원 얻을 말씀을 듣지 못한 그에게 아직 구원이 임하지 않았고, 이에 대한 베드로의 보고를 들은 예루살렘 교회의 사도들과 형제들은 "하나님께서 이방인에게도 생명을 얻는 회개를 주셨다"고 18절에 명백히 기록하였다. 여기를 보면 믿는다는 말은 없고, 생명을 얻는 회개가 진정한 믿음인 것을 보게 된다.

이 고넬료 가정의 구원 역사는 우리에게 큰 충격일 수 있고 한편으로는 무엇이 율법의 행위인지 분명히 가르쳐주는 것이므로 고넬료에게 감사해야 한다. 여기에 구원의 말씀이 생명을 얻는 길로 회개를 말했으니 이는 천국복음에 합한 것이다.

백부장 고넬료는 경건한 자요, 하나님을 경외하는 자요, 구제하고 기도하는 자요, 의인이라고 하며, 유대 온 족속에게 칭찬받게 하는 것이 바로 율법의 행위였다. 그가 하나님을 경외하는 자, 즉 하나님을 두려워하는 자인데 어떻게 율법의 행위냐고 할 것이다. 그럼 비그리스도인 중에 하나님을 두려워하는 자들은 없는가? 바벨론 왕 다리오가 다니엘을 사자 굴에 넣도록 참소한 자들을 끌어내 그 처자들과 함께 사자 굴에 던져 넣은 후 온 관할 백성에게 "다니엘의 하나님 앞에서 떨며 두려워할지니(경외로 시작) 그는 사시는 하나님이시요 영원히 변치 않으실 자시며 그 나라는 망하지 아니할 것이요 그 권세는 무궁할 것이며 그는 구원도 하시며 건져 내기도 하시며 하늘에서든지 땅에서든지 이적과 기사를 행하시는 자로서 다니엘을 구원하여 사자의 입에서 벗어나게 하셨다"고 조서를 내렸다.

오늘날의 설교에 비추어보라. 부족한 면이 없다. 다리오 왕의 조서만 읽는다면 그야말로 하나님을 제대로 믿는 자로 볼 것이다. 그러나 그는 구원받은 자가 아니었다. 그러므로 고넬료의 행위가 율법의 행위가 아니었다면 베드로의 보고는 거짓이 된다.

이와 같이 신약의 고넬료와 같이 구약에 언급된 욥을 통해 이미 회개에 대해 언급한 바 있다. 그러나 여기에서는 율법의 행위를 다루고자 한다. 우리가 아는 욥은 순전하고 정직하여 하나님을 경외하며 악에서 떠난 자로 하나님은 그를 내 종 욥이라고 하셨다. 욥기 1, 2장에 근거해 그야말로 믿음의 사람임에 확실하지만 3장에서 자기 생일을 저주하면서부터 그의 실상을 볼 때 조금씩 의아심이 생길 것이다. 그리고 19장 25절과 27절에서 구속자가 살아 계신다고 하면서 후일에 땅 위에 서실 그 때에 내가 반갑게 보게 될 것을 생각하니 마음이 초급하다고 했다. 이같이 지식적으로 구속자를 알고 있는 욥을 진정한 의인으로 볼 수 없다. 다른 모습을 또 살펴보자. 23장 3절에서 "내가 어찌하면 하나님 발견할 곳을 알꼬." 이같이 욥은 하나님을 발견하지 못했지만 윤리적, 도덕적으로 흠이 없다고 볼 만큼 멋진 자였다. 그러나 33장 8-12절에서 엘리후가 욥에게 이렇게 말하고 있음을 보라. "네가 실로 나의 듣는데 말하였고 나는 네 말 소리를 들었느니라 이르기를 나는 깨끗하여 죄가 없고 허물이 없으며 불의도 없거늘 하나님이 나를 칠 틈을 찾으시며 나를 대적으로 여기사 내 발을 착고에 채우시고 나의 모든 길을 감시하신다 하였느니라 내가 네게 대답하리라 이 말에 네가 의롭지 못하니 하나님은 사람보다 크심이니라." 여기서 우리가 분명히 알아야 할 것은 1, 2장의 욥과 실상이 다른 것을 어떻게 말할 것인가 하는 것이다. 그가 아직 하나님을 만나지 못한 자로 결국 42장 5절에서 귀로만 듣던 하나님을 눈으로 직접 보고 6절에 회개를 하게 됨으로 구원의 역사가 일어남을 우리가 간과해서는 안 된다. 그럼 바로 율법의 행위에 속한 욥의 모습, 즉 순전하고 정직하여 하나님을 경외하며 악에서 떠난 자로 신약의 고넬료와 같은 내용이다.

우리 주변에 고넬료와 욥 같은 사람이 종종 있다. 내가 만난 Y 대학 교수님은 1년에 성경을 두 차례 이상 읽으며 정직하고 의롭게 사는 분이었는데, 그와 대화 중에 너무나 놀라운 이야기를 들었다. 성경은 유대인의 경전으로 성경이 말하는 죄인은 유대인이지 자기는 바르고 정직하게 살기에 죄인이 아니라고 했다. 1년에 두 차례 이상 성경을 통독하는 분의 입에서 나온 말이니 너무 놀라울 뿐이었다.

우리 주변에 법 없이도 살아가는 사람이 있는데 정말 선하고 양심적이고 정직하다. 특히 서양인들 가운데 이런 사람들이 많다. 그들의 모든 선한 행위는 구원과 관계없는 율법의 행위일 뿐이다. 그렇다면 천국복음에서 말하는 행위를 분명히 알아야 하고 그것이 구원과 밀접한 관계가 있음을 알아야 한다.

예수님이 하신 말씀부터 보자.

"나더러 주여 주여 하는 자마다 천국에 다 들어갈 것이 아니요 다만 하늘에 계신 내 아버지의 뜻대로 행하는 자라야 들어가리라"(마 7:21). "누구든지 나의 이 말을 듣고 행하는 자는 그 집을 반석 위에 지은 지혜로운 사람 같으리니…

나의 이 말을 듣고 행치 아니하는 자는 그 집을 모래 위에 지은 어리석은 사람 같으리니"(마 7:24, 26). 이 말씀은 산상수훈의 결론이다. 그리고 누가복음 10장 25-28절에서는 어떤 율법사가 일어나 예수님을 시험하여 선생님 무엇을 하여야 영생을 얻으리이까라고 물었다. 예수님은 율법이 뭐라 하느냐고 다시 물으셨다. 네 마음을 다하며 목숨을 다하며 힘을 다하며 뜻을 다하여 주 너의 하나님을 사랑하고 또한 네 이웃을 네 몸과 같이 사랑하라고 했습니다라고 답했다. 그때 예수님은 네 대답이 옳다. 이를 행하라. 그리하면 살리라 하셨다. 이 말씀을 보자. 어떤 종교가 이보다 더 강하게 행하라고 한 것이 있겠는가?

"선한 일을 행한 자는 생명의 부활로 악한 일을 행한 자는 심판의 부활로 나오리라"(요 5:29). 그래서 예수님께서 마태복음 16장 27절에서 "인자가 아버지의 영광으로 그 천사들과 함께 오리니 그 때에 각 사람들의 행한 대로 갚으리라"고 하셨다.

베드로 사도는 베드로전서 1장 15, 17절에서 "오직 너희를 부르신 거룩한 자처럼 너희도 모든 행실에 거룩한 자가 되라 외모로 보시지 않고 각 사람의 행위대로 판단하시는 자를 너희가 아버지라 부른즉 너희의 나그네로 있을 때를 두려움으로 지내라"고 하면서 3장 1절에서 "아내 된 자들아 이와 같이 자기 남편에게 순복하라 이는 혹 도를 순종치 않는 자라도 말로 말미암지 않고 그 아내의 행위로 말미암아 구원을 얻게 하려 함이라"고 했다. 나아가 3장 17절에서 "선을 행함으로 고난을 받는 것이 하나님의 뜻이다"라고 했다.

요한계시록의 초대 교회를 보자.

2장 5절에서 에베소 교회에 회개하여 처음 행위를 가지라고 했고, 2장 22-23절에서 두아디라 교회에 음행을 회개하라 하면서 "만일 그 행위를 회개치 아니하면 큰 환난 가운데 던지고 또 내가 사망으로 그의 자녀를 죽이리니 모든 교회가 나는 사람의 뜻과 마음을 살피는 자인 줄 알지라 내가 너희 각 사람의 행위대로 갚아 주리라." 또한 3장 1-2절에서 사데 교회에 가라사대 "내가 네 행위를 아노니 네가 살았다 하는 이름은 가졌으나 죽은 자로다 너는 일깨워 그 남은바 죽게 된 것을 굳게 하라 내 하나님 앞에 네 행위의 온전한 것을 찾지 못하였다"고 했다. 또 빌라델비아 교회에게는 3장 8절에서 "네 행위를 아노니 네가 적은 능력을 가지고도 내 말을 지키며 내 이름을 배반치 아니하였도다"라고 칭찬했다.

이미 우리가 아는 야고보서의 행함이 있는 믿음은 야고보서 전체에 깔려 있다.

한 가지 정리해야 할 것이 디도서에 있다. 디도서 3장 5절에서 "우리를 구원하시되 우리의 행한바 의로운 행위로 말미암지 아니하고 오직 그의 긍휼하심을 좇아 중생의 씻음과 성령의 새롭게 하심으로 하셨나니"에서 우리의 행한 바 의로운 행위가 율법의 행위냐 믿음의 행함이냐 하는 것이다. 그냥 지나치면 율법의 행위로 보이지 않는다. 그러나 잘 보라. 행한 바 의로운 행위이기에 이 행위를 씻고 새롭게 하지 않으면 구원이 성립되지 않음을 말하고 있기에 확실히 율법의 행위를 말한 것이다.

또 갈라디아서 3장 23, 25절을 보면 "믿음이 오기 전에 우리가 율법 아래 매인바 되고 계시될 믿음의 때까지 갇혔느니라 믿음이 온 후로는 우리가 몽학선생 아래 있지 아니하도다"라고 했다.

우리가 교인이 되었다고 다 믿음이 왔다고 볼 수 없다. 많은 교인들 중에 빛이신 왕 예수님을 영접하지 않고 곧 바로 구세주를 영접시켜 머리로 예수를 믿는 자들이 상당하다. 이는 그들의 행위를 보면 알 수 있다. 한 예로 입시철에 수능시험을 앞두고 새벽기도가 넘치는데 끝나면 썰물 빠지듯 몰려 나가 버리고 새벽기도회는 단골만 남게 된다. 또 머리로 믿는 자들은 십일조하고 헌금을 드리고 주를 위해 봉사하지만 저들의 행위는 종교 의식에 동참하는 율법의 행위인 것이다.

믿음이 오기 전에는 율법 아래 메인 것은 율법이란 감옥에 갇힌 것이요 죄 아래 있는 것이다. 이같이 죄 아래 있는 모든 행위는 아무리 선한 행위일지라도 이것은 율법의 행위로 하나님 앞에 설 수 없다. 우리가 율법에 대해 바로 알아야 율법의 감옥에서 벗어나는데 그것은 율법이 말하는 바를 통해 죄를 깨닫게 될 때(롬 3:20) 율법의 감옥에서 벗어날 수 있는 죄를 회개하게 되는 것이다. 이것이 믿음이 온 후로 몽학 선생 아래 있지 않고 간수의 지도와 감독을 벗어나 죄에서 자유를 얻는 것이다. 이것은 천국복음으로, 빛으로 오신 왕이신 예수님이 내 속에 들어와 회개가 일어나야 내 속의 어두움이 물러감으로 우리를 흑암의 권세에서 건져 그의 아들의 나라로 옮기므로 믿음과 구원이 출발하게 되며, 바로 이 믿음으로 말미암아 그리스도 예수 안에서 하나님의 자녀가 되어야 한다.

그런데 많은 사람들이 예수를 구세주로만 영접하고 빛으로 어두움을 몰아내는 회개가 없이 하나님의 자녀가 되었다고 하면 과연 하나님의 자녀가 된 것인가? 아니다. 왜냐하면 육신의 자녀도 아버지의 피를 받아 태어나고 물과 성령과 피는 하나로(요일 5:8) 물과 성령으로 태어날 때 그리스도의 보혈로 죄 씻음을 받는 회개가 없다면 결코 하나님의 자녀가 아닌 것이다. 영육 간에 피 없이 태어나는 다른 방법은 없다.

우리가 영적으로 태어난 것을 점검하는 한 가지가 바로 회개다. 회개하고 죄 사함을 경험하지 않은 자의 모든 행위는 그가 아직 죄의 감옥에 갇혀 행한 것으로 율법의 행위인 것이다.

반면에 죄에서 벗어난 믿음이 온 후의 행위는 구원과 관련이 있다. 앞서 언급했듯이 선한 일을 행한 자는 생명의 부활로, 악한 일을 행한 자는 심판의 부활로 나오는 것이다. 그런데 율법의 행위로 구원받을 수 없다는 그 진리만 고집하고 믿음의 행함을 무시하는 사람들은 우리의 삶이 구원과 관련이 있다고 하는 자를 율법주의로 몰아부치는데 이는 율법의 행위와 믿음의 행함을 구분치 못하는 무지다.

그렇다면 고넬료가 베드로를 통해 구원의 말씀을 받았고 온 가정이 세례를 받음으로 구원의 길로 제대로 들어섰다. 그래서 과거에 자신이 살았던 경건한 삶과 하나님을 경외하는 삶과 구제와 기도의 삶을 버려도 구원에 문제가 없을까? 아니다. 전에는 율법의 행위였으나 이제는 믿음의 행함이 되어 믿음을 성장시키는 원동력이 될 뿐 아니라 더 멋진 그리스도인이 되는 것이다.

이제부터 다루는 문제는 좀 특이한 면이 있다. 먼저 십계명을 지키는 것이 율법의 행위라고 본다면 십계명은 구원과 상관없게 된다. 반면에 예수님을 찾아온 부자 청년에게 영생을 얻기 위해 십계명을 지키라고 한 예수님의 말씀은 분명히 구원과 상관있음을 보여준다.

또 한 율법사가 영생을 얻기 위해 무엇을 해야 하는지 물었을 때 예수님은 율법에 무엇이라 기록되었는가를 되물으시며, "네 마음을 다하며 목숨을 다하며 힘을 다하며 뜻을 다하며 주 너의 하나님을 사랑하고 또한 네 이웃을 내 몸과 같이 사랑하라"고 명확히 대답하셨다. 하나님 사랑, 이웃 사랑이 율법의 최고인데 이것이 율법의 행위라면 구원과 상관없게 된다.

또 한 가지 더 살펴보아야 한다. 마태복음 25장의 마지막 비유인 양과 염소에 대한 것이다. 두 부류 다 똑같은 행위로 주린 자, 목마른 자, 벗은 자, 병든 자, 옥에 갇힌 자에게 긍휼을 베풀었는데 양들은 자신들이 언제 긍휼을 베풀었는지 모르는 자요, 염소는 자신들이 명확히 자비를 베푼 것을 기억하고 대답했다. 여기에서 긍휼을 베풀고 기억하지 못하는 자들은 영생에, 생생히 기억하는 저들은 영벌에 처함을 볼 때 믿음의 행위와 율법의 행위의 또 다른 구별이 있음을 보게 된다.

우리가 긍휼을 베풀고 기억하고 있다면 그것은 율법의 행위에 속한다. 반면에 베푼 긍휼을 기억하지 않는다면 오른손이 한 것을 왼손이 알지 못하는 믿음의 행위인 것이다. 우리가 사람에게 보이려고 한 행위는 율법의 행위에 속한다. 긍휼을 행하지 아니하는 자에게는 긍휼 없는 심판이 있는데, 긍휼은 심판을 이기고 자랑한다고 야고보서 2장 13절에서 언급하고 있다.

9장 | 천국복음과 심판

심판에 대한 선포가 사라진 지 오래다. 2천 년 전에는 종말에 대해 긴장한 상태였으나 2천 년이 지나면서 종말에 대한 언급은 약속이나 한 듯 사라져버렸다. 예수님의 초림 때 주님의 말씀은 때가 찼고 하나님 나라가 가까웠다고 했다. 그리고 성경이 끝나는 계시록 22장 20절에서 "가라사대 내가 진실로 속히 오리라"고 하셨다.

그럼 지금 주님은 어디쯤 오셨을까?

심판 주로 오실 주님의 재림은 결코 멀리 있지 않다. 야고보서 5장 9절에서 "형제들아 서로 원망하지 말라 그리하여야 심판을 면하리라 보라 심판자가 문 밖에 서 계시니라"고 말한다. 그렇다면 우리의 삶이 근신함과 의로움과 경건함으로 살아야 함은 두말할 필요가 없다. 그런데 우리 그리스도인의 삶을 보면 비

그리스도인인지 그리스도인인지 구별이 안 된다. 왜 그럴까? 두렵고 떨림으로 구원을 이루라는 말씀이 나와 상관없기 때문일 것이고, 심판 주로 오셔서 나를 심판하실 것을 생각하지 않기 때문이다.

미국 기독교 리서치 기관이 기독교인이라고 자처하는 1,000명의 사람들을 상대로 조사한 통계에 의하면 주일 예배 드리지 않는 그리스도인이 20%, 기도 생활하지 않는 자가 25%, 스스로 성경 읽지 않는 자가 35%, 일정 헌금을 정하지 않는 자가 40%, 교회에서 책임 봉사하지 않는 자가 75%, 전도를 한 번도 해보지 않은 자가 85%, 그리고 놀라운 사실은 반드시 천국 간다는 자가 100% 였다.

이것을 보면 누가 구원을 받을 자인지를 모르는 것이다. 그렇다면 심판에 대해 알 리가 없다. 많은 그리스도인들이 자신은 예수를 믿기 때문에 심판을 받지 않는다고 할 것이다. 그들 대부분은 심판을 생각해본 적도 없을 것이다. 정확하지는 않을 수 있지만 위의 통계를 보면 반드시 100%에 이르는 사람이 천국 갈 것을 의심치 않았듯이 한국 기독교인들도 그럴 것 같다.

예수님은 산상수훈의 팔복에서부터 누가 천국에 갈 것인가를 확실히 하시고 있다. 심령이 가난한 자는 천국이 저희 것임이요, 마음이 청결한 자는 하나님을 볼 것임이요, 의를 위하여 핍박을 받는 자는 천국이 저희 것임이니라고 하셨다. 그리고 너희 의가 서기관과 바리새인보다 더 낫지 못하면 결단코 천국에 들어가지 못한다(마 5:20)고 하셨다. 형제에게 미련한 놈이라 하는 자는 지옥 불에 들어가게 되리라(마 5:22). 좁은 문으로 들어가야 멸망치 않는다(마 7:13). 하나님의 뜻대로 행하는 자라야 천국에 들어간다(마 7:21). 누구든지 나의 이 말을 듣고 행하는 자는 그 집을 반석 위에 세운 지혜로운 자요 행치 아니하는 자는 망한다(마 7:24, 26).

이상 산상 수훈의 경우 믿기만 하면 천국에 간다는 것과는 전혀 다르다. 주님은 "인자가 아버지의 영광으로 그 천사들과 함께 오리니 그 때에 각 사람의 행한 대로 갚으리라"(마 16:27)고 하셨고, 로마서 2장 6절에서 행한 대로 보응하신다고 했다. 구약의 많은 부분에서 그 손의 행한 대로 보응하시고(사 3:11, 애 3:64), 각 사람의 행한 대로 국문하시며(겔 18:30), 각 사람의 행한 대로 갚으시고(시 62:12, 사 59:18), 그 행위대로 머리에 돌리시며(왕상 8:32, 대하 6:23, 겔 11:21, 겔 16:43), 행위대로 갚으시고(왕상 8:39,대하 6:30), 특히 에스겔 7장은 "네 행위를 국문하고"(3절), "네 행위대로 너를 벌하여"(4절), "네 행위대로 너를 심판하여"(8절), "네 행위대로 너를 벌하여"(9절), "그 행위대로 그들에게 갚겠다"(27절)고 했다.

우리가 아는 바로는 믿는 자에게 심판이 없다. 고린도후서 5장 10절은 "이는 우리가 다 반드시 그리스도의 심판대 앞에 드러나 각각 선악간에 그 몸으로 행한 것을 따라 받으려 함이라"고 말한다. 이같이 하나님의 말씀은 믿는 자에게 준 것이다. 많은 그리스도인들이 행위는 상급에 해당하고 믿음은 구원에 해당한다고 생각하지만 잘못된 가르침으로 믿음이 아니라 믿음의 삶이 행하는 믿음으로 산 믿음이며, 행하지 않는 믿음은 죽은 것이므로 심판을 면치 못한다.

비그리스도인은 이미 정죄를 받았고 그리스도인은 그 행위대로 심판이 있다. 베드로전서 4장 17-19절을 보자.

"하나님 집에서 심판을 시작할 때가 되었나니 만일 우리에게 먼저 하면 하나님의 복음을 순종치 아니하는 자들의 그 마지막이 어떠하며 또 의인이 겨우 구원을 얻으면 경건치 아니한 자와 죄인이 어디 서리요 그러므로 하나님의 뜻대로 고난을 받는 자들은 또한 선을 행하는 가운데 그 영혼을 미쁘신 조물주께 부탁할찌어다."

왜 하나님의 집에서 심판이 시작되며 우리에게 먼저 할까? 또 의인이 겨우 구원받는다는 것은 말이 되지 않으며, 그럼 누가 넉넉히 구원을 받는단 말인가? 겨우 구원받는 의인이 있고 그 다음에 경건치 않은 자와 죄인이 있는데 그렇다면 이 둘은 구원이 없다는 것이 된다.

그럼 누가 겨우 구원받는 의인인가? 앞의 문장을 보면 고난받는 그리스도인을 언급하면서 심판을 말하고 있음을 볼 때 고난 없는 그리스도인을 두고 말한 것 같다. 의를 위하여 핍박을 받지 않는 그리스도인, 즉 경건치 않은 자에 속하지 않고 그렇다고 이렇다 할 죄인도 아닌 그런 그리스도인이 여기서 언급한 의인으로 턱걸이 그리스도인이 속한다.

우리는 성경을 읽을 때 성령의 도우심을 구해야 한다. 성경은 정확무오하기에 필요한 모든 것이 다 있다. 특히 이 마지막 때에 가장 중요한 심판에 대해 명확히 기록되어 있음에도 불구하고 그것을 받아들이지 않는다면 치명적인 후회를 하게 된다.

주님의 재림은 심판주로 오시는 것이다. 많은 그리스도인들이 심판에 대한 지식이 미비해 심판의 기준이 뭔지를 모른다. 우리가 잘못된 가르침을 믿으면 구원받는데 무슨 심판의 기준이 따로 있단 말인가라고 한다. 지금은 정말 마지막 때다. 우리 자녀들 대나 그 다음 대에 주님이 오실 가능성이 높다. 그렇다면 뭔가 준비를 시켜야 할 교회들이 쓸데없는 프로그램들을 하면서 기업체처럼 돌아가고 있다. 우리는 심판의 기준이 뭔지에 대해 확실히 알고 있어야 한다. 법을 알아야 법을 지킬 수 있고 법을 몰라 범했다고 해서 봐주지 않는다. 주님 오실 때 심판의 기준을 몰랐으니 주님 한번만 봐주십시오 한다고 통과될 리 없다.

그러므로 심판과 멸망은 누가 받을 것인가에 대해 성경은 확실히 언급했다. 그럼에도 불구하고 많은 그리스도인들이, 아니 목회자까지 심판의 기준은 믿음이라고 한다. 그러나 성경에 믿음이 심판의 기준이라고 기록된 것은 없다. 반면에 경건이 심판의 기준이라고 명백히 기록되어 있다.

베드로후서 3장 7절을 보라. "이제 하늘과 땅은 그 동일한 말씀으로 불사르기 위하여 간수하신바 되어 경건치 아니한 사람들의 심판과 멸망의 날까지 보존하여 두신 것이니라." 이같이 명확히 말씀했는데도 많은 목회자들이 외면하는 것은 예수님 당시도 빛으로 오신 에수님을 영접하지 않은 것은 자기들의 행위가 악하므로 그 행위가 들통 날까봐 영접하지 않은 것(요 3:19-20)과 같다고 본다.

실례를 보자. 선교부가 수련회로 모인 새벽기도회에서 나는 베드로후서 3장 7절을 나누었는데, 오전 강의 때 한국에서 오신 강사님이 "너무 맑은 물에는 물고기가 살 수 없다"라는 메시지를 선포하니 선교사들이 아멘 하면서 그 강사님께 은혜 받았다고 했다. 그리고 점심 식사가 끝나갈 무렵 선교부 고참 선교사가 강사와 함께 앉은 식탁에서 나에게 이렇게 말했다. "지 목사님, 성경에 없는 쓸데없는 소리 하지 마시오"라고 했다. 아니, 성경에 없다니 베드로후서 3장 7절이 성경이 아니란 말이요란 말이 목구멍으로 올라왔는데 성령께서 "저가 보기는 보아도 보지 못하며 들어도 듣지 못하며 깨닫지 못한다"(마 13:13)를 기억나게 해 아무런 반응을 하지 않았다.

너무 맑은 물에는 물고기가 살 수 없다란 것이 성경적인가, 아니면 세속적인 것인가? 두말할 것 없이 세속적이다. 그런데 그 말에 은혜를 받다니 왜 선교사들이 경건에 대해 두드러기를 일으키는 것인가? 반면에 상황 윤리에 아멘을 하며 은혜를 받았다고 하는가? 이미 세속화된 현실을 변화시키기에는 거리가 멀고도 멀다.

또 유다서 1장 15절은 "이는 뭇 사람을 심판하사 모든 경건치 않은 자의 경건치 않게 행한 모든 경건치 않은 일과 또 경건치 않은 죄인의 주께 거스려 한 모든 강퍅한 말을 인하여 저희를 정죄하려 하심이라 하였느니라"고 말한다. 유다서는 교회 안에 거짓 선생에 대한 것으로 경건치 않은 자들의 심판을 명확히 알려주고 있다. 현실 교회 안에 가인처럼 주님을 섬기는 자, 발람 선지자처럼 불의의 삯을 위해 어그러진 길로 가는 사역자들, 고라처럼 패역한 교회 중직자들에게 준 경고의 메시지다. 하나님은 아무런 경고도 없이 임의로 심판하지 않으신다. 특히 심판은 인류 역사에서 두 번 지나간 사건이다.

노아 홍수를 보자. 베드로후서 2장 5절에서 "옛 세상을 용서치 아니하시고 오직 의를 전파하는 노아와 그 일곱 식구를 보존하시고 경건치 아니한 자들의 세상에 홍수를 내리셨으며"라고 했다. 첫 심판은 노아 홍수 심판으로 오직 노아 식구 8명만 구원받은 역사적인 사건이다. 그 많은 인류에서 8명만 구원하신 하나님이 이해가 되는가? 우리가 아는 하나님은 우리를 구원하시려고 독생자를 주셨는데 기껏 8명을 구원하시려고 그 엄청난 심판을 하셨단 말인가? 잘 타이르고 교육시켜 혼이 날 만큼 심판하면 안 되는가? 별 생각을 다 해봐도 이해가 안 된다.

창세기 6장에서 하나님의 아들들과 사람의 딸들로 두 부류가 있고, 저들이 육체가 되어 하나님의 신이 영원히 저들과 함께 하시지 않겠다고 했으며, 저들의 날을 120년으로 정했다. 때에 온 땅이 하나님 앞에 패괴하였고 강포가 땅에 충만했다. 그래서 노아를 위해 방주를 짓게 했다. 몇 년 간 지었다는 기간은 없다.

당시 노아는 의인이었고 하나님과 동행한 완전한 자로서 하나님께 은혜를 입었는데, 방주를 짓기 전부터 또한 하나님이 저들의 날을 120년으로 정하기 전부터 의를 외친 하나님의 사람임에 틀림없다고 본다.

복음서에서 노아의 때와 마지막 심판의 때를 비교하면서 노아가 방주에 들어가던 날까지 사람들이 먹고 마시고 장가들고 시집가더니 홍수가 나서 저희를 다 멸하기까지 깨닫지 못하였고 인자의 임함도 이와 같다고 엄히 명했다(마 24:38-39). 저들은 하나님이 오래 참고 기다리실 때에 순종치 아니하던 자들이요(벧전 3:20), 오직 의를 전파한 노아와 그 일곱 식구만을 보존하시고 경건치 아니한 자들의 세상에 홍수를 내리셨던 것이다.

또 소돔과 고모라를 보자. 베드로후서 2장 6절에서 "소돔과 고모라 성을 멸망하기로 정하여 재가 되게 하사 후세에 경건치 아니할 자들에게 본을 삼으셨으니"라고 말한다. 여기 경건치 아니할 자들에게 본을 삼은 것이 소돔과 고모라 성의 멸망이다.

창세기 18, 19장의 소돔과 고모라는 그 죄악이 심히 중하므로 하나님께서 멸하기로 하시자 아브라함은 소돔을 위해 "의인을 악인과 함께 멸하시려 합니까? 만약 그곳에 의인 50이 있다면 용서하실 겁니까?" 하고 난 뒤 만약 45인, 40인, 30인, 20인으로 줄였다가 결국 열 명을 찾으면 멸하지 않겠다는 하나님의 말씀을 듣고 아브라함은 의인 열 명을 찾으러 소돔으로 가지 않고 자기 곳으로 갔던 것을 볼 때 소돔에는 열 명의 의인도 없었다는 것이다.

하나님의 사람이 아브라함의 조카 롯의 집에 가서 저들의 권속을 성 밖으로 이끌어내는 과정에서 두 딸들의 정혼한 사위들이 농담으로 여기고 저들은 떠나지 않았고, 롯이 지체함으로 하나님의 사람이 롯과 아내 그리고 두 딸의 손들을 잡아 이끌어 성 밖에 두고 도망하여 생명을 보존하라, 돌아보거나 머무르거나 하지 말고 산으로 도망하여 멸망함을 면하라고 했다. 이렇게 구원받은 저들 중 롯의 아내가 왜 소금 기둥이 되었는가? 그는 하나님의 사람이 말한 한 가지 '돌아보지 마라'를 무시하고 돌아보았기 때문이다. 하나님도 아니고 하나님의 사람이 한 말인데 순종하지 않아 구원에서 탈락하고 말았으니 구원받은 세 식구의 심령이 어떠했겠는가?

복음서에서도 이렇게 기록하고 있다. "롯의 때와 같으니라 사람들이 먹고 마시고 사고 팔고 심고 집을 짓더니 롯이 소돔에서 나가던 날에 하늘로서 불과 유황이 비 오듯 하여 저희를 멸했던 것 같이 인자의 나타나는 날에도 이러하리라"(눅 17:28-30). 이 끔직한 말씀이 오늘날 그리스도인에게 전혀 경종이 되지 않는다면 정말 심각한 것이다. 당시 저들도 깨닫지 못하고 농담으로 여겼듯이 오늘날도 다를 바 없다면 이 경고의 말씀이 소 귀에 경 읽기로 끝난다.

베드로 사도는 이 소돔과 고모라가 왜 불과 유황으로 심판을 받아 멸망했는지 정확히 언급했다. 베드로후서 2장 6-9절을 보면 "소돔과 고모라 성을 멸망하기로 정하여 재가 되게 하사 후세에 경건치 아니한 자들에게 본을 삼으셨으며 무법한 자의 음란한 행실을 인하여 고통하는 의로운 롯을 건지셨으니 이 의인이 저희 중에 거하여 날마다 저 불법한 행실을 보고 들음으로 그 의로운 심령을 상하니라 주께서 경건한 자는 시험에서 건지시고 불의한 자는 형벌 아래 두어 심판날까지 지키시며"라고 했다.

이같이 너무나 명확하게 심판의 기준이 정해져 있음에도 많은 그리스도인들이 내가 예수 믿는데 왜 심판을 받느냐? 그리고 꼭 경건해야 구원받는다는 것이 말이 되느냐고 한다. 교회가 뭔가를 잘못 가르친 결과다. 교회의 가르침은 인간의 생각과 뜻이 가미되어 우리를 지옥으로 끌고 갈 수 있다. 다시 말하지만 이것은 진리로 경건치 않으면 멸망당한다.

이같이 성경은 명백히 심판은 경건치 아니한 자들을 멸망시키겠다고 했는데 왜 그리스도인들의 삶이 경건치 않을까? 많은 그리스도인에게 물어보라. "당신은 아십니까? 경건치 않으면 지옥 가는 것을!" 아마도 "무슨 쓸데없는 소리하시오"라고 할 것이다. 왜 그럴까? 강단에서 외치지 않았고 성경 공부에서도 심판의 기준은 경건이라고 가르치지 않았기 때문이다.

예수님이 복음서에서 노아의 때 그리고 롯의 때를 말씀하면서 인자의 때에도 그와 같으리라고 하셨다. 그렇다면 구약의 심판을 우리가 보면서 후세의 본이라는 말을 생각해보면 끔찍한 내용을 알게 된다. 노아 홍수에서 구원받은 8명이 그 당시 전 인류의 몇 퍼센트였는지 생각할 때 두려움밖에 다른 것이 없다. 전 인류가 800명일 경우 1퍼센트다. 역시 소돔성과 고모라성에 300명이 살았다면 1퍼센트에 해당한다. 그냥 우리가 생각해도 노아 때 온 인류와 소돔 고모라의 인구가 몇 명인지 알 수 없지만 노아 때 전 인류가 멸망당하고 8명만 구원받았으니 마지막 때에 8명에 속할 자신이 있는가? 이것은 정말 심각한 질문이다. 그래서 지금 주님이 오실 때 인류의 몇 퍼센트가 구원을 받을 것인가 생각하면 아찔하다. 그러나 분명한 사실 하나는 심판의 기준이 경건이기 때문에 경건한 자는 두렵지 않고 오히려 주님 어서 오시옵소서라고 기다릴 것이다.

심판의 기준

주께서 경건한 자는 시험에서 건지시고 불의한 자는 형벌 아래 두어 심판 날까지 지키신다(벧후 2:9). 우리 주변을 살펴보라. 그리스도인들이 과연 경건한가? 불의한 자들이 너무나 활개 치고 있지 않는가? 세상은 불의한 것이 드러나면 매장된다. 반면에 교계를 보라. 경건의 모양은 없다 하더라도 불의를 통해 밀어부치는 것을 하나님의 은혜라고 스스럼없이 말하는 것을 보면 두렵다.

또 경건을 이익의 재료로 생각하는 자들이 교회 안에 많아 다툼이 일어나는 것을 본다. 어떤 선교사가 40일 금식 기도를 두세 차례 했고 20일 금식은 수시로 했는데, 그것이 대단한 자랑이었고, 한국교회의 후원은 물론 선교지의 현지 교회가 그를 인정해 생활비, 차량, 집까지 지원하는 넉넉한 선교사였다. 그의 삶은 부유를 넘었고 세상 열락에 빠지기 시작했다. 여자, 술, 카지노까지 중독이 되었고 가정은 풍비박산 나버렸다. 어쩌다 이 지경이 되었을까? 회개, 믿음의 삶, 경건, 거룩인 천국복음의 핵심을 무시하고, 나는 예수 믿으니 구원은 받아 놓은 것이므로 이 세상을 즐기자 하고 시작된 마귀의 미혹이 멸망의 길임을 인식하지 못하고 타락해버렸던 것이다.

여기에서 믿음으로 산다 함은 그리스도의 장성한 분량까지 중단 없이 자라가라는 말씀인데, 오늘날 많은 그리스도인들이 경건한 삶을 살지 않으면서 교회 출석과 봉사를 잘 하는 자칭 멋진 그리스도인들이 교회 안에 많다고 보여진다.

베드로 사도는 그의 서신서인 베드로후서 3장 11절 이하에서 "주의 날이 곧 도래할 터인데 너희가 어떠한 사람이 되어야 마땅하뇨"라고 하면서 "거룩한 행실과 경건함으로 하나님의 날이 임하기를 바라보고 간절히 사모하라"고 했다. 이것은 믿음의 마지막 단계가 거룩한 행실과 경건임을 보여준다.

그러나 우리가 삶에서 평상시 경건한 삶을 살지 않고 어떻게 마지막 단계로 나갈 수 있단 말인가? 야고보서 1장 26-27절을 보면 "누구든지 스스로 경건하다 생각하며 자기 혀를 재갈 먹이지 아니하고 자기 마음을 속이면 이 사람의 경건은 헛것이라 하나님 아버지 앞에서 정결하고 더러움이 없는 경건은 곧 고아와 과부를 그 환란 중에 돌아보고 또 자기를 지켜 세속에 물들지 아니하는 이것이라"고 엄히 말씀했다.

오늘날 교회를 보라. 돈 없는 장로는 세우지 않는다. 그럼 그 돈으로 고아와 과부를 돌보는가? 아니면 5초에 한 명씩 죽어가는 어린 생명을 살리는가? 도대체 교회 재정이 지금 어디로 가고 있는가? 사도 바울은 디모데전서 6장 3절에서 "경건에 관한 교훈에 착념치 아니하면"이라고 하면서, 9-10절에서 "부하려 하는 자들은 시험과 올무와 여러 가지 어리석고 해로운 정욕에 떨어지나니 곧 사람으로 침륜과 멸망에 빠지게 하는 것이라 돈을 사랑함이 일만 악의 뿌리가 되나니 이것을 사모하는 자들이 미혹을 받아 믿음에서 떠나 많은 근심으로써 자기를 찔렀도다"라고 했다.

요한복음 9장에 보면 날 때부터 소경 된 자를 예수님이 고쳐주셨다. 바리새인들은 예수님을 죄인이로 취급했다(9:24). 소경은 바리새인들에게 "하나님이 죄인을 듣지 아니하시고 경건하여 그의 뜻대로 행하는 자는 들으시는 줄을 우리가 아나이다"라고 했다. 여기서 "우리가 아나이다"라고 함은 유대인들이 그렇게 안다는 말이다.

그렇다면 오늘날 강단에서 대표기도를 할 때 하나님이 들으실까? 온 회중을 대표해 드리는 기도인데 경건이 없다면 결코 듣지 않으신다. 저들의 삶을 보라. 일주일간 저들의 일터나 가정에서 과연 경건의 능력은 고사하고 모양이라도 있는가?

우리가 성경을 볼 때 어떤 단원의 주제를 누군가에 의해 삽입해 둔 성경이 있다. 예를 들어 마가복음 11장 15-19절을 보면 '성전을 깨끗케 하시다'라는 주제가 있다. 이 주제로 설교도 한다. 그러나 이것은 결코 성전을 깨끗케 하심이 아니다. 매매하는 자들을 내어 쫓으시는 첫 번째를 보면 흡사 청결케 함으로 보이지만 그 다음은 상과 의자를 둘러엎으셨고, 가장 핵심인 아무나 기구를 가지고 성전 안으로 들어감도 허락하지 않으셨는데 무슨 성전을 깨끗케 하심인가?

그럼 예수님이 둘러엎으신 상들과 의자들을 다 정리하셨단 말인가? 아니면 물을 뿌려가면서 싹싹 쓸으셨단 말인가? 성전을 깨끗케 하심은 어디에 근거한 것인가? 또 아무나 기구를 가지고 성전 안으로 들어감을 허락하지 않으심은 제사드릴 기구를 말함인데, 제사장들의 심령이 세속화되어 성전을 장터로 만들었기에 하나님 앞에 무슨 제사를 드린단 말인가. 경건이 없는 제사야말로 의식적이요 형식적이니 제사드릴 기구를 반입하지 못하게 막은 것이다. 오늘날 교계 지도자들의 사고 속에 경건은 사라졌기에 그것이 성전 청결로 보였을 것이다. 오히려 수라장을 만들었다고 표현하는 것이 적당하다는 것을 당시 상황을 그려 보면 보일 것 아닌가?

한 가지 더 분명한 것은 그 다음 절이다. 내 집은 만민이 기도하는 집인데 강도의 굴혈을 만들었다고 호되게 책망하셨다. 강도들은 낮에는 자고 밤에는 활동한다.

예레미야 7장 1-11절을 보면 "너희 길과 행위를 바르게 하라 그리하면 내가 너희로 이곳에 거하게 하리라 너희는 이것이 여호와의 전이라, 여호와의 전이라, 여호와의 전이라 하는 거짓말을 믿지 말라 너희가 길과 행위를 참으로 바르게 하여 이웃들 사이에 공의를 행하며 이방인과 고아와 과부를 압제하지 말며 무죄한 자의 피를 이곳에서 흘리지 아니하며 다른 신들을 좇아 스스로 해하지 아니하면 내가 너희를 이곳에 거하게 하겠다"고 했다.

"그러나 그들은 무익한 거짓말을 의뢰하고 도적질하며 살인하며 간음하며 거짓 맹세하며 바알에게 분향하며 너희의 알지 못하는 다른 신들을 좇으면서 내 이름으로 일컫는 이 집에 들어와서 내 앞에 서서 말하기를 우리가 구원을 얻었나이다 하느냐 이는 이 모든 가증한 일을 행하려 함이로다 내 이름으로 일컬음을 받는 이 집이 너희 눈에는 도적의 굴혈로 보이느냐."

구약시대나 예수님 당시나 똑같았고 지금은 그보다 훨씬 더 예배 처소가 강도의 굴혈이 되었다는 사실을 인식하지 못하는 목회자들과 교인들이 많다는 사실에 더욱 마음이 무겁다. 일주일 동안 사업장과 직장 속에서 사는 그리스도인들이 경건을 추구하지 않고 거짓과 추함과 불의로 뒤범벅되어 살다가 주일날 주 앞에 나와 그 입으로 찬양하고 쉼을 얻고 한다면 그것이 강도의 굴혈이 아니고 무엇이겠는가?

교회 직분자의 가정에서 남편이 간음죄를 짓는 것을 담임목사와 중직자까지 다 안다고 하자. 그런데 그런 남편이 대표 기도를 한다면 당신은 어떻게 생각하겠는가? 그가 거룩하신 하나님이라고 부르며 기도한다면 뭐라고 말하고 싶은가? 하물며 목회자가 간음죄를 은밀히 짓다가 들통나 인터넷까지 올라왔는데도 두둔하는 세력이 뭐 그것을 큰 문제 삼느냐고 하면서 다윗도 간음죄를 짓고 지옥 갔느냐라고까지 한다. 이런 상황을 주님이 보시고 강도의 굴혈이라고 분명히 하실 것이다.

명심하라. 심판의 기준은 경건이다!

그런데 왜 그리스도인들이 순수한 말씀을 따르지 않고 너무나 용감 무쌍하게 큰소리치는지 점검해봐야 한다. 그럼 이 두 심판과 연관해 한 가지만 점검해보자.

택한 백성은 망하지 않는다. 즉 한 번 구원은 영원하다라고 믿고 있는 자들이 이 잘못된 진리를 대단히 용감하게 주장한다. 태중 교인들, 그리고 오래 믿었던 분들이 배웠던 이 교리가 과연 성경에 명확하게 기록되어 있다면 말할 필요가 없다. 이 교리는 억지 해석에 의한 것임을 두 심판을 통해 보고자 한다.

먼저 노아 시대를 보자. 당시 하나님의 택한 백성이 없었단 말인가? 창세기 6장 2절에는 "하나님의 아들들이"라고 기록되어 있다. 홍수 이전의 인류는 900세까지도 살던 때라 아담 이후 하나님의 자녀들과 하나님을 떠난 자들로 분류가 됨을 보여준다.

어릴 적부터 예수님을 믿고 장로가 된 두 분을 만나 노아 홍수 때의 상황에 대해 이야기를 나누게 되었다. 그분들 말에 의하면 당시 하나님이 택한 사람은 노아와 그의 식구들뿐 다른 사람은 없었기에 그 8명만 구원받은 것이다라고 힘주어 말했다. 그렇게 배웠다고 덧붙였다. 그래서 내가 "그럼 창세기 6장 2절의 하나님의 아들들은 누구며, 베드로후서 2장 5절에서 의를 전파한 노아의 외침을 외면한 하나님의 아들들, 즉 경건치 아니한 자들을 다 홍수로 멸했다는 이 기록이 진리입니까? 택함을 받은 백성은 망하지 않는다고 함이 진리입니까?" 했더니 골치 아프니 그만하자며 종결짓고 말았다. 또 어떤 분은 노아 홍수 때 노아와 그의 식구만 구원받은 것이 아니고 택함받은 사람들이 더 있기에 그들도 구원받았다고 황당한 말을 했다. 우리는 이런 설교를 많이 들었을 것이다. 노아의 방주는 구원의 방주로서 문이 하나인데 그 문은 예수 그리스도를 예표한 것이다라고 하는 설교를 들었을 것이다.

왜 그들은 경건치 않으면 심판을 받아 망한다는 것을 받아들이지 않을까? 답은 하나다. 교회가 가르치지 않았고 잘못된 교리를 주입시켜 한번 구원은 영원하다고 구원의 확신을 심어 준 것이다. 또 자신들이 경건하게 살지 않았기에 자기 방어를 하는 것으로써, 저들에게는 두렵고 떨림으로 구원을 이루라는 말이 통하지 않았다.

다음으로 롯의 구원의 과정을 보자. 하나님의 강권적인 구원의 역사가 롯의 가정에 있었다. 롯이 소돔을 떠나는 것을 지체하자 하나님의 사람이 그들의 손들을 잡아 성 밖으로 끌어냈다고 했으니 빨리 뛰라고 한 것이 아니라 저들을 기적 같이 성 밖으로 옮겼다고 본다. 이 사람들이야말로 진짜로 택함을 받은 자들이다. 그렇다면 망하면 안 되는 것이 교리다. 그런데 하나님의 사람이 뒤돌아보거나 머무르지 말고 산으로 도망하여 멸망함을 면하라고 했다. 이렇게 어렵게 택한 자들인데 하나님이 택했다가 버렸다가 하실 리 없다. 그렇다면 왜 롯의 아내가 뒤돌아봄으로 구원에서 제외되었나? 하나님의 사람이 한 말과 하나님이 직접 하신 말씀과 비교할 필요도 없지만, 이 경우 하나님의 사람의 말이지만 하나님의 말씀으로 받아들이지 않고 순종치 않았기 때문이다.

한번 구원은 영원한가?

택함받은 사람은 망하지 않고 한번 구원은 영원하다면 롯의 아내가 구원받았단 말인가? 결코 아니다. 그런데 왜 고집하며 경건이 심판의 기준이라고 가르치는 자를 이단 취급하는 것은 너무나 위험한 행위에 속한다.

많은 그리스도인들이 이렇게 말한다. 육신의 아들이 죄를 지었다고 호적에서 빼버린다고 아들이 아니겠는가? 이와 같이 하나님의 아들이 되었다면 결코 사랑의 하나님이 나를 버리지 않고 언젠가는 코를 끼어서라도 구원해주신다고 한다. 그래서 성경적인 근거를 대보라고 하니 십자가의 한 강도를 말하지만 이미 회개에 대한 장에서 언급했고 그 외 아무도 근거를 말하지 않았다. 이것도 교회가 가르친 미혹된 가르침이다.

출애굽기 32장을 보면 모세가 하나님께서 직접 써주신 십계명 돌판들을 가지고 산에서 내려오니 이스라엘 백성들이 송아지 우상을 만들어 춤추는 것을 보고 대노하여 손에서 그 판들을 산 아래로 던져 깨뜨렸다. 그리고 송아지 우상을 불살라 부수어 가루를 만들어 물에 뿌려 이스라엘 자손에게 마시게 했다. 그리고 저들에게 여호와의 편에 있는 자는 자기에게로 나오라고 했고 그렇지 않는 자 약 3천 명을 죽였다. 그 이튿날 모세가 저들의 죄를 속하기 위해 산에 다시 올라 하나님께 중보의 기도를 드린다. "슬프도소이다 이 백성이 자기들을 위하여 금신을 만들었사오니 큰 죄를 범하였나이다 그러나 합의하시면 이제 그들의 죄를 사하시옵소서 그렇지 않사오면 원컨대 주의 거룩하신 책에서 내 이름을 지워버려 주옵소서 여호와께서 모세에게 이르시되 누구든지 내게 범죄하면 그는 내가 내 책에서 지워버리리라."

이들은 출애굽으로 구름과 바다에서 세례를 받은 구원받은 택한 백성들이었다. 그런데 어떻게 생명책에서 이름을 지울 수 있단 말인가? 그러나 하나님은 범죄한 자에 대해선 가차 없이 지우겠다고 하셨다.

계시록 20장 15절에서 "누구든지 생명책에 기록되지 못한 자는 불못에 던지우더라"고 했는데 많은 자들이 생명책에 한 번 기록된 자는 결코 지우지 않는다고 알고 있다. 왜냐하면 호적에 올랐다면 죽을 때까지 유효하기에 생명책에 이름이 기록되었다면 지우지 않는다고 한다. 과연 성경에 근거가 있는가? 앞에서 하나님이 모세에게 명확히 하신 말씀은 "내게 범죄하면 책에서 지워버리겠다"고 하셨다. 그리고 시편 69편 27-28절에서 다윗은 자기를 미워하고 핍박하는 자들을 향해 "저희 죄악에 죄악을 더 정하사 주의 의에 들어오지 못하게 하소서 저희를 생명책에서 도말하사 의인과 함께 기록되게 마소서"라고 했다. 저들은 생명책에 기록된 자들인데 지워달라는 기도인 것이다. 더 확실한 것은 계시록 3장 5절이다. "이기는 자는 이와 같이 흰 옷을 입을 것이요 내가 그 이름을 생명책에서 반드시 흐리지 아니하고 그 이름을 내 아버지 앞과 그 천사들 앞에서 시인하리라."

이같이 생명책과 관련하여 세상의 호적과 같이 임의로 해석해 가르친 결과는 많은 생명을 잃게 하는 잘못된 가르침인 것이다. 성경은 생명책에 관해서만 아니라 일반적으로도 하나님의 자녀가 계속 범죄하면 버림을 받는다고 엄히 명하고 있다.

에스겔 18장 24절에서 의인이었으나 결과를 가지고 심판한다. "만일 의인이 돌이켜 그 의에서 떠나서 범죄하고 악인의 행하는 모든 가증한 일대로 행하면 살겠느냐 그 행한 의로운 일은 하나도 기억함이 되지 아니하리니 그가 그 범한 허물과 그 지은 죄로 인하여 죽으리라."

우리가 명심해야 할 것은 믿는 것이 아니라 믿음의 열매, 즉 경건한 삶이 없다면 빨리 돌아서야 구원에서 제외되지 않을 것이다.

10장 천국복음의 양면성

이제 천국복음의 실제를 살펴보고자 한다.

천국복음은 구조적으로 양면을 가지고 있다. 한 면은 하나님 편이고 한 면은 인간 편이다. 이 말을 쉽게 하면 하나님이 말씀하셨고 인간은 거기에 반응해야 한다. 오늘날 하나님이 말씀하신 것만으로 만들어진 것이 있는데 대부분 교리들이 여기에 속한다. 하나님이 말씀하셨기에 진리다. 그러나 그 말씀의 의미와 설명을 무시하고 그것만으로 확정된 것처럼 만든 교리가 있다고 생각해보라. 그렇다면 그 교리가 하나님의 뜻에 어긋날 수 있지 않을까?

어떤 아이가 배가 고파 맥도날드에 갔다고 하자. 건물 밖에 서서 간판을 보고 "야! 맛있는 빅맥" 하고 침을 삼켰다. 그리고 문틈으로 새어 나오는 햄버거 냄새를 맡고 "야! 냄새 좋다" 하고는 돌아가 친구들에게 자랑을 한다. "얘들아, 빅맥

냄새 좋고 맛있다!" 그러면 친구들이 생각하기에 "저 친구는 빅맥을 먹었구나!" 할 것 아닌가? 그런데 아직 한번도 빅맥을 먹어본 적이 없다면 실제 냄새 좋고 맛있는 것을 어떻게 설명할 수 있는가? 이런 경우 상식에 불과하다. 만약 매일 간판만 보고 때로는 안으로 들어가 냄새 좋다, 맛있다 하고 출근하듯이 해도 그 아이는 진짜 맛을 모를 뿐 아니라 영양 공급은 전혀 안 되는 것이다. 그 아이가 안으로 들어가 빅맥을 주문해 먹어야 한다.

오늘날 많은 그리스도인들이 냄새 좋고 맛있다고 하지만 실제 먹지 않은 자들이 있다. 이것은 하나님 말씀에 반응치 않고 하나님 말씀대로 이루어진다라고 믿고 있다면 그 믿고 있는 것이야말로 실제가 아니고 헛된 것이다. 믿음은 바라는 것들의 실상인데 바라는 것만 계속 말하고 실상을 이루지 않으면 그 믿음이야말로 헛것이 된다. 많은 교리들이 바라는 것을 가르치고 있다.

동전에 양면이 있다. 한 면을 갈아 지워버리면 가치가 없다. 가치 없는 동전은 수억을 모아도 고철 값밖에 없다. 회개가 없고, 믿음의 삶이 없고, 경건이 없고, 거룩이 없다면 아무리 좋은 메시지라 해도 영적 가치는 없는 것이다.

구원의 양면성

우리는 예수 믿으면 구원받는다. 우리는 예수 그리스도의 보배로운 피로 구속받았다. 물과 성령으로 거듭나면 천국 간다. 예수님을 영접하면 하나님의 자녀가 되어 천국 간다. 주의 이름을 부르는 자는 구원을 얻는다.

이상의 말씀들은 단순하고 쉽고 다 진리이지만 어떻게 믿어야 하는가? 어떻게 구속받는가? 어떻게 거듭나는가? 이같이 구체적인 설명이 없고 주제만 말하고 있다. 그리고 그리스도인이면 누구나 잘 알고 있는 요절로 구원의 한 면만 언급한 것으로, 이 한 면만 가르치면 알로스의 다른 복음이 되고 구원을 놓칠 수 있다.

그럼 다른 면을 보자.

"그러나 끝까지 견디는 자는 구원을 얻으리라"(마 24:13).

"지금 나 없을 때에도 항상 복종하여 두렵고 떨림으로 너희 구원을 이루라"(빌 2:12).

"또 우리가 하나님 나라에 들어가려면 많은 환란을 겪어야 할 것이라"(행 14:22).

필리핀 팔라완 섬에서 사역하시는 선교사님은 성경학교를 통해 제자 양육을 하시는 분이다. 매 신학기가 시작되면서 성경학교 학생들과 전 사역지의 사역자들이 다 함께 모여 먼저 은혜를 받고 그리고 매년 학기를 시작했다. 2011년 신학기에 그가 천국복음을 학생들에게 전해 달라고 했고, 당시 선교사님 역시 천국복음에 대해 확실히 이해한 상태는 아니었다.

그가 배우고 알고 있던 구원론은 교리적이요 구원의 단순성이었다. 즉 예수 믿기만 하면 구원받는다는 것이었다. 그러나 천국복음에서는 그 말은 거짓이요 성경에 없다고 가르친다. 월요일에 도착해 밤부터 시작하여 목요일 새벽집회까지 계획된 것인데 화요일 점심 식사 시간에 나에게 이렇게 말했다. 간밤에 꿈속에서 계속 들려온 소리가 있었는데 그것은 "구원은 이루어나가는 것이다"라는 말이었다. 도대체 무슨 뜻인지 몰라 아침에 일어나서도 귓전에 맴도는 "구원은 이루어나가는 것이다"라는 생각에 잠겨 있었다고 했다. 그러면서 오전 강의에서 한번 구원은 영원하지 않고 점진적이요, 두렵고 떨림으로 이루어나가야 한다는 나의 소리에 정신이 번쩍 들었다면서 간밤에 자기가 꿈을 꾸지 않았다면 도저히 받아들일 수 없었을 것이고, 아마도 오전 강의로 마무리했으리라는 것이었다.

그럼 예수님이 산상수훈에서 말씀하신 구원에 관해 보자.

먼저 팔복을 살펴보자. "심령이 가난한 자는 복이 있나니 천국이 저희 것임이요"(마 5:3), "마음이 청결한 자는 복이 있나니 저희가 하나님을 볼 것임이요"(5:8), "화평케 하는 자는 복이 있나니 저희가 하나님의 아들이라 일컬음을 받을 것임이요"(5:9), "의를 위하여 핍박을 받는 자는 복이 있나니 천국이 저희 것 임이라"(5:10). 구원에 관한 말씀들로 이 네 개를 보면, 천국이 저희 것이 아니든지 하나님을 보지 못하든지 하나님의 아들이 아니면 구원에서 제외되는 것이 확실하다.

그런데 다섯 번째인 "긍휼히 여기는 자는 긍휼히 여김을 받을 것임이요" 과연 이것이 구원과 관련 있는 말씀인지 살펴보자. 마태복음 25장 42-46절에서 염소들이 한 행위에 대해 주님은 엄히 명하시며 말씀하셨다. "내가 주릴 때에 너희가 먹을 것을 주지 아니하였고 목마를 때에 마시게 하지 않았고 나그네 되었을 때에 영접하지 아니하였고 벗었을 때에 옷 입히지 아니하였고 병들었을 때와 옥에 갇혔을 때에 돌아보지 아니하였느니라 하시니 저희도 대답하여 가로되 주여 우리가 어느 때에 주의 주리신 것이나 목마르신 것이나 나그네 되신 것이나 벗으신 것이나 병드신 것이나 옥에 갇히신 것을 보고 공양치 아니하더이까 이에 임금이 대답하여 가라사대 내가 진실로 너희에게 이르노니 이 지극히 작은 자 하나에게 하지 아니한 것이 곧 내게 하지 아니한 것이니라 하시리니 저희는 영벌에, 의인들은 영생에 들어가리라 하시니라."

이같이 긍휼이 없다면 영벌에 처하게 된다. 이 부분에 대해 야고보서 2장 13절은 "긍휼을 행하지 아니하는 자에게는 긍휼 없는 심판이 있으리라 긍휼은 심판을 이기고 자랑하느니라"고 말한다.

마태복음 5장 20절의 "내가 너희에게 이르노니 너희 의가 서기관과 바리새인보다 더 낫지 못하면 결단코 천국에 들어가지 못하리라"는 말씀에 대해 어떤 사람이 이 말씀은 강조 용법이라고 하면서 완전 타락한 인간이 어떻게 그렇게 살 수 있는가, 그렇다면 천국 갈 사람은 아무도 없다고 했다. 제법 설득력 있는 것 같으나 그렇다면 위의 팔복도 강조 용법인 것인가. 아니라면 이것도 아닌 것이다.

그렇게 말하는 사람들은 서기관과 바리새인보다 더 나은 의가 무엇인지 모르니 불가능하다고 한 것이다. 마태복음 23장 25-28절을 보자. 여기에 저들의 모습이 잘 나타나 있다. 저들은 외식하는 자들로 잔과 대접의 겉은 깨끗하고 안은 탐욕과 방탕으로 가득하다. 저들은 회칠한 무덤처럼 겉은 아름답게 보이나 속에는 더러운 것이 가득하다. 겉으로는 사람에게 옳게 보이되 안으로는 외식과 불법이 가득한 것이 저들의 모습이다. 그래서 예수님이 저들에게 "소경된 바리새인아 너는 먼저 안을 깨끗이 하라 그리하면 겉도 깨끗하리라"(26절)고 말씀하셨다.

이것이 강조 용법인가? 아니다. 정말 저들의 의보다 나을 수 없단 말인가? 아니다. 결코 아니다. 우리의 속을 깨끗이 하는 게 불가능하단 말인가? 그렇다면 예수 그리스도의 피가 우리 심령의 더러운 죄를 씻을 수 없게 됨으로 십자가의 구속을 부정하는 무서운 죄가 된다.

예수님이 마태복음 5장 20절 이후 5장 마지막까지 말씀하신 내용 중 하나의 공통점은 바리새인들의 율법 이해는 문자적으로 행동한 것이고, 예수님의 말씀은 마음과 생각의 순종을 요구하신 것이다. 한마디로 요약하면 예수님은 미움, 음란, 거짓 등으로부터 마음의 청결을 요구하고 계신다. 5장의 마지막 결론은

"그러므로 하늘에 계신 너희 아버지의 온전하심과 같이 너희도 온전하라"고 했다. 이 말씀에도 또 의의를 제기하는 분이 있다. 하나님은 온전하신 분이고 우리는 아니다라고 하지만, 청결한 마음이 없으면 절대로 천국에 들어갈 수 없다(마 5:8). 이 말을 듣고 깜짝 놀랄 분이 많을 것이다. 그러나 분명한 사실이다.

이 경우 그럼 몇 퍼센트 청결한 마음이 되어야 하느냐가 관건이다. 주님은 마음이 청결한 자는 하나님을 볼 것이라고 하셨다. 우리가 알아야 할 것은 이 지상에서 100퍼센트 청결은 불가능하다는 것이다. 경건한 삶을 산다고 해도 하나님과 같은 수준의 온전함에 도달할 수 없지만 우리가 성령의 인도를 받고 세상의 육신의 정욕과 안목의 정욕과 이생의 자랑을 이겨 승리의 삶을 산다면 이 승리의 삶이 바로 마음이 청결한 자의 모습인 것이다. 우리가 알아야 할 또 한 가지는 이렇게 100퍼센트 온전치 못하나 하나님 나라에 들어갈 때 생명수 강이 하나님과 및 어린양의 보좌로부터 흘러나오므로 거기에서 100퍼센트로 깨끗하게 씻겨짐을 나는 믿는다.

또 구원에 관한 예수님의 말씀으로 "나더러 주여 주여 하는 자마다 천국에 다 들어갈 것이 아니요 다만 하늘에 계신 내 아버지의 뜻대로 행하는 자라야 들어가리라"는 마태복음 7장 21절의 말씀이 있다.

그럼 사도 바울의 구원에 관한 말씀들을 보자. 고린도전서 6장 9-11절에서 불의한 자로 음란, 우상숭배, 간음, 탐색, 남색, 도적, 탐람, 술 취함, 후욕, 토색하는 자들은 미혹을 받은 자들로 하나님의 나라를 유업으로 받지 못하리라 하면서, 고린도 교회에 이 같은 자들이 있었는데 주 예수 그리스도의 이름과 우리 하나님의 성령 안에서 씻음과 거룩함과 의롭다 하심을 얻었다고 했다. 즉 회개함으로 사죄의 은총을 받은 것이다.

또 갈라디아서 5장 19-21절에서 "음행, 더러운 것, 호색, 우상숭배, 술수, 원수 맺는 것, 분쟁, 시기, 분냄, 당 짓는 것, 분리함, 이단, 투기, 술 취함, 방탕함과 그와 같은 것들로 이런 일을 하는 자들은 하나님의 나라를 유업으로 받지 못할 것"이라고 했다.

베드로전서 1장 18-19절을 보자. "너희가 알거니와 너희 조상의 유전한 망령된 행실에서 구속된 것은 은이나 금같이 없어질 것으로 한 것이 아니요 오직 흠 없고 점 없는 어린양 같은 보배로운 피로 한 것이니라." 우리가 이 말씀으로도 십자가에서 이루신 구원의 완성을 말하며 구원이야말로 공짜다라고 말하지만 그리스도의 피가 나에게 적용되지 않는 한 나와 상관없다. 우리의 생애가 끝날 때까지 회개를 통해 마음을 깨끗이 하지 않으면 하나님을 볼 수 없고(마 5:8) 구원에서 제외된다.

이같이 구원은 쉬운 것이 아니고 두렵고 떨림으로 이루어나가야 함을 철저히 말씀하고 있다. 우리가 쉬운 구원에 미혹되면 치명적인 결과가 초래된다.

믿음의 양면성

요한복음 3장 16절은 유치부로부터 그리스도인이라면 암송하는 요절이다. 그리고 복음 중의 복음으로 핵심 요절이라고 가르친다. 뿐만 아니라 이 한 요절로 믿음에 대해 완성된 것처럼 말한다. 그러나 이 요절은 주제에 불과하다. 그리고 하나님께서 우리에게 주신 말씀이지 우리가 이 말씀으로 어떻게 반응해야 하며 어떻게 사는 것이 믿는 것인지 내용과 설명이 전혀 없다.

이것은 믿음의 한 면이요 주제에 속한 것이다. 과연 그런지 보자. 이것은 3가지로 요약된다.

첫째: 하나님의 사랑은 독생자를 보낸 사랑

둘째: 저를 믿는 자 즉 예수를 믿는 자

셋째: 멸망치 않고 영생

3장 16절 앞절인 14-15절을 보면

첫째: 인자도 들려야 하리니 즉 독생자의 십자가의 죽음

둘째: 저를 믿는 자

셋째: 영생

이것은 똑같은 말씀을 두 번 전한 것이다.

첫째 부분은 하나님이 우리를 사랑하셨다는 진리를 포함하지만 그보다 독생자를 이 땅에 보내 십자가의 죽음과 부활을 통해 하나님의 우선순위 1번을 성취하기 위한 것이다. 사탄이 예수님을 십자가에 못 박음으로 승리했다고 개가를 부를 때 예수님이 사망 권세를 깨뜨리시고 부활하셔서 사탄의 계획이 무산되게 하심으로 인간의 구원에 필요한 의를 이루신 것을 말한다. 그것은 3장 16절에 앞서 14절에서 "인자도 들려야 하리니"가 보여주고 있는 사랑이다.

둘째 부분에서 누구든지 저를 믿으면 영생을 얻는데 그럼 믿는 것이 무엇인가? 태중 교인이었던 자에게 예수 믿는 것이 무엇인가라고 물어보면 대답을 잘 못한다. 이미 앞서 구원은 단순치 않고 하나님께 반응하는 것이 대단히 어렵다고 했듯이 예수 믿기만 하면 된다고 하는 것은 성경에 없다. 왜냐하면 그것은 동전의 한 면과 같은 것이요 식당 메뉴와 같기에 직접 주문해 먹어야 한다.

우리가 먼저 알아야 할 것은 믿음의 근원이다. 일반적으로 말씀을 들음으로 믿음이 출발한다고 함은 진리지만 근원은 아니다. 로마서 3장 25절에서 "그 피로 인하여 믿음"으로라고 했다. 예수 그리스도의 피가 없이 믿음은 성립되지 않는다. 예수 그리스도의 피가 우리를 모든 죄에서 깨끗케 함을 누가 모르겠는

가? 그런데 피에 근원을 둔 믿음에 대해 믿기만 하면 된다라는 단순하고 쉬운 관념적인 믿음을 말하는 경우가 일반화되어 있다. 그러나 피에 근거한 믿음은 회개를 할 때 보혈로 죄 씻음을 받음으로 죄 사함을 통해 믿음이 성립되는 것이다.

그럼 다른 한 면을 살펴보자.

먼저 예수님이 말씀하신 믿는 자를 보자. 요한복음 12장 46절에서 "나는 빛으로 세상에 왔나니 무릇 나를 믿는 자는 어두움에 거하지 않게 하려 함이로라." 사도 바울은 이렇게 해석하고 있다. "너희가 전에는 어두움이더니 이제는 주 안에서 빛이라 빛의 자녀들처럼 행하라"(엡 5:8). 예수님은 "나는 세상의 빛이니 나를 따르는 자는 어두움에 다니지 아니하고 생명의 빛을 얻으리라"(요 8:12)고 하셨다. 여기에서 따르는 자는 제자요 제자는 그리스도인이다(행 11:26).

누가 믿는 자인가? 빛으로 오신 왕이신 예수님을 영접했는데 어떻게 어두움에 거할 수 있는가? 어두움에 거하지 않고 다니지 않는 자가 믿는 자다.

요한복음 7장 38-39절은 말씀한다. "나를 믿는 자는 성경에 이름과 같이 그 배에서 생수의 강이 흘러나리라 이는 그를 믿는 자의 받을 성령을 가리켜 말씀하신 것이라." 믿는 자는 성령을 받은 자다. 그는 성령으로 거듭났고 회개하여 세례를 받고 죄 사함을 받았기에 성령을 선물로 받은 자다(행 2:38).

사도 요한이 말한 믿는 자는 전투적인 삶을 사는 성숙한 그리스도인으로 언급했다.

요한일서 5장 4-5절은 말씀한다. "대저 하나님께로서 난 자마다 세상을 이기느니라 세상을 이긴 이김은 이것이니 우리의 믿음이니라 예수께서 하나님의 아들이심을 믿는 자가 아니면 세상을 이기는 자가 누구뇨." 육신의 정욕, 안목의 정욕, 이생의 자랑(요일 2:16)과 같은 세상으로 좇아온 것들을 이기는 자, 곧 세상을 이기는 자가 믿는 자다. 오늘날 이 세 가지를 이기는 그리스도인이라면 상당히 성숙한 그리스도인이다. 사도 바울이 말한 믿는 자는 그리스도의 장성한 분량까지 오른 자다. "우리가 다 하나님의 아들을 믿는 것과 아는 일에 하나가 되어 온전한 사람을 이루어 그리스도의 장성한 분량이 충만한 데까지 이르리니"(엡 4:13).

갈라디아서 2장 20절은 말씀한다. "내가 그리스도와 함께 십자가에 못 박혔나니 그런즉 이제는 내가 산 것이 아니요 오직 내안에 그리스도께서 사신 것이라 이제 내가 육체 가운데 사는 것은 나를 사랑하사 나를 위하여 자기 몸을 버리신 하나님의 아들을 믿는 믿음 안에서 사는 것이라." 또한 5장 24절도 말씀한다. "그리스도 예수의 사람들은 육체와 함께 그 정과 욕심을 십자가에 못 박았느니라." 여기에서 예수님이 십자가에 못 박히신 것을 믿는 것은 진리지만 내가 못 박히지 않으면 믿음에 거하는 그리스도인이 아니다. 그것은 머리로만 아는 것이다.

언젠가 어떤 사람이 로마서 10장 10절을 언급하며 예수를 마음으로 믿어 의에 이르고 입으로 시인하여 구원에 이른다고 했는데 꼭 의롭게 살아야 하느냐고 반문했다. 그때 "그럼 마음으로 믿는 게 무엇이냐?"고 되물었더니 대답을 못 했다. 그런 믿음은 관념적인 것이다.

마음으로 믿는 것이 무엇인가?

두말할 것 없이 믿음은 빛으로 오신 왕이신 예수님을 영접함으로 내 심령의 어두움이 물러가는 회개가 일어나 의인의 삶을 살며, 주님의 통치 안에 들어가는 것이다. 그것이 마음으로 믿는 것이다. 그래서 로마서 10장 9절은 예수를 주로 시인하고 부활하신 예수를 마음에 믿으면 구원을 얻는다고 했다.

영생의 양면성

많은 사람들이 영생은 죽지 않고 영원히 사는 것이라고 할 것이다. 틀린 말은 아니다. 요한복음 3장 16절, 5장 24절에서 나를 믿는 자는 영생을 얻는다, 또 얻었다라고 했다. 요한복음 10장 28절에서 말씀한다. "내가 저희에게 영생을 주노니 영원히 멸망치 아니할 터이요 또 저희를 내 손에서 빼앗을 자가 없느니라." 또한 사도행전 13장 48절에서 말씀한다. "영생을 주시기로 작정된 자는 다 믿더라." 이와 같은 요절을 보면 영생은 너무나 쉽게 이루어지는 것이 된다. 그러나 이 말씀들은 영생이 무엇이며 어떻게 이루어 나가는지에 대한 설명이 없다.

그럼 영생은 무엇인가?

요한복음 17장 3절은 말씀한다. "영생은 유일하신 참 하나님과 그의 보내신 사 예수 그리스도를 아는 것이니라." 영생은 영원히 사는 것인데 왜 성경은 하나님과 예수님을 아는 것이라고 했을까? 그것은 이 세상에는 영생을 주는 분이 없기 때문에 영생을 주시는 분을 알지 못하면 영생을 알 수 없기 때문이다.

구약의 이스라엘 백성들이 하나님을 몰랐을까? 호세아서에 보면 호세아 선지자가 여호와께로 돌아가자고 외치지만 저들은 진정으로 회개치 않고 위선으로 하나님을 섬겼다.

그때 선지자의 외침을 보자. "우리가 여호와를 알자 힘써 여호와를 알자"(호 6:3). "나는 인애를 원하고 제사를 원치 아니하며 번제보다 하나님을 아는 것을 원하노라"(호 6:6).

그럼 우리는 하나님을 제대로 아는가?

어떤 강사님이 선교사들 100여 명 모인 곳에서 "선교사님들, 하나님을 아세요?"라고 물었다. 그때 그들은 상당한 거부 반응을 보였다. 다시 강사님이 "그럼 여러분, 지혜와 계시의 성령을 받았습니까?"라고 물었다.

이에 응답하는 선교사들은 극히 소수였고, 열심히 선교를 하면 되지 왜 지혜와 계시의 성령이 필요한가라는 반응이 대부분이었다. 여기에 문제가 있다. 우리가 핵심을 놓치고 부차적인 것에 시간을 쏟는다면 그 열심은 헛수고로 끝날 것이다.

에베소서 1장 17절은 "우리 주 예수 그리스도의 하나님 영광의 아버지께서 지혜와 계시의 성령을 주사 하나님을 알게 하시고"라고 했다. 이 성령을 받지 않고 어떻게 하나님을 알 것인가? 만약 지혜와 계시의 성령을 받지 않고 하나님을 안다고 하는 사람이 있다면 그것은 관념적인 것이다. 외과의사가 사람의 신체 구조를 공부하고 해부도 해보고 수술도 한 경우와 일반인이 사람의 신체 구조를 아는 것과는 상당한 차이가 있는 것이다.

"나는 그의 명령이 영생인 줄 아노라"(요 12:50). 주님은 하나님의 명령이 영생이라고 하셨다. 또한 요한일서 5장 20절은 "우리가 참된 자 곧 그의 아들 예수 그리스도 안에 있는 것이니 그는 참 하나님이시요 영생이시라"고 했다.

그럼 이 영생은 어떻게 얻는가?

"너희가 성경에서 영생을 얻는 줄 생각하고 성경을 상고하거니와 이 성경이 곧 내게 대하여 증거하는 것이로다"(요 5:39). 예수님이 말씀하신 이 성경은 구약으로서, 예수님을 증거한 구약을 찾아보아야 한다. 이미 앞서 언급한 바 빛으로 오신 왕이신 예수님을 우리가 영접하지 않으면 영생을 얻을 수 없다. 오늘날 많은 그리스도인들이 주일날 예배를 드리고, 또 개인적으로 성경을 공부하고, 수요 기도회와 금요 기도회 그리고 새벽기도까지 다 참석한다고 해도 빛으로 오신 예수님을 영접하지 않고 회개와 세례로 말미암은 죄 사함이 없다면 영생과는 아무 상관이 없다.

또한 영생은 이루어나가야 한다.

요한복음 6장 68절에서 베드로는 이렇게 물었다. "주여 영생의 말씀이 계시매 우리가 뉘게로 가오리이까." 로마서 5장 21절은 이렇게 말한다. "우리 주 예수 그리스도로 말미암아 영생에 이르게 하려 함이니라." 또한 로마서 6장 22절은 이렇게 말한다. "그러나 이제는 너희가 죄에게서 해방되고 하나님께 종이 되어 거룩함에 이르는 열매를 얻었으니 이 마지막은 영생이라." 이같이 영생은 이루어나가는 것인데 앞서 언급된 요절에서 이미 영생을 얻었다고 하면서 적당히 살아도 영생을 얻는다고 가르친다면 이는 알로스의 다른 복음으로서 대단히 위험하다. 우리는 하나님을 바로 알아야 한다.

다시 말하지만 성경을 읽고 묵상하다가 어느 날 지혜와 계시의 성령에 의해 로고스가 레마의 말씀으로 바뀔 때 히브리서 4장 12절의 역사를 체험하게 되는 것이다. "하나님의 말씀은 살았고 운동력이 있어 좌우에 날선 어떤 검보다 예리하여 혼과 영과 관절과 골수를 찔러 쪼개기까지 하며 또 마음의 생각과 뜻을 감찰하나니." 이러한 레마의 말씀이 될 때 말씀이신 하나님을 알게 되는 것이다. 예수님은 제자들에게 "보혜사 곧 아버지께서 내 이름으로 보내실 성령 그가 너희에게 모든 것을 가르치시고 내가 너희들에게 말한 모든 것을 생각나게 하시리라"(요 14:26)고 가르치셨다. 예수님은 그분의 제자에게 왜 성령님이 가르친다고 하셨으며, 예수님이 가르쳐주신 것들을 기억나게 하시는 분이 성령님이라고 하셨을까? 이것은 성령님이 이 세상 끝날 때까지 우리와 함께 사역하시기 때문이다.

이 말씀을 사도 요한이 재해석한 요한일서 2장 27절을 보자. "너희는 주께 받은바 기름 부음이 너희 안에 거하나니 아무도 너희를 가르칠 필요가 없고 오직 그의 기름 부음이 모든 것을 너희에게 가르치며 또 참되고 거짓이 없으니 너희를 가르치신 그대로 주 안에 거하라."

우리가 이 부분을 등한히 여기면 결국 관념적으로 하나님을 알 뿐이다. 레마의 말씀이 아닌 지식을 가지고 오히려 레마의 말씀이 잘못되었다고 하는 자리에 서게 되는데 이는 위험한 행위다.

반면 교회에서 교리 설교를 듣고 의아심을 갖는 경우다. 이 사람들은 성경을 읽고 교리가 성경적이 아니라고 인식한다. 이들은 천국복음을 너무나 잘 받아들인다. 이것은 말씀대로 성경을 상고한 결과이지 누구에게 배운 것이 아니다. 그러므로 우리가 순수 성경 읽기를 통해 성령의 깨닫게 하심 없이 믿음 생활한다는 것은 종교 생활이 될 가능성이 높다.

이같이 교회 생활에서 너무나 쉽게 알고 있는 요한복음 3장 16절은 우리가 믿기만 하면 영생을 얻는다고 가르쳐 모든 교인들이 다 영생을 얻는다고 알게 하지만 주님이 하신 말씀을 따르지 않으면 영생은 머리에서 끝나고 만다.

마태복음 19장 16-26절에서 예수님을 찾아온 부자 청년의 질문을 보자.

"선생님이여 내가 무슨 선한 일을 하여야 영생을 얻으리이까." 예수님은 "네가 생명에 들어가려면 계명들을 지키라"고 대답하셨다. 십계명을 지키라고 하신 이 말씀을 우리가 받아들이고 있는지 의심스럽다. 그리고 예수님은 그 부자 청년에게 "네가 온전하고자 할찐대 가서 네 소유를 팔아 가난한 자들을 주라 그리하면 하늘에서 보화가 네게 있으리라 그리고 와서 나를 좇으라." 그러나 그는 재물을 택하고 지옥에 간 자로 끝나버렸다.

또한 누가복음 10장 25-29절을 보면 어떤 율법사가 예수를 시험하려고 와서 "선생님 내가 무엇을 하여야 영생을 얻으리이까"라고 물었다. 그때 예수님은 "율법에 무엇이라 기록되었으며 네가 어떻게 읽느냐"고 물으셨다. 그가 대답하기를 "네 마음을 다하며 목숨을 다하며 힘을 다하며 뜻을 다하여 주 너의 하나님을 사랑하고 또한 네 이웃을 네 몸과 같이 사랑하라 하였나이다." 그 말에 예수님은 "이를 행하라 그리하면 살리라"고 명백히 말씀하셨다.

의의 양면성

의에 대해 교리에서 말한 것은 정말 쉽고 단순하다. 예수 그리스도의 십자가의 구속으로 우리가 의롭다 함을 받았기에 우리는 의인이 되어 이제는 지옥에 갈 수 없다고 배웠고 가르쳤다.

그럼 의의 근원은 무엇이며 어떻게 의가 나에게 주어졌는지 살펴보자. 로마서 5장 9절은 말한다. "그러면 이제 우리가 그 피를 인하여 의롭다 하심을 얻었은즉 더욱 그로 말미암아 진노하심에서 구원을 얻을 것이니." 예수 그리스도의 피가 아니면 우리에게 의가 주어질 수 없다. 예수 그리스도의 피는 회개하는 자에게 한해 적용된다.

문제는 믿음으로 의롭다 함을 얻었고 율법의 행위로는 의롭다 함을 받을 육체가 없느니라고 한 갈라디아서 2장 16절의 율법의 행위를 믿음의 행함과 함께 묶어버린다면 이는 어리석은 행위가 된다. 이미 율법의 행위가 무엇인지 언급한 바 있다.

로마서 4장의 아브라함도 하나님을 믿으매 이것이 저에게 의로 여기신바 되었다고 했다. 여기서도 행위가 아니라고 한 것은 율법의 행위를 말한 것이지 믿음의 행함을 말한 것이 아니다. 아브라함의 믿음은 순종하는 행함이었다. 100세에 얻은 아들 이삭을 제물로 바치라고 한 하나님의 말씀을 한 마디의 거부도 없이 모리아로 간 그 믿음은 순종하는 믿음이지 관념적인 믿음이 아니다. 만약 관념적인 믿음이라면 "하나님 정말 그러십니까? 86세에 이스마엘을 낳고 가정이 온통 불화로 가득했다가 드디어 100세에 하나님이 약속하신 자식을 주셨잖아요. 그런 자식을 어떻게 죽이란 말입니까? 차라리 날 죽이십시오"라고 원망했을 것이다. 또 부인에게 "여보게 사라! 하나님이 우리를 버리신 것 같아. 이삭을 잡아 바치래"라고 하면서 한바탕 난리를 치렀을 것이다.

아브라함이 믿음으로 이삭을 드릴 수 있었던 것은 히브리서 11장 19절에 기록되어 있다. "저가 하나님이 능히 죽은 자 가운데서 다시 살리실 줄로 생각한지라." 이같이 아브라함은 부활의 신앙을 가지고 있었다. 우리가 의롭다 함을 얻은 것은 예수 그리스도의 십자가의 구속에 의한 것이라는 말씀은 진리지만 실제 의롭다 함은 부활에 있다. 로마서 4장 25절은 말한다. "예수는 우리 범죄함을 인하여 내어 줌이 되고 또한 우리를 의롭다 하심을 위하여 살아나셨느니라." 여기에서 부활이 없다면 의는 없다는 것으로 예수 그리스도의 부활로 우리가 하나님께 대하여 살아 의를 행하게 함(롬 6:10)으로 우리를 의의 병기(롬 6:13)라고 했다.

그러므로 칭의는 우리가 죄인이지만 회개하고 예수 그리스도의 피로 죄 씻음을 받아 의롭게 살라고 주신 것이 확실하다. 우리가 로마서를 볼 때 한 가지 실수가 있다. 1장 17절에서 의인은 믿음으로 말미암아 살리라 했을 때 그 핵심이 무엇인가? 진정으로 의롭다 함을 받은 자는 믿음에 의해 산다는 것이다. 그런데 이것을 오직 믿음으로 요약해 가르치는 경우를 보면 무언가에 영향을 받은 것이다. 오늘날 교회는 "의인은 없다. 그러기에 하나님이 주신 의로 천국 가는 것이지 나의 의는 필요치 않다"고 가르치는데, 이것은 교리일 뿐 성경은 그렇게 가르치지 않는다 이것이 의의 양면성인 것이다. 즉, 얻는 의와 행하는 의가 하나가 될 때 온전한 의가 된다. 로마서 5장 9절, 로마서 3장 28절, 로마서 4장 3절, 로마서 10장 10절, 갈라디아서 2장 16절, 갈라디아서 3장 24절은 얻은 의를 언급하면서 행위에 의한 의가 아님을 명백히 하고 있다. 즉, 하나님이 우리의 행위를 보시고 의롭다고 하지 않으셨다는 사실이다. 반면에 행하는 의에 대한 말씀을 살펴보자. "너희 의가 서기관과 바리새인보다 나아야 천국 간다"(마 5:20). "의를 행하는 자가 하나님께로 난 자인 것을 안다"(요일 2:29). "의를 행하는 자는 하나님의 의로우심과 같이 의롭다"(요일 3:7). "의를 행하지 않는 자는 하나님께 속하지 않았다"(요일 3:10). "의를 행하는 자를 하나님이 받으신다"(행 10:35). "깨어 의를 행하고 죄를 짓지 말라"(고전 15:34). "주께서 기쁘게 선을 행하는 자를 선대하시고 범죄한 자는 진노하사 구원을 얻을 수 없다"(사 64:5). "항상 의를 행하는 자는 복이 있다"(시 106:3). "오직 의롭게 행하는 자는 영영히 타는 불과 함께 거하지 않는다"(사 33:14-15). 이와 같이 하나님께서 우리에게 의를 주신 목적이 있다. 그 목적은 의롭게 살라는 것이다. 그런데 이 의를 얻고도 의롭게 살지 않고 바리새인보다도 못한 행동을 하면서 기쁘게 의를 행하지도 않으면 하나님께 속하지 않았고 하나님의 자녀라는 것도 의심스러운 것이다. 그 얻은 의는 아무런 소용이 없다. 에덴은 의의 동산이었다. 사탄의 거짓에 넘어간 인간은 의를 상실했다. 그래서 의인은 없나니 하나도 없게 된 것이다. 그런데 성경을 보면 의인이 있다. 노아도 의인이요 롯도 의로운 자였다. 이들의 삶을 보라. 노아는 의인으로 당세에 완전한 자요 하나님과 동행했다. 롯도 무법한 자의 음란한 행실을 인하여 고통당하는 의로운 자이며 소돔과 고모라의 불법한 행실을 보고 들음으로 그 의로운 심령이 상했던 자(벧후 2:7-8)로서, 그는 불 심판에서 건짐받았다. 칭의가 의인을 만들지 않는다. 구약을 살펴보자. "내 율례를 좇으며 내 규례를 지켜 진실히 행할진대 그는 의인이니 정녕 살리라 나 주 여호와의 말이니라"(겔 18:9). 여기에서 율례와 규례는 율법이 아니다. 오늘날 법규와 규정에 속한다고 볼 때 법 중에 가장 낮은 것으로 보인다. 우리가 정직하지 않을 때 법규와 규정을 지키지 않는다. 그렇다면 정직하지 않는 자는 의인에 속하지 못한다는 것이 된다. 시편 15편에서 여호와여 주의 장막에 유할 자 누구오며 주의 성산에 거할 자 누구오니이까라는 질문에 대해 첫 번으로 정직하게 행하며 그 다음에 공의를 일삼으며라고 했다. 우리가 세상의 법규와 규정을 지키지 않는다면 의인이 아닐 수 있다. 내가 예수 믿으니 주님이 이루신 것으로 내가 의인이다라고 하는 것은 억지다. 성경은 두 가지로 말하지 않는다. 의인은 믿음으로 말미암아 살리라고 한 것은 행하는 의를 말하고 있다. 그런데 많은 사람들이 의를 행하지 않아도 구원에 아무 문제가 없다고 하는 것은 분명히 사탄의 미혹이다. 요한일서 3장 7절은 "자녀들아 아무도 너희를 미혹하지 못하게 하라 의를 행하는 자는 그의 의로우심과 같이 의롭고"라고 했다. 오늘날 많은 그리스도인들이 미혹되어 의를 행치도 않고 죄를 죄로 여기지도 않으면서 자신은 천국에 간다는 구원의 확신을 가지고 있다. 의를 행하지 않는 자가 구원의 확신을 말하면 그는 분명 미혹된 자다.

은혜의 양면성

구원은 하나님의 은혜라고 하는 진리를 가지고 구원의 선물을 받았으니 행위는 필요치 않다라고 말하는 경우가 있다. 이 경우 에베소서 2장 8-9절의 말씀으로 가르칠 때 이 구원의 선물을 받은 것은 하나님의 은혜지 율법의 행위가 아니라고 하는 것은 완벽한 진리다. 그러나 이 구원의 선물을 받았으니 걱정할 필요없다라고 가르치면 믿음의 삶은 구원과 상관없다고 가르치는 격이 된다. 이것은 은혜의 양면성을 모르는 가르침이며 그리스도인의 삶을 황폐하게 만든다.

먼저 에베소서 2장 1-10절을 살펴보면 8-9절은 결과에 의한 것이지 이 두 구절에 대한 원인은 없다. 그러므로 원인을 찾아보자. 1절에서 허물과 죄로 죽었던 너희를 살리셨다. 왜냐하면 3절에서 본질상 진노의 자녀이었기에 그래서 5절에서 그리스도와 함께 살리셨다. 이것이 하나님의 은혜다. 이렇게 보면 별 이유가 없어도 우리에게 구원의 선물을 주셨다고 할 것이다. 그러나 그리스도와 함께 살리셨다는 것은 무슨 의미인가? 그리스도와 함께 죽지 않았는데 어떻게 함께 살린단 말인가? 그리스도와 함께 죽은 것은 죄에 대해 죽었고, 그의 살으심은 하나님께 대하여 산 것(롬 6:10-11)으로 이 구원의 선물을 받은 자는 죄에 대해 죽었기에 죄에 대해 반응하지 않는 자이며, 하나님께 반응하며 사는 자로 세례를 받은 자. 그리스도 예수 안에서 함께 하늘에 앉힌 자를 보고 "너희가"라고 8절에서 말한 것이다. 그럼 7절에서 하늘에 앉힌 자가 방금 전도해 구원의 선물을 받은 전도받은 자인가? 아니다. 방금 전도할 때 듣고 따라서 했고 그리고 믿겠다고 했다면 과연 구원의 선물을 받았단 말인가? 그렇다면 그가 하늘에 앉힌 자인가? 아니지 않는가? 그럼 누구인가? 이 땅에 발을 붙이고 살고 있는데 무슨 하늘인가? 우리가 믿음에 대해 잘 모르기에 이해할 수 없는 것이지 확실히 알면 문제가 없다. 왕이신 예수님이 내 속에 계시며 그 곳이 하나님의 나라인 것을 알지 못하는가? 내 심령의 왕좌에 주님이 앉아 계시니 내가 주님 옆에 앉아 있는 것은 당연한 것이다. 바로 이런 자가 구원의 은혜를 선물로 받은 자인 것이다. 그래서 10절에서 "우리는 그의 만드신 바라 그리스도 예수 안에서 선한 일을 위하여 지으심을 받은 자"라고 했다. 그러므로 그리스도 예수 안에서 선한 일을 하는 자가 하나님의 선물인 구원을 받은 자다.

또 디도서 2장 11-14절을 살펴보면, 11절은 "모든 사람에게 구원을 주시는 하나님의 은혜가 나타나"로 말하는데 이는 에베소서 2장 8절과 같다. 그런데 12절부터 구원을 주시는 하나님의 은혜가 나타난 목적이 있다. 그 목적은 우리를 양육하시는 것이다. 그리고 그 양육의 내용이 있다. 첫 번째는 경건치 않은 것과 이 세상 정욕을 다 버리는 것이요, 두 번째는 근신함과 의로움과 경건함으로 이 세상을 살아가는 것이며, 세 번째는 복스러운 소망과 예수 그리스도의 영광이 나타나심을 기다림이며, 네 번째로 선한 일에 열심히 하는 친 백성이 되게 하심이다.

나는 에베소서 2장 8-9절을 가지고 전도를 했었다. 구원은 선물이기 때문에 믿음의 손을 내밀어 받기만 하면 된다고 하면서 전도받는 사람이 동의하면 기도를 따라하게 한 후 당신은 믿음의 손으로 구원의 선물을 받았기에 이젠 천국에 간다고 선포했다. 그리고 나는 전도의 열매를 맺었다고 기뻐했다. 만약 그렇게 전도받은 사람이 디도서 2장 12-14절로 양육을 시키는 교회에 다니게 된다면 문제가 없지만, 대부분의 양육 교재를 살펴보아도 그런 교재를 본 적이 없으니 기대하기는 어려운 일이었다. 그렇다면 그는 명목상의 교인으로 남은 채 실제 구원의 선물을 받은 자가 아니게 된다.

오늘날 우리는 은혜를 아무데나 사용한다. 불법적으로 일을 처리해 성사시켜 놓고는 하나님 은혜라고 하는데 그러면 하나님이 불법을 용납하시는 것이 된다. 자신이 불리할 때 거짓말을 해 상대가 속아 일이 처리되면 하나님의 은혜로 되었다며 좋아하는 그리스도인의 모습이 편만하다. 이것은 세상 사람들도 하면 안 되는 것인데 하물며 그리스도인들이 버젓이 하고 있으니 너무 뻔뻔스러운 것 아닌가?

하나님의 은혜는, 지난 삶을 되돌아보니 과거에는 하나님의 뜻대로 살지 못했지만 지금은 세상적으로 살지 않게 된 이 모든 것이 하나님의 은혜라고 하는 것이 더 올바른 것이다.

하나님 자녀의 양면성

예수님을 믿는 자는 하나님의 자녀다. 그래서 예수님을 영접시키고나면 당신은 하나님의 자녀가 되었다고 판정을 내린다. 일반적인 방법으로 요한복음 1장 12절로 영접시키면 하나님의 자녀가 되는 권세를 주신다. 이상한 것은 대개 하나님의 자녀가 되는 권세에는 관심이 있지만 어떻게 하나님의 자녀가 되는지에는 관심이 없다는 것이다. 육신의 출산도 해산의 고통이 있는데, 전도를 시작해 초고속으로 5-10분 만에 영접시킨 후 결신 카드를 작성한다. 과연 그들이 하나님의 자녀로 태어난 것인가? 과연 그렇게 해서 하나님의 자녀가 태어난다면 지금 하나님의 자녀의 숫자가 엄청나야 하는데 갈수록 줄어들고 있으니 무슨 현상이 이런가?

교회 주일학교로부터 장년에 이르기까지 모든 교인이 다 하나님의 자녀라고 한다. 자신이 하나님의 자녀인지 아닌지 잘 모르겠다고 하는 사람은 거의 없다. 오히려 잘 모르겠다고 하는 사람이 더 솔직하다.

니고데모는 하나님의 자녀로 거듭난다는 것이 무엇인지 잘 모른다고 솔직히 고백했다. 자기는 거듭났고 하나님의 자녀라고 확신하는 사람이 많지만, 확신을 가지고 있다고 그것이 사실인 것은 아니다. 어떤 육신의 아들이 아버지를 향해 나는 당신의 자식임을 확신합니다라고 하는가? 태어나 부모와 함께 살면 저절로 된다. 문제는 진정으로 태어나야 하는 것이다. 예수님은 니고데모에게 물과 성령으로 태어나야 한다고 하셨다.

앞서 언급한 바 물과 성령과 피는 하나다(요일 5:8). 물과 성령으로 태어난 자는 예수님의 보배 피를 받은 자로, 그 보배로운 피로 씻음을 받을 때 해산의 고통인 회개가 일어난다. 그런데 니고데모는 육신의 출산만 생각하고는 다시 어머니 뱃속으로 들어가는 것인가라고 생각했다. 하나님의 자녀인 체하는 것이 문제이지, 오히려 이것이 솔직한 모습이다.

우리의 문제는 신입교인들을 상대로 영접만 시키고 하나님의 자녀라고 ID를 줘버린다. 산파나 산부인과 전문의는 산모가 분만실에 들어갔다고 해서 출산했다고 하지 않는다. 진통의 과정을 거쳐야 출산한다. 그런데 교회는 교회 안에 들어서면 하나님의 자녀가 되었다고 해버리니 이 엄청난 선포야말로 거짓된 다른 복음인 것이다.

그래서 사도 바울은 갈라디아 교인들에게 "나의 자녀들아 너희 속에 그리스도의 형상이 이루기까지 다시 너희를 위하여 해산하는 수고를 하나니"(갈 4:19)라고 한 것이다. 하나님의 형상을 이루는 것은 범죄로 망가진 하나님의 형상을 회복할 때 하나님의 온전한 자녀가 되는 것으로, 이 과정을 거치지 않은 갈라디아 교인들에게 다시 해산하는 수고를 한다고 했다. 또 디모데전서 2장 15절은 "그러나 여자들이 만일 정절로서 믿음과 사랑과 거룩함에 거하면 그 해산함으로 구원을 얻으리라"고 말한다. 여기에서 우리는 믿음과 사랑과 거룩함이 추상적이거나 관념적인 것이 아님을 보게 된다. 그것은 믿음의 삶, 사랑의 실천을 말하는 것이며, 불의와 타협하지 않고 경건한 삶을 통해 거룩한 하나님 아버지를 닮는 것을 말하는 것이다

성경에 보면 거듭난 자, 하나님의 자녀, 하나님께로 난 자 등 여러 표현이 있

지만 다 같은 말이다. 그럼 진정 누가 하나님의 자녀인가? 고맙게도 사도 요한이 요한일서에서 잘 정리해 주었다.

첫째, 의를 행하는 자다.

"너희가 그의 의로우신 줄을 알면 의를 행하는 자마다 그에게서 난 줄을 앎이라"(요일 2:29). 그런데 미혹의 영이 의를 행치 않아도 구원에 문제가 없다는 교리를 가르친다. 그래서 요한일서 3장 7절에서 아무도 너희를 미혹하지 못하게 하라면서 의를 행하는 자는 그의 의로우심과 같이 의롭다라고 했다. 또한 10절에서는 하나님의 자녀들과 마귀의 자녀들이 있는데 의를 행하지 않는 자는 하나님께 속하지 않았다고 했다. 결국 마귀의 자녀라는 것이다. 의를 행하지 않는 것은 마귀가 가장 좋아하는 일이다.

십자가에 죽으신 예수 그리스도는 우리를 의롭게 하시려고 다시 살아나셨는데(롬 4:25) 오늘날 교회 안에 불의한 자들이 너무나 많다. 세상은 불의한 자를 그냥 두지 않는다. 청문회를 통해 다 들어내고, 선거 때 불법을 행하면 보궐 선거를 한다. 하지만 기독교 안에는 법이 없다. 총회와 노회 그리고 장로 피택에까지 물질 공세가 공공연하며, 수단과 방법을 가리지 않고 당선만 되면 그것이 불의이기에 무효화하는 경우가 거의 없다. 요한일서 2장 29절에 의하면 그들은 하나님의 자녀가 아니다. "깨어 의를 행하고 죄를 짓지 말라 하나님을 알지 못하는 자가 있기로 내가 너희를 부끄럽게 하기 위하여 말하노라"(고전 15:34).

둘째, 죄를 짓지 아니하는 자다.

"하나님께로서 난 자마다 죄를 짓지 아니하나니 이는 하나님의 씨가 그의 속에 거함이요 저도 범죄치 못하는 것은 하나님께로서 났음이라"(요일 3:9). 여기서 죄를 짓지 아니한다는 것은 계속해서 습관적으로 고의적으로 죄를 짓지 않는 것을 말한다. 예수님은 우리 죄를 속하려고 오셨고 죄가 없으신 분이다(요일

3:5). 죄를 짓는 자는 마귀에게 속했다(요일 3:8). 그러므로 하나님께로 난 자는 계속, 습관적으로 의도적으로 죄를 짓지 않는다. 왜냐하면 하나님의 씨가 그 속에 있기 때문이다. 콩을 심었는데 팥이 맺지 않는다. 죄를 짓는 자는 그 속에 하나님의 씨가 없다는 것으로, 죄의 열매를 맺는다는 것이다. 하나님의 씨가 있는 자는 하나님께로서 난 자다. 죄를 짓는 자마다 불법을 행하는 자로, 죄는 불법이다(요일 3:4). 주님은 "불법을 행하는 자들아 내게서 떠나라"고 하셨다(마 7:23).

오늘날 그리스도인들의 심각한 문제는 죄를 죄로 여기지 않는다는 것이다. 그리스도가 죽으신 것은 우리의 범죄함 때문인데 이러한 보편적인 죄들을 보면 주님의 보혈은 그들에게 아무런 효험이 없다. 어떤 분이 설교를 하며 너무 맑은 물에는 물고기가 살 수 없다고 했다. 그런데 많은 선교사들이 그 설교에 은혜를 받았다고 했다. 그것인 그들도 이미 보편적인 죄에 물들어 있기 때문이다. 관광지로 소문이 난 산호섬은 살아 움직이는 산호와 떼를 지어 다니는 열대어 때문에 사람들이 몰려드는 것인데 오히려 관광객에 의해 바다가 오염되어 산호와 열대어가 사라지고 있음을 볼 때 그 설교는 일반 상식에서 벗어난 것이다. 오염되지 않은 무인도 같은 곳에 고기가 없다면 은혜 받을 만한데 그것은 성경의 가르침도 아니다. 그런 설교자는 죄짓지 않은 사람 있으면 나와 보라는 식으로 말한다.

그러나 그리스도와 함께 십자가에 못 박힌 자로 자기 안에 그리스도가 사신다면 어떻게 죄를 지을 수 있단 말인가? 그리스도와 함께 십자가에 못 박혔다고 하는 것은 죄에 대해 죽었다는 것인데, 죽은 자가 어떻게 죄에 대해 반응할 수 있는가? 이것은 계속적이요 습관적이요 고의적인 죄를 두고 한 말씀이다.

셋째, 서로 사랑하는 자다.

"사랑하는 자들아 우리가 서로 사랑하자 사랑은 하나님께 속한 것이니 사랑하는 자마다 하나님께로서 나서 하나님을 알고 사랑하지 아니하는 자는 하나님을 알지 못하나니 이는 하나님은 사랑이심이니라"(요일 4:7-8). 또한 요한일서 3장 10절에서 형제를 사랑치 않는 자는 하나님께 속하지 않은 것이라 했다. 3장 14-15절은 형제 사랑이 구원과 관련되어 있다고 말한다.

"우리가 형제를 사랑함으로 사망에서 옮겨 생명으로 들어간 줄을 알거니와 사랑치 아니하는 자는 사망에 거하느니라 그 형제를 미워하는 자마다 살인하는 자니 살인하는 자마다 영생이 그 속에 거하지 아니하는 것을 너희가 아는 바라"(요일 3:14). "누구든지 하나님을 사랑하노라 하고 그 형제를 미워하면 이는 거짓말 하는 자니 보는바 그 형제를 사랑치 아니하는 자가 보지 못하는바 하나님을 사랑할 수가 없느니라 우리가 이 계명을 주께 받았나니 하나님을 사랑하는 자는 또한 그 형제를 사랑할찌니라"(요일 4:20-21).

예수님이 마태복음 5장 22절에서 "나는 너희에게 이르노니 형세에게 노하는 자마다 심판을 받게 되고 형제를 대하여 라가라 하는 자는 공회에 잡히게 되고 미련한 놈이라 하는 자는 지옥 불에 들어가게 되리라"고 하신 말씀은 겁주려고 하신 것이 아닐 것이다.

넷째, 예수를 그리스도로 믿는 자다.

정규 신학대학원을 나온 어떤 선교사가 자신은 예수를 믿는다고 하기에 그리스도를 믿어야 예수를 믿는 것이라고 했더니, 그는 예수를 믿는 것이 하나님을 믿는 것인데 꼭 그리스도를 믿어야 하느냐고 반문했다. 요한일서 5장 1절을 보자. "예수께서 그리스도이심을 믿는 자마다 하나님께로서 난 자니." 이 말씀은 예수님은 그리스도시고 그는 왕이시며 제사장이시고 선지자이심을 믿는 것이다. 베드로는 주는 그리스도시요 살아 계신 하나님의 아들이라고 했다. 예수님의 제자가 예수님을 향해 예수라고 하지 않았다. 우리가 그리스도의 의미인 기름 부음을 받은 자를 안다면, 그리스도 속에 예수도 있다는 사실을 알게 될 것이다. 우리가 예수를 믿으면서 왕이신 예수님의 통치를 받지 않으면 진정한 믿음의 사람이 아니다. 왕이신 예수님이 내 안에 들어오시면 내 속에 하나님의 나라가 세워지므로 진정한 통치를 받게 된다. 그런데 오늘날 주님의 통치를 외면한 채 자기 왕국을 세우고 군림하는 모습들이 많다. 또 길이요 진리요 생명이시고 선지자이신 주님을 배제하고 예수만 믿으면 된다고 한다. 오직 예수, 즉 구세주만 믿는다면 이미 앞서 언급한 알로스의 다른 복음이 된다.

다섯째, 세상을 이기는 자다.

하나님은 우리에게 하나님의 자녀 된 권세를 왜 주셨을까? 여러 가지가 있지만 사도 요한은 세상을 이겨야 하기에 그 권세를 주셨고 세상을 이겨야 구원이 성립된다고 한다. 많은 그리스도인들이 세상을 이겨야 구원이 성립된다고 하면 그런 것을 배운 적이 없다며 거부한다.

그러나 우리가 하나님의 자녀가 아니라면 구원을 받는가에 대해서는 아니라고 한다. 그럼 요한일서 5장 4절을 보자. "대저 하나님께로서 난 자마다 세상을 이기느니라 세상을 이긴 이김은 이것이니 우리의 믿음이니라." 여기 분명히 하나님의 자녀는 세상을 이기는 자이고 세상을 이기는 것이 우리의 믿음이라고 했다. 믿음으로 구원받는 것인데 우리의 믿음이 세상을 이길 때 구원받는 믿음이 된다. 알로스와 파라의 다른 복음으로 생각이 굳어지면 이것을 받아들이지 못한다. 그러나 말씀은 거짓이 없다.

그럼 우리가 이겨야 할 세상은 무엇인가?

"이는 세상에 있는 모든 것이 육신의 정욕과 안목의 정욕과 이생의 자랑이니 다 아버지께로 좇아 온 것이 아니요 세상으로 좇아 온 것이라"(요일 2:16). 세상으로 좇아 온 세 가지는 인간을 죄인으로 만든 첫 유혹과 같은 것이다. 선악과를 먹으면 정녕 죽으리라 하신 하나님의 명령에 정면으로 도전한 사탄의 유혹 세 가지는 이것이다. 먹음직, 보암직, 하나님처럼 됨.

정말 우리가 세상을 이기지 못하면 구원에 문제가 되는가?

"이기는 그에게는 내가 하나님의 낙원에 있는 생명나무의 과실을 주어 먹게 하리라"(계 2:7). 여기서 말하는 생명나무의 과실은 에덴에 있었던 것으로 창세기 3장 22절에 언급되어 있다. "그가 그 손을 들어 생명나무 실과를 따먹고 영생할까 하노라." 아담과 하와가 먹지 못했던 생명나무의 실과를 이기는 자에게 주어 먹게 하시겠다니 이 얼마나 놀라운 일인가?

"이기는 자는 둘째 사망의 해를 받지 아니하리라"(계 2:11). "이기는 자는 이와 같이 흰 옷을 입을 것이요 내가 그 이름을 생명책에서 반드시 흐리지 아니하고 그 이름을 내 아버지 앞과 천사들 앞에서 시인하리라"(계 3:5). 그리고 요한계시록 20장 15절에서 말씀하는 것처럼 하나님의 자녀가 될 때 우리의 이름이 생명책에 기록되며 이름이 없으면 불못에 던져진다.

"이기는 자는 이것들을 유업으로 얻으리라 나는 저의 하나님이 되고 그는 내 아들이 되리라"(계 21:7). 결국 이기는 자가 하나님의 아들이 되는 것이다.

이상 다섯 가지가 하나님의 자녀의 기본으로 그리스도를 믿는 믿음 안에서 의를 행하면 죄를 짓지 않게 되고, 이로써 서로 사랑하면 세상을 이기는 하나님의 자녀가 되는 것이다.

육신의 자녀는 출생만 하면 끊을 수 없다. 그러나 거듭남으로 인해 하나님의 자녀가 되면 하나님의 자녀답게 살아야 한다. 이상 다섯 가지 외에도 하나님의 영으로 인도함을 받는 자가 하나님의 자녀이고(롬 8:14), 화평케 하는 자가 하나님의 자녀이며(마 5:9), 그리스도와 합하여 세례를 받고 그리스도로 옷 입은 자가 하나님의 자녀이고(갈 3:26-27) 마지막으로 부활의 자녀가 될 때 하나님의 자녀(눅 20:36)가 된다고 엄히 말씀한다.

주의 이름을 부르는 자의 양면성

누구든지 주의 이름을 부르는 자는 구원을 얻으리라(롬 10:13)는 말씀에 근거해 임종 직전에 있는 사람에게 예수를 부르라고 하는 경우를 본다. 만약 그가 전도자의 요구에 따라 예수라고 따라했다면 그는 정말 구원을 받은 것일까?

어떤 전도자가 과거에 교회에 다니다가 낙심한 사람에게 다시 교회에 나오라고 했더니 그는 죽기 전에 예수를 부르면 되니 권하지 말라고 했다고 한다. 그것은 그가 아마도 교회에서 배운 지식으로 한 말일 것이다.

실화 하나가 있다. 온 가족이 다 예수님 믿는 가정에서 혼자만 믿지 않던 사람이 믿는 형제와 자매를 핍박하며 그들이 나가는 교회 앞에 술집을 열겠다고 수시로 괴롭혔다. 늘 술에 취해 방탕한 생활을 하던 그가 동맥 경화로 임종 직전에 처하자 권사였던 누님들이 동생이 죽기 전에 전도한다며 "너, 지옥 가지 않으려면 예수 예수 부르라"고 강요했다. 그래도 입을 꼭 다물고 있으니 안타까운 누님들이 제발 한 번만 따라하라고 간청했다. 드디어 동생이 예수라고 하고는 몇 분 후 숨을 거두었다. 누님들은 동생이 예수를 불렀다며, 지옥에 가지 않게 되어 천만다행이라고 했다.

그는 과연 천국에 갔을까? 결코 아니다. 나는 이웃으로 그의 생애를 보았다. 그는 술 취함과 방탕한 삶을 살다가 병들어 죽게 된 것인데 갈라디아서 5장 21절에 비추어 보아도 술 취함과 방탕함은 하나님의 나라를 유업으로 받지 못한다고 했다. 그리고 그렇게 교회를 핍박하고도 예수 한두 번 따라했다고 구원받는다면 정말 구원은 단순하고 쉬운 것이라고 가르치는 것이 맞지만 반면에 예수님의 말씀은 무효가 된다.

마태복음 7장 21절은 "나더러 주여 주여 하는 자마다 천국에 다 들어갈 것이 아니요 다만 하늘에 계신 내 아버지의 뜻대로 행하는 자라야 들어가리라"고 했다. 여기서 보면 주의 이름을 부르는 자가 다 들어가는 것이 아니고 주께 반응하는 자라야 들어간다는 것을 분명히 하고 있다. 이것이 바로 양면성이다. 우리가 성경 한 요절을 가지고 가르치는 교리들은 사탄에 미혹된 것임을 명심해야 한다.

누구든지 주의 이름을 부르는 자는 구원을 얻는다는 말씀은 요엘 2장 32절에 처음 기록되어 있고, 사도행전 2장 21절과 로마서 10장 13절은 인용한 것이다. 그럼 이 세 곳의 문맥을 살펴보자.

요엘 2장 27-32절을 보면 하나님이 이스라엘 가운데 계셔 저들의 하나님이 되시기에 하나님의 백성이 영영히 수치를 당치 않는다고 했다. 그리고 성령을 부어 줌으로 자녀들은 장래 일을 말하고 늙은이는 꿈을 꾸고 젊은이는 이상을 본다고 했다. 그 때에 성령을 남종과 여종에게 부어 주는데 여호와의 크고 두려운 날이 이르기 전에 해가 어두워지고 달이 핏빛 같이 변할 것인데 그 때 누구든지 주의 이름을 부르는 자는 구원을 얻으리니라고 하면서 시온산과 예루살렘에서 피할 자가 있을 것이며 또 남은 자 중에 부름을 받을 자가 있을 것이라고 했다. 우리가 착각하는 한 가지는 누구든지를 아무나로 생각하는 것이다. 전체 문장에서도 어떤 사람이란 말이 누구든지에 속하는지가 나타나 있지만 마지막에 보면 주의 이름을 부르는 모두 다가 피할 자요 부름을 받을 자가 아님을 명백히 하고 있다. 사도행전 2장 17-21절은 이 요엘서의 말씀을 그대로 인용했다.

로마서 10장 8-14절을 살펴보면 말씀이 네게 가까와 네 입에 있으며 네 마음에 있다 하였으니 곧 우리가 전파하는 믿음의 말씀이라 했다. 믿음의 말씀이 머리에 있지 않고 입과 마음에 있다면 그는 말씀을 묵상하는 자다. 그리고 입으로 예수를 주로 시인하는 자이며 죽음에서 부활하신 예수를 마음으로 믿는 자다. 이미 앞에서 언급했듯이 마음으로 믿는다는 것은 머리로 믿는 것과 다른 믿음의 삶을 말하며, 믿음으로 사는 사람은 누구든지에 속한다. 그는 바로 하나님의 뜻대로 행하는 자이기도 하다.

그리고 12절에서 유대인이나 헬라인이나 차별이 없이 모든 사람의 주가 되시는데, 주가 되심은 주님의 통치를 받는 사람을 말한다. 그러므로 주님의 통치를 받지도 않으면서 주라고 부르는 자는 지나가는 사람에게 아버지라고 부르는 격이 된다. 누가복음 5장 32절을 보면 예수님은 의인을 부르러 오시지 않고 죄인을 불러 회개시키러 오셨는데 자신이 죄인인 것을 인정하지도 않고 주님의 부름에도 응하지 않은 자가 어느 날, 아니 죽는 날 예수라고 불렀다고 구원을 받는다면 지옥에는 몇 사람 없고 천국은 차고 넘칠 것 아닌가?

우리가 분명히 알아야 할 것은 예수님이 말씀하신 4복음서의 말씀은 천국복음의 핵심이고, 다른 서신서들은 이 4복음서의 해석이란 것을 간과해서는 안 된다.

이상과 같이 6개의 양면성만 언급했지만 모든 말씀은 말씀하신 하나님께 우리가 반응하지 않으면 하나님과 나는 아무 관계도 없으며, 그 말씀이야말로 일반 책에 불과한 것이다.

11장 천국복음과 양심

사람과 짐승의 차이 가운데 하나가 양심이다. 양심은 사람에게만 있고 사람을 사람답게 하며 짐승과 구별 지어준다. 이 양심은 법이 없어도 나는 도덕적인 내면의 소리로서, 옳고 그른 것 그리고 해도 되는 것과 하면 안 되는 것을 가르쳐주는 발성 없는 내면의 소리다.

그렇다면 그리스도인의 양심을 생각해보라. 그리스도인이 누구보다도 더 양심적이고 착하고 선한 양심이어야 함은 두말할 필요가 없다. 우리에게는 율법이 있고, 하나님의 말씀이 있고, 죄가 없으신 주님이 내 속에 거하시는데 그렇다면 세상 법이 없어도 양심적으로 살 수 있어야 하고, 비그리스도인들에게 '정말 그리스도인들은 양심적이다'라는 말을 들어야 할 것 아닌가?

그런데 세상이 목회자들을 향해 양심적이라고 인정하는가? 교회 중직자들이 양심적으로 사업과 직장 생활을 하는가? 아니다. 양심적이지 못하다는 소리가 훨씬 더 크다.

어느 날 한국에서 한 교단 증경 총회장 목사님이 어떤 사건의 진상을 밝히러 필리핀에 왔다. 그분이 녹음기를 준비하라고 하기에, 이유를 물었더니 목사들이 자기들이 말해놓고 아니라고 하는 경우가 너무 많다고 했다. 나도 그 말에 동의한다. 그 증경 총회장이 진상조사를 하러 온 일과 무관하지 않은 일로서, 8명의 목사가 모여 결의하여 원상 복귀시키자고 했는데 시간이 경과하면서 다른 이사들이 원상 복귀를 원하지 않자 다른 7명의 목사들이 언제 그런 결의를 했느냐며 양심을 속였기에 일어난 진상 규명이었다. 왜 그럴까? 신앙생활을 황폐하게 하는 주범이 있는데 그것이 양심을 둔하게 만든다. 이것은 다음에 다루기로 하자.

양심은 완전하지 않다. 아이가 돌 정도만 되도 거짓말을 하는데 누가 시킨 것도 가르친 것도 아니다. 또 일부일처제에서는 아내 외의 다른 여자와 간음할 때 양심을 속이고 하지만 일부다처제에서는 전혀 양심의 가책이 없다.

그러므로 여기서 다루고자 하는 양심은 과연 양심대로 살아야 구원을 받는가이다.

그렇다. 왜냐하면 천국복음은 회개, 믿음의 삶, 경건 그리고 거룩인데 이 천국복음에 의해 산다면 양심적으로 사는 것이요 이것이 구원의 길이기 때문이다.

그리스도인들은 하나님의 말씀과 기도로 거룩하게 되는데(딤전 4:5) 세계 어느 나라 기독교보다 말씀과 기도로 많이 모이는 한국교회가 부패하고 세속화된 것을 보면 어딘가에 문제가 있다는 것을 파악해야만 한다. 이것은 신앙과 생활이 분리된 양심에 문제가 있기 때문이다.

하나님의 말씀을 생각해보자. 오늘날을 말씀의 홍수 시대라고 하는데도 그리스도인의 삶이 더 황폐해지는 것은 천국복음이 아닌 다른 복음이 판을 치고 있기 때문임을 간과해서는 안 된다.

사도 바울은 디모데전서 6장 3-10절에서 다른 교훈의 위험성을 말하면서 바른 것 두 가지를 먼저 언급했다. 앞에서도 여러 차례 언급했는데, 우리 주 예수 그리스도의 말씀, 즉 천국복음과 경건에 관한 교훈에 착념치 아니하면이라고 하면서 다른 교훈의 위험성을 다음과 같이 나열했다. "…저는 교만하여 아무 것도 알지 못하고 변론과 언쟁을 좋아하는 자니 이로써 투기와 분쟁과 훼방과 악한 생각이 나며 마음이 부패하여지고 진리를 잃어버려 경건을 이익의 재료로 생각하는 자들의 다툼이 일어나느니라…부하려 하는 자들은 시험과 올무와 여러 가지 어리석고 해로운 정욕에 떨어지나니 곧 사람으로 침륜과 멸망에 빠지게 하는 것이라 돈을 사랑함이 일만 악의 뿌리가 되나니 이것을 사모하는 자들이 미혹을 받아 믿음에서 떠나 많은 근심으로써 자기를 찔렀도다."

우리가 여기에서 4복음서의 중요성을 깨달아야 한다. 앞서 언급한 바 있지만 마태복음 5장의 팔복과 소금과 빛의 사명 이 10가지만 지켜 행한다면 양심적인 그리스도인이 될 것이다.

믿음과 착한 양심이 분리될 때 엄청난 사건이 일어난다. 디모데전서 1장 19절에서 "믿음과 착한 양심을 가지라 어떤 이들이 이 양심을 버렸고 그 믿음에 관하여는 파선하였느니라." 믿음이 파선되어 양심을 버린 자에게 구원이 성립된다고 한다면 억지에 불과하다.

디모데전서 1장 5절은 경계의 목적으로 청결한 마음과 선한 양심과 거짓이 없는 믿음을 언급했다. 이 세 가지는 구원과 직결된다. 마음이 청결한 자는 하나님을 본다(마 5:8). 세 번째 거짓이 없는 믿음은 구원에 필수다. 그렇다면 선한 양심은 같은 범주 안에 있고 이미 살핀 바 믿음과 분리될 수 없다.

물론 비그리스도인 중에 양심적인 사람이 있다. 그러나 디도서 1장 15절을 보면 "깨끗한 자들에게는 모든 것이 깨끗하나 더럽고 믿지 아니하는 자들에게는 아무것도 깨끗한 것이 없고 오직 저희 마음과 양심이 더러운지라"고 했다. 불신자의 양심이 더럽다고 하는 것은 우상 숭배와 술 취함과 음란을 보고도 양심에 가책이 없기 때문이다.

목사나 그리스도인들에게 양심의 가책이 없다면 과연 진정한 그리스도인인가를 묻고 싶다. 그리스도인은 세상 사람들과는 다르게 구별된 자인데 우상 숭배로 인하여 탐심의 도가 넘은 자들이 많다고 들었다. 술 문제도 마찬가지이며, 기독교가 들어간 나라에 7계가 무너진다는 기록도 있다. 어떤 교단 선교 후보생 19명이 훈련을 마치고 필리핀을 방문했다. 그들 가운데 포르노를 본 적이 없는 사람은 아무도 없었다.

천국복음은 결코 이런 더러운 양심을 용납하지 않는다. 하나님은 사람을 보실 때 양심적인가 아닌가를 보신다. 마귀가 좋아하는 생각, 말, 행동은 양심을 팔아야 가능하고 하나님을 섬기는 것은 양심을 따라야 가능하다.

사도 바울을 보자.

사도행전 23장 1절에서 바울은 "여러분 형제들아 오늘날까지 내가 범사에 양심을 따라 하나님을 섬겼노라"고 했다. 우리가 분명히 해야 할 것은 비양심적인 그리스도인은 종교인일 따름이다. 또한 사도행전 24장 15-16절에서 바울은 의인과 악인의 부활이 있으므로 하나님과 사람에 대하여 항상 양심에 거리낌이 없기를 힘썼다고 했다. 이 말은 양심적으로 산 자에게는 의인의 부활이 있고, 비양심적으로 산 자에게는 악인의 부활, 즉 지옥으로의 부활이 있음을 말한 것이다. 양심대로 사는 것이 믿음의 삶이며 그래야 천국에 간다.

디모데후서 1장 3절에서 하나님을 청결한 양심으로 섬겼다고 했고, 디모데전서 3장 8-9절에서는 집사의 자격으로 깨끗한 양심에 믿음의 비밀을 가진 자라고 했다. 히브리서 13장 18절은 우리에게 선한 양심이 있기에 모든 일에 선하게 행하려 한다고 했고, 베드로전서 3장 16절은 우리의 선행을 욕하는 자들로 그 비방하는 일에 부끄러움을 당하게 하는 것이 선한 양심이라고 했다. 베드로전서 3장 21절은 하나님을 향하여 찾아가는 것이 선한 양심이라고 했다. 특히 히브리서 10장 22절은 "우리가 마음에 뿌림을 받아 양심의 악을 깨닫고 몸을 맑은 물로 씻었으니 참 마음과 온전한 믿음으로 하나님께 나아가자"라고 했으니 참 마음과 온전한 믿음은 양심의 악을 제하지 않고는 이룰 수 없고, 우리 몸이 성령의 전인데 양심의 악을 제하지 않는 한 결코 우리 몸은 성령의 전이 될 수 없다.

양심에 대한 성경의 표현들로는 착한 양심, 선한 양심, 깨끗한 양심, 청결한 양심이 있고, 디모데전서 4장 1-2에서는 "후일에 어떤 사람들이 믿음에서 떠나 미혹케 하는 영과 귀신의 가르침을 좇으리라 하셨으니 자기 양심이 화인 맞아서 외식함으로 거짓말 하는 자들이라"고 했다. 양심에 마귀가 화인을 찍었으니 두말할 이유 없이 지옥행인 것이다.

그럼 양심과 거짓말을 보자.

내가 어린이 주일학교 시절, 이북에서 내려오신 선생님이 계셨다. 그 선생님의 가르침에는 다른 선생님들과 다른 한 가지가 있었는데 지금도 그 소리가 기억에서 생생하다. 그런데 그 선생님을 다른 선생님들과 목사님이 좋아하지 않았는데 그 당시는 왜 그런지 몰랐다. 지금 와서 보니 교리에 어긋난 가르침이었다는 것이다. 그 가르침은 "얘들아, 거짓말하면 지옥 간다"였다. 그러니 예수 믿으면 천국 가는데 왜 부정적인 것을 가르치느냐면서 그 선생님을 핍박했던 것이다. 만일 거짓말하면 지옥 간다는 가르침이 성경적이지 않다고 한다면 앞서 양심적이지 않으면 지옥 간다고 한 것도 문제가 있게 된다. 왜냐하면 양심적인 사람은 거짓말을 하지 않기 때문이다. 앞서 언급한 믿음에서 떠난 자, 미혹하는 영과 귀신의 가르침을 따르는 자는 양심에 화인을 맞아, 즉 마귀가 이건 내 새끼야 하면서 마귀의 소유라고 화인을 찍기 때문에 아무런 양심의 가책 없이 거짓말을 하게 되는 것이다.

"모든 거짓말 하는 자들은 불과 유황으로 타는 못에 참예하리니 이것이 둘째 사망이라"(계 21:8). "무엇이든지 속된 것이나 가증한 일 또는 거짓말 하는 자는 결코 그리로 들어오지 못하되 오직 어린양의 생명책에 기록된 자들뿐이라"(계 21:27).

왜 거짓말을 습관적으로 의도적으로 계속적으로 하면 구원에서 제외될까? 사탄은 에덴동산에서 거짓말로 하와를 넘어뜨려 죄인이 되게 했는데 우리가 그 사탄이 좋아하는 거짓말을 한다면 이것이야말로 용납할 수 없는 것이다.

하나님은 거짓말쟁이 사탄을 멸하시는 것이 우선순위 1번인데 우리가 거짓말을 하면서 천국에 간다고 하는 것은 자기만의 착각일 뿐이다.

예수님은 요한복음 8장 31절에서 자기를 믿는 유대인들에게 진리가 너희를 자유케 한다고 하시면서, 44절에서 너희는 너희 아비 마귀에게서 났기에 너희 아비 마귀의 욕심을 따라 행하고 거짓을 말할 때마다 제 것으로 말하는데 이는 그가 거짓말쟁이요 거짓의 아비가 되었다고 엄히 명하셨다.

하나님이 우리 아버지일 때 우리는 하나님의 자녀인 것이고, 마귀의 자녀는 거짓의 아비를 두었기에 그 아비를 따라 거짓말하는 자들이다. 아버지가 마귀인 거짓말쟁이가 천국에 간다면 지옥은 없는 것이 된다. 오늘날 심각한 문제는 그리스도인들이 거짓말을 하면서도 양심에 가책이 없다는 사실이며, 더 심각한 것은 죄를 죄로 여기지 않는 보편적인 죄에 빠져 있다는 것이다. 그들은 이 양심을 버린 자로 믿음은 파선되어버렸고, 말로는 하나님의 자녀라 하지만 선한 양심이 아닌 사람은 하나님을 향해 찾아갈 수 없다.

완전히 타락한 인간이 어떻게 양심대로 살 수 있는가라고 하는 말에 미혹되지 말라. 이 말은 성경에 없으며 과거의 많은 그리스도인들은 착하고 선하고 그리고 청결하고 깨끗한 양심으로 살았다.

12장 천국복음과 그리스도의 보혈

사람이나 짐승에게 가장 중요한 것은 피다. 피가 30퍼세트만 빠지면 죽는다. 피조물은 하나님의 완벽한 작품이다. 그러나 사탄의 유혹으로 범죄한 인간의 피는 죄로 물들고 말았다. 이 죄로 말미암아 멸망을 받게 된 것이다. 그러므로 죄를 씻는 길은 오직 예수의 피밖에 없다. 여기까지는 그리스도인이라면 일반적으로 다 아는 진리로서 아무런 의의가 없다.

그러나 예수의 피가 없다면 믿음도 성립되지 않고 의도 성립되지 않으며 영적 생명도 불가하다. 나아가 예수의 피가 영적 음료라는 사실과 보혈의 능력이 얼마나 큰지에 대해 알아야 한다.

이렇게 볼 때 성경에서 가장 귀한 것은 그리스도의 피다. 믿음의 출발은 그 피로 인하여 믿음으로(롬 3:25), 의롭다 함의 출발도 그 피를 인하여 의롭다 함을 얻었은즉(롬 5:9), 구속도 오직 흠 없고 점 없는 어린양 같은 그리스도의 보배로운 피로 한 것이다(벧전 1:19). 사죄의 은총도 그 아들 예수의 피가 우리를 모든 죄에서 깨끗케 하신다(요일 1:7)고 했다.

우리가 거듭날 때 물과 성령으로 거듭난다고 다 알고 있다. 물과 성령이라고 기록되었으니 물과 성령만이라고 한다면 문제가 생긴다. 피와 물은 분리되지 않는다. 역시 성령과 피도 분리되지 않는다. 예수님이 성령으로 잉태했기에 죄와는 상관없고, 성령으로 잉태한 것이 피와 상관없다고 한다면 우리 육신도 DNA와 피는 상관없다는 말이 된다. 그래서 요한일서 5장 8절에서 성령과 물과 피는 하나라고 했다. 이와 같이 그리스도의 피가 없다면 영적 생명도 헛것이 되고 만다.

고린도전서 10장 4절을 보면 출애굽한 이스라엘 백성들이 신령한 음료를 반석으로부터 마셨는데 그 반석이 그리스도라고 했다. 반석에서 나온 물은 분명 미네랄 물이었음은 확실한데 성경은 신령한 음료라고 했으니 이 신령한 음료는 무엇인가?

이것을 해결하기 위해 현장으로 가보자.

출애굽한 이스라엘 백성들이 반석으로부터 물을 내어 마신 첫 기록은 출애굽기 17장 6절에 있다. 여기서 하나님께서 모세에게 하신 말씀에 중요한 메시지가 있다. 하나님께서 호렙산 반석 위에 너를 대하여 서시겠다고 했다. 반석 위에 하나님이 서 계시는데 모세에게 너는 반석을 치라고 하셨다면 지팡이에 누가 맞는 것인가? 반석 위에 서신 하나님이 맞으신 것이다. 그런데 반석에서 물이 솟아났고 백성들이 마셨는데 이 물이 신령한 음료라고 했다.

고린도전서 10장 4절이 말한 신령한 음료는 반석이신 그리스도로부터 나왔고, 그 반석 위에 하나님이신 그리스도가 서 계셨으니 지팡이에 맞으신 그리스도, 즉 채찍에 맞으신 그리스도의 십자가로 그가 흘리신 보혈이 바로 신령한 음료였다.

예수님이 요한복음 4장 14절에서 "내가 주는 물을 먹는 자는 영원히 목마르지 아니하리니 나의 주는 물은 그 속에서 영생하도록 솟아나는 샘물이 되리라"고 하시면서 그 물에 대해 요한복음 6장 55절에서 "내 피는 참된 음료로다"라고 하셨다.

그렇다면 출애굽한 이스라엘 백성들이 마신 신령한 음료는 반석이신 그리스도로부터 나서 마셨기에 채찍에 맞아 흘리신 보혈이 신령한 음료임이 확실하다. 출애굽기 17장의 반석은 채찍에 맞으신 그리스도로서, 십자가에서 흘리신 보혈을 저들에게 공급했다.

두 번째 반석으로부터 물을 낸 사건은 민수기 20장 8절에 기록되어 있다. 하나님께서 모세에게 "반석에게 명하여 물을 내라"고 하셨다. 그러나 20장 2-3절을 보면 회중이 모세와 아론을 공박하고 모세와 다툰 일로 인해 "패역한 너희여 들어라 우리가 너희를 위하여 이 반석에서 물을 내랴"라고 하면서 모세가 하나님의 명을 따르지 않고 지팡이로 반석을 한 번이 아닌 두 번을 쳤다.

여기서 모세의 문제는 반석으로부터 물을 내시는 분이 하나님인데, "우리가 너희를 위하여"라고 한 것이다. 그리고 반석을 향해 그냥 말로 물을 내라고 하면 되는데 화가 나 지팡이로 두 번을 쳤더니 많은 물이 솟아나왔다. 우리는 물이 나왔으면 된 것 아닌가 생각할 수 있다. 그러나 이 경우 모세는 이스라엘 백성들 앞에서 하나님을 믿지 않고 하나님의 거룩을 손상시키는 잘못을 저지름으로써 모세 자신은 주목적이었던 가나안에 들어가지 못한 채 그의 사역을 마무리하게 된 것이다.

여기에서 신실한 주의 종 모세가 하나님을 믿지 않고 하나님의 거룩을 손상

시켰다고 한 것은 무엇인가?(민 20:12)

　고린도전서 10장 4절을 다시 보자. 이는 저희를 따르는 신령한 반석으로부터 마셨다고 했다. 앞에서는 채찍에 맞으신 고난의 그리스도를 말했고, 여기서는 저희를 따르는 그리스도를 말했으니 우리를 의롭다 하시기 위하여 살아나신(롬 4:25) 부활하신 그리스도를 지팡이로 한 번도 아니고 두 번을 쳤으니 하나님의 거룩을 손상시키게 된 것이다.

　이렇게 볼 때 십자가의 보혈과 부활하신 주님이 공급하시는 보혈로, 그리스도의 죽으심과 부활인 복음의 핵심을 구약에서도 정확하게 언급하고 있는 것이다.

　한 번 더 정확한 언급은 이스라엘 백성들이 분명히 미네랄 물을 마셨는데 어떻게 그것이 신령한 음료로서 그리스도의 보혈인가라고 한다면 그것도 믿음에 문제가 있음을 알아야 한다. 우리가 거듭날 때도 물과 성령으로라고 했고, 예수님도 내가 주는 물은 그 속에서 영생하도록 솟아나는 샘물이라 하셨다. 또한 요한복음 7장 38-39절에서 "나를 믿는 자는 성경에 이름과 같이 그 배에서 생수의 강이 흘러 나리라 하시니 이는 그를 믿는 자의 받을 성령을 가리켜 말씀하신 것이라"고 했다. 그러므로 성경에서 물이라고 하면 성령과 피, 성령이라고 하면 물과 피, 피라고 하면 물과 성령이 자동으로 떠올라야 한다. 물과 성령과 피(요일 5:8)는 이미 앞에서 분리되지 않는다고 언급한 바 있다.

　그럼 이스라엘 백성들이 광야 생활 40년 동안 이 두 번의 물로 생존했을 리는 없다. 그렇다면 왜 이 두 사건만 기록되었을까?

　이것은 복음의 핵심인 그리스도의 죽으심과 부활에 대해 이 두 반석으로부터 주시는 신령한 음료인 보혈을 언급하기 위한 것이라고 생각된다.

　그런데 이 두 사건 사이에 또 하나의 복음이 있다. 레위기 17장 11절을 보자.

"육체의 생명은 피에 있음이라 내가 이 피를 너희에게 주어 단에 뿌려 너희의 생명을 위하여 속하게 하였나니 생명이 피에 있으므로 피가 죄를 속하느니라." 이 말씀은 육체와 영혼의 공통점인 피를 언급했다. 육체의 생명이 피에 있듯이 영혼의 생명도 그리스도의 보배로운 피로 "내가 이 피를 너희에게 주어"라는 말은 그리스도의 피를 주는 것이요 "단에 뿌려 너희의 생명을 위하여 속했다"고 할 때 그 단은 십자가인 것이다.

그렇다면 예수님이 갈보리 산 위에서 십자가에 달리신 그 때 그 역사적인 시간만이 십자가의 죽으심이 아니라는 사실을 우리가 명심해야 한다. 모세 오경을 기록한 연대를 보면 약 BC 1,450년으로 예수 그리스도는 어제나 오늘이나 영원토록 동일하시니다(히 13:8)는 말씀을 증명한 실화를 소개하려고 한다.

어느 집사님이 자정이 넘도록 잠이 오지 않아 주님께서 기도하라고 하시는 사인으로 알고 침대에서 무릎을 꿇었다. 깊은 기도로 들어갔을 때 갑자기 아파트 창문에 나타난 환상을 보게 되었다. 기도 시간이라 창문을 육의 눈으로 본 것이 아니었는데 예수님이 십자가에 달려 피를 흘리고 계셔서 집사님이 "주님 지금도 피를 흘리고 계십니까?"라고 했더니 십자가의 주님이 "그래, 사랑하는 딸아 지금도 너를 위해 피를 흘리고 있단다"라고 하셨다고 한다.

나는 이 간증을 듣기 전에는 갈보리 산의 역사적인 십자가 말고는 생각한 적이 없었다. 그러나 이 간증을 듣는 순간 성령님께서 히브리서 13장 8절의 말씀을 나의 지각 속에 넣어 주셔서 역사적인 십자가의 망상은 산산조각이 나고 말았다.

출애굽기 17장에서 채찍에 맞음으로 신령한 음료(그리스도의 피)를 공급하셨다. 레위기 17장에서는 생명이 피에 있기에 우리의 죄를 속하기 위해 단(십자가)에 뿌려 너희의 생명을 위하여 속하게 하였나니라고 했다. 그리고 민수기 20장은 반석을 명하여 물을 내라고 함으로써 저희를 따르는 신령한 반석(부활의 주님)으로부터 신령한 음료를 마시게 하셨다.

이처럼 과거에도 이미 동일한 십자가의 사건이 일어났는데 갈보리 산에서 십자가의 죽으심으로 끝났다고 한다면 지금 살아계신 주님이 될 수 없는 것이다. 지금도 그리스도의 보배 피는 흐르고 있고 세상 끝날까지 부활하신 주님의 피가 우리를 따르며 함께하실 것이다.

그렇다면 누구에게 이 피가 함께할 것인가? 신령한 음료인 그리스도의 피를 반석을 통해 마신 저들도 범죄함으로 광야에서 멸망당했다. 그래서 이 땅에 오신 주님의 첫 외침이 회개였던 것이다. 회개치 않으면 멸망받기 때문이다.

그럼 이 귀한 피를 어떻게 사용해야 하는가?

우리는 옷이 더러우면 빨고 몸이 더러우면 목욕을 한다. 그렇다면 우리 심령이 더러울 때 어떻게 그리스도의 피로 씻을 수 있는가? 요한일서 1장 7절에서 우리가 빛 가운데 행하면 그 아들 예수의 피가 우리를 모든 죄에서 깨끗케 하신다고 했다. 예수님은 "나를 믿는 자는 어두움에 거하지 않는다"(요 12:46)고 하셨듯이 우리가 빛 가운데 행할 때 그리스도의 피가 나에게 적용된다는 것을 알아야 한다.

많은 그리스도인들이 어두움, 즉 불의를 저지르면서 하나님의 은혜를 운운한다면 가증한 것이다. 불의를 저지른다는 것은 하나님과 사귐이 없다는 것이다. 불의한 자는 하나님의 나라를 유업으로 받지 못한다(고전 6:9). 그러므로 불의한 자는 회개하면 그리스도의 피로 씻음을 받을 수 있다. 만일 우리가 우리 죄를 자백하면 저는 미쁘시고 의로우사 우리 죄를 사하시는 것이다(요일 1:9). 회개는 해도 되고 안 해도 되는 것이 아니다.

우리가 성만찬 때 받는 잔에 대해 살펴보자.

현재 시행되는 성만찬의 문제점은 기념하는 데 있다. 인간이 만든 기념설을 따르든지, 아니면 성경을 따르든지 양자택일을 해야 한다. 교회가 무엇이라 가르치더라도 성경을 따르는 그리스도인은 하나님이 함께하심을 경험하게 되는 것이다. 기독교는 체험의 종교라고 하는데 실제로 체험하는 그리스도인은 많지 않다.

많은 그리스도인들에게 성만찬에 임할 때 받는 잔이 포도주스인가 예수님의 피인가라고 물으면 대부분이 포도주스라고 말한다. 왜냐하면 기념하는 것이라고 가르쳤기 때문이다. 앞에서 언급했듯이 출애굽한 이스라엘 백성들이 광야에서 마신 미네랄 물은 신령한 음료, 즉 그리스도의 보혈임을 확인했다. 저들은 분명히 맑은 물을 마셨지만 믿음의 눈으로 보면 그 물은 그리스도의 보혈이었고, 물과 피와 성령은 분리되지 않는다.

그럼 성만찬의 잔을 성경은 무엇이라 하는지 살펴보자.

마태복음 26장 28절에 나오는 예수님과 제자들의 마지막 만찬을 보자. "이것은 죄 사함을 얻게 하려고 많은 사람을 위하여 흘리는바 나의 피 곧 언약의 피니라"고 하셨다. 예수님이 가지신 잔은 예수님의 피, 곧 언약의 피라고 하셨는데 그것이 포도즙인가 예수님의 피인가라는 것이다.

말씀으로 천지를 창조하신 분이 "나의 피"라고 선포하셨는데 그것이 피가 아니면 무엇이란 말인가? 불평으로 가득한 이스라엘 백성들에게도 호렙산 반석에서 나온 물을 신령한 음료, 즉 보혈로 마시게 하신 하나님이신데 하물며 직접 잔을 가지사 나의 피, 곧 언약의 피라고까지 하셨는데도 그것을 포도즙으로 알고 마신다면 믿음에 문제가 생긴다. 더군다나 언약의 피라는 말까지 하셨다면 믿음으로 보혈을 마시는 것은 너무나 당연한 믿음의 자세인 것이다.

당신이 요한복음 2장의 물로 포도주가 된 사실을 인정한다면 이것은 더 확실한 것이다. 왜냐하면 물을 포도주로 만드실 때 예수님이 물을 향해 "물아 포도주로 변하거라"고 하시지 않고 떨어진 포도주를 위해 항아리 아구까지 물을 채운 다음 떠주라고만 하셨다. 물이 포도주가 되는 화학적 변화는 충분히 일어날 수 있지만 이것은 창조의 능력이신 것이다.

그런데 잔을 가지시고 말씀까지 하셨다면 그것을 포도즙으로 마시는 자야말로 믿음의 사람이 아니고 의식의 사람으로서 종교의식에 참여한 것이 된다.

실례가 하나 있다. 이 메시지를 필리핀에 와서 들은 어떤 집사님이 부활 주일날 성만찬에 참예하여 잔을 받게 되었다. 그는 진심으로 "주님, 이것은 당신의 피입니다. 지금까지 포도주스로 마신 죄를 용서하옵소서"라고 회개기도를 하고 마셨다. 그런데 갑자기 피 비린내가 나더니 회개의 통회가 터져나오는데 옆 사람을 의식할 겨를도 없이 눈물과 콧물로 온 바닥을 적셨다.

이 메시지를 듣기 전 부른 찬송이 있었다. 1절은 "주 십자가를 지심으로"이고, 2절은 "흉악한 죄인 괴수라도 예수는 능히 구원하네 그 피에 몸을 잠글 때에 주의 진노를 면하겠네"란 찬송(199)이다. 그 피를 몸에 잠글 때에라는 구절을 일반적으로는 시적인 표현으로 알고 있다. 이에 대한 다음과 같은 실제 상황이 있다.

나는 2007년 12월에 치유사역 전문인들을 모시고 사역지에서 약 50여 명의 선교사들이 치유를 받게 하였다. 그때 보혈 사용에 대해 믿음으로 받아 마시는 시간을 가졌다. 놀라운 일은 많은 선교사 사모들이 영안이 열려 손에 붉은 피가 부어지는 것을 보았고 마셨다.

한두 분이 아닌 몇몇 사모들이 그 뒤 꿈속에서 보혈로 샤워를 했다고 했고, 또 어떤 사모는 보혈이 가득한 드럼통에 잠겼다고도 했다. 이런 간증을 들은 임신 4개월 된 임신부가 어느 날 밤 기도하던 중에 예수님의 십자가 환상을 보았는데 그 보혈이 자기에게로 강같이 흘러오기에 들은 간증을 토대로 자기 몸에 덮고 덮어도 남아 옆에 자고 있던 남편에게도 퍼부어주었고, 그래도 남아서 아픈 교인들을 생각하며 그들에게도 퍼부어주었다고 했다.

그 후 삼 일 동안 아무것도 마시지도 먹지도 못한 채 계속 속에서 나쁜 것이 올라오기만 했다. 아마도 그것은 속에 있던 나쁜 것이 다 보혈에 의해 씻겨 나오는 것으로 보였다. 삼 일 후 물을 마실 수 있었고 원래 위가 좋지 않아 김치도 못 먹었는데 위도 치료가 되었다고 했다. 특히 아기가 걱정이 되어 병원에 가서 검사했더니 너무 건강하다고 했고, 그 후 태어난 아기는 보혈의 영향으로 보통 아이들과 체구는 같지만 너무 건강했다. 돌이 된 아이가 할로윈 데이에 주택 단지를 거닐다 길에 꾸며 놓은 귀신을 보고 예쭈 피, 예쭈 피 하며 보혈을 뿌렸다고 했다. 그리고 보혈을 뿌리고 덮었던 남편에게 그 뒤 회개의 영이 임해 과거의 집사가 아닌 변화된 그리스도인이 되어 온 가정이 예수 보혈의 능력으로 놀라운 기적을 맛보았다고 했다.

또 내가 목격한 일이 있다. 어느 사모 한 분이 차 문에 다리 촛대 뼈가 심하게 부딪쳐 신음하다가 갑자기 보혈 사용이 생각이 나 예수 보혈, 예수 보혈 하면서 상처 부위에 보혈을 한참 동안 발랐다. 그분의 말에 의하면 그 정도라면 피부가 시퍼렇게 멍들 것이고, 또 타박상은 원래 이삼 일 후에 통증이 더 심한 것인데 다음날 일어나 보니 전혀 멍도 없고 통증도 없었다고 했다.

이런 놀라운 간증들은 보혈을 사용하는 그리스도인에게 늘 나타나는 것이다.

그렇다면 199장 찬송은 시적인 표현이 아니라 실제 체험한 간증임에 틀림이 없다. 보혈 찬송에 나오는 보혈의 샘, 피로 이룬 샘물로 보혈의 샘에 가서 씻는다는 말은 결코 시적 표현이 아님을 알아야 한다. 보혈의 능력을 찬송하면서도 실제 보혈의 능력을 체험한 자는 소수인 것 같다. 그 이유는 사도행전 20장 28

절에 보면 "자기 피로 사신 교회"에 있다. 예수 그리스도의 보혈로 사신 교회라야 진정한 교회인데 목사나 장로, 즉 교회 설립자의 교회로 하나님의 왕국이 아닌 자기 왕국을 세운 곳에 무슨 보혈의 능력이 있겠는가? 아니 생명력도 없이 멸망하는 무리가 될 것은 뻔한 일이다.

요한복음 6장 53-58절에서 예수님이 굉장히 어려운 말씀을 하시자 따르던 무리들이 다 떠나가는 일이 일어났다. 요한복음 6장은 오병이어로 남자만 5천 명을 먹이신 사건 이후라 엄청난 무리가 계속 예수님을 따르던 때였다. 그때 예수께서 인자의 살을 먹지 아니하고 피를 마시지 아니하면 너희 속에 생명이 없다고 하셨다. 그리고 내 살과 피를 먹고 마시는 자는 영생을 가졌고 마지막 날에 내가 그를 다시 살린다고 하시면서 내 살은 참된 양식이요 내 피는 참된 음료라고 하셨다. 또 내 살과 피를 마시는 자는 내 안에 거하고 나도 그 안에 거한다고 하셨다.

오늘날 많은 그리스도인들은 이 말씀이 자신과 상관없다고 생각한다. 왜냐하면 이 말씀이 구체적으로 무엇을 말하는지 이해를 못하기 때문인데, 그 이유가 교회에서 행하는 성만찬이 기념설에 의한 하나의 의식이 되었기 때문이다.

주님은 성만찬을 행하실 때 주님을 기념하라고 하셨지 떡과 잔을 기념하라고 하시지 않았다. 즉 너희가 이 떡을 먹으며 이 잔을 마실 때마다 주의 죽으심을 오실 때까지 전하라고 하셨다. 주의 죽으심은 복음의 핵심이므로 성만찬이나 세례나 같은 의미. 세례와 성만찬의 의미는 복음의 핵심인 십자가의 죽으심과 부활에 속하기에 구원과 직결되어 있다.

이미 앞서 언급한 바 세례는 복음의 핵심이기 때문에 구원의 실체라고 했고, 성만찬은 요한복음 6장에서 언급한 대로 인자의 살과 피를 먹고 마시지 아니하면 생명, 즉 영생이 없다고 했으니 세례와 성만찬이 무엇이 다른가? 세례는 선포되는 메시지(막 1:4-5)로 예수님과 함께 죽고 함께 부활해 새 생명으로 사는 것이고, 성만찬은 우리에게 생명을 주시기 위해 십자가에서 몸이 찢기시고 피 흘려주심에 직접 동참함으로 주님을 기념하며 복음의 핵심인 십자가의 죽으심을 전하는 것이기에 두 개의 다른 의식으로 받아들이는 것은 복음과 상관없는 결과를 만드는 것이 된다.

이미 앞서 언급했듯이 반석에서 물을 낸 사건도 두 개로 십자가의 보혈과 부활하신 주님의 보혈 그리고 만나를 통해 이미 세례를 받은 저들에게 생명을 공급해주셨고, 지금은 세례를 받은 우리에게 성만찬을 통해 주님의 살과 피를 믿음으로 먹고 마시게 함으로 생명과 영생을 약속하신 것이다.

우리가 조심해야 할 부분이 여기 있다. 세례와 성만찬은 구원과 관련이 없다고 가르치는 것은 복음의 핵심과 무관한 세례와 성만찬으로 만드는 사탄의 미혹이다. 천국복음은 빛이요 왕이신 예수님이 내 속에 들어오시면 회개가 일어남으로 그때 그리스도의 피가 나의 모든 죄악을 씻게 되는 것으로 출발하기 때문에 결국 피가 없다면 천국복음도 존재할 수 없는 것이다. 그러므로 우리가 보혈의 능력으로 사는 것은 의인은 믿음으로 말미암아 살리라고 하신 말씀에 근거한 것이지 예수 믿기만 하면 된다고 하는 헛된 가르침에 미혹되면 망한다는 것을 명심해야 한다.

13장 천국복음과 십계명

어느 날 아들로부터 전화를 받았다. "아빠, 십계명을 지켜야 구원받는다고 한 것 번역할까요? 십계명 지켜야 구원받는 것 맞아요? 아니잖아요"라고 했다. 천국복음을 영어로 번역하던 아들의 전화다. 그대로 번역하라고 한 후에 내용을 다 읽어보고 문제가 있으면 다시 전화하라고 했다. 그 뒤 이 문제로 다시 전화가 오지 않았다.

이 문제에 대해서는 대단히 많은 논쟁이 일어날 것 같다. 믿음으로 구원받는다고 알고 있는 그리스도인에게 충격이 되고, 또 십계명은 구원과 관계없다고 가르친 목회자로서는 황당한 소리라고 할 것이기 때문이다. 세례는 구원과 관계없다고 가르친 많은 목회자들이 있었고 앞서 구원의 표가 세례(벧전 3:21)라고 언급하면서 세례는 십자가의 죽음과 부활이기에 복음의 핵심으로 바로 세례가 구원의 실체라고 했던 것이다.

오늘날 잘못된 가르침이 상당히 많다는 것을 이미 천국복음의 양면성에서 다루었다. 많은 목회자들이 율법은 폐지되었고 행위로 구원받는 것이 아닌데 십계명을 지켜야 구원받는다고 하는 자는 율법주의자라고 단정지어 말한다. 그렇게 말하는 사람은 성경을 단면적으로 보는 것이다. 십계명을 지키는 것은 율법의 행위에 속하는 것이 아니고 아버지 하나님의 뜻대로 행하는 것이다.

율법에 대해 우리가 분명히 알아야 할 것은 폐지된 율법과 완전하게 된 율법이 있다는 사실이다. 의식법에 속한 것은 폐해졌다. 에베소서 2장 15절은 "원수된 것 곧 의문에 속한 계명의 율법을 자기 육체로 폐하셨으니"라고 말씀한다. 제사법이나 절기에 속한 것 등은 십자가로 다 끝나버렸다. 반면에 예수님은 율법에 대해 엄격히 말씀하셨다. "내가 율법이나 선지자나 폐하러 온 줄로 생각하지 말라 폐하러 온 것이 아니요 완전케 하려 함이로라 진실로 너희에게 이르노니 천지가 없어지기 전에는 율법의 일점 일획이라도 반드시 없어지지 아니하고 다 이루리라"(마 5:17-18).

그럼 완전하게 된 율법이란 무엇인가?

의식법이 폐해진 것에 대해 아무런 의의가 없지만, 그럼 완전케 된 율법을 분명히 알아야 한다. 주님께서 그 구체적인 내용도 없이 율법을 완전케 했다고 하실 리 없다.

그럼 실제 현장으로 가보자.

마태복음 19장 16-30절에서 어떤 사람이 주께 와서 영생, 즉 구원의 방법에 대해 질문했다. "네가 생명에 들어가려면 계명들을 지키라"고 하시자 "어느 계명이오니까"라고 반문했다. "예수께서 가라사대 살인하지 말라, 간음하지 말라, 도적질하지 말라, 거짓증거하지 말라, 네 부모를 공경하라, 네 이웃을 네 몸과 같이 사랑하라 하신 것이니라"(18-19절)고 명확히 도덕법에 속한 십계명을 말씀하셨다.

정리해보자. 어떻게 영생을 얻는가를 묻자, 영생을 얻기 위해 계명, 즉 도덕법인 십계명을 하나씩 하나씩 언급하셨다. 그렇다면 십계명은 구원과 관계없다고 가르치는 것은 거짓말에 속한 잘못된 가르침이다.

그런데 왜 1-4계명은 묻지 않았을까? 잘 생각해보라. 지금도 1-3계명을 안 지켜도 천국 가느냐고 물으면 참된 그리스도인이라면 못 간다고 대답할 것이다. 문제는 4계명이다. 유대인들은 철저히 4계명을 지킨다. 그러기에 예수님도 1-4계명은 아예 말씀하지 않았다. 그러나 지금 우리에게 4계명을 지켜야 구원받는가라고 물어보라. 거의 많은 그리스도인들이 아니라고 답할 것이다.

그럼 4계명을 빼고 1-3계명은 지켜야 구원받는다면 무언가 이상하지 않는가? 분명히 잘못된 것이다. 여기서 우리가 알아야 할 한 가지는 십계명은 열 개가 따로 적용되는 것이 아니라 열 개 전체가 십계명이라는 사실이다. 그러므로 십계명은 하나다. 첫 번째는 지켜야 구원받고 일곱 번째 간음은 구원과 상관없다고 생각하는 사람들은 간음죄를 지으면서도 대표기도를 하고, 주일학교 선생도 하며, 목회도 하게 될 것이다.

어떤 사람은 다윗도 간음죄를 짓고 거기다 살인죄까지 지었는데 지옥에 갔느냐고 반문하며 너무나 떳떳이 말한다. 다윗은 자신이 지은 죄에 대해 회개하고, 그 죄에 대한 보응들로 당한 고초들을 통해 사죄의 은총을 받았기 때문에 구원받았다는 사실을 간과해서는 안 된다.

아간을 보라(수 7장). 여리고 성의 모든 물건은 여호와께 바치라는 명을 받고도 아간은 물건을 훔친 8계를 범해 자신만이 아니라 이 범죄 사실을 은닉한 온 가족이 돌무덤이 되는 죽음을 당했다. 그도 제비를 뽑기 전에 회개하고 사죄의 은총을 받았다면 온 가족이 죽음을 당하지 않았을 것이다.

어느 안수 집사가 헌금을 정리하면서 십일조 봉투에 이름이 적히지 않은 것을 수 년 동안 훔쳤다. 어느 날 다른 안수 집사가 그것을 보게 되었고 그 뒤 몇 주일 더 살펴 확실한 증거를 가지고 헌금 위원에서 그를 제외시켰다. 그 후 그는 교회 출석을 하지 않았고 동네 술집에서 술 먹고 주정하는 신세가 되더니 결국 비참하게 죽고 말았다.

이같이 완전하게 된 십계명을 도외시하고 사람이 좋아하는 방향으로 가르치는 파라(다른 복음의 한 종류) 계통을 가르치는 자는 그리스도의 종이 아닌 것이다(갈 1:10).

마태복음 19장으로 돌아가보자. 그 부자 청년은 자신이 영생의 문턱에 있다고 느끼고 자신 있게 그 계명들을 다 지켰는데 아직도 무엇이 부족하냐고 물었다. 이 정도라면 괜찮은 청년이 아닌가? 그런데 예수님은 "네가 온전하고자 한다면"이라고 하시면서 "네 소유를 팔아 가난한 자들에게 주면 하늘에서 보화가 네게 있다. 그리고 와서 나를 좇으라"고, 즉 제자가 되라고 하셨다.

세리 마태는 세관에서 집무 중 예수님의 단 한 마디 "나를 좇으라"는 말을 듣고 일어나 좇았다(마 9:9). 우리가 온전해져야 한다는 사실을 보여준다. 계명을 다 지킨 부자 청년에게 잘 하였도다라고 칭찬하시지 않고 도리어 네가 온전해야 영생을 얻는데 원한다면 네 소유를 가난한 자에게 나눠주고 나를 좇으라고 하셨지만, 그는 재물로 인해 영생을 놓쳤고 지금도 후회하며 지옥에 있을 것이다.

철저하게 계명을 지켰지만 온전하지 못해 구원에서 제외되었다면 우리는 빌립보서 2장 12절 말씀을 생각하면서 두렵고 떨림으로 구원을 이루어나가야 하는데 너무나 평안하고 자신만만하다. 데살로니가전서 5장 3절을 명심하자. "저희가 평안하다 안전하다 할 그 때에 잉태한 여자에게 해산 고통이 이름과 같이 멸망이 홀연히 저희에게 이르리니 결단코 피하지 못하리라."

오늘날 목회자들이 성경을 읽지 않고 교리나 신학으로 또는 유명한 사람의 서적으로 목회를 하는데 이는 위험하기 짝이 없다. 교리와 신학 가운데 성경적이 아닌 부분이 상당히 많다. 이미 다른 복음에서 언급했듯이 성경 한 요절은 진리다. 그러나 그 한 요절이 내포하고 있는 다른 면을 무시하면 다른(알로스) 복음이 된다고 했다. 즉, 하나님이 말씀하신 것에 대해 반응하지 않으면 복음의 가치는 없다는 말이다.

아직도 십계명에 대해 구원과 관계없다고 주장하고 싶다면 다음을 보자.

"너희는 불의를 행하고 속이는구나 저는 너희 형제로다 불의한 자가 하나님의 나라를 유업으로 받지 못할 줄을 알지 못하느냐 미혹을 받지 말라 음란하는 자나 우상 숭배하는 자나 간음하는 자나 탐색하는 자나 남색하는 자나 도적이나 탐람하는 자나 술 취하는 자나 후욕하는 자나 토색하는 자들은 하나님의 나라를 유업으로 받지 못하리라"(고전 6:8-10).

"육체의 일은 현저하니 곧 음행과 더러운 것과 호색과 우상 숭배와 술수와 원수 맺는 것과 분쟁과 시기와 분냄과 당 짓는 것과 분리함과 이단과 투기와 술 취함과 방탕함과 또 그와 같은 것들이라 전에 너희에게 경계한것 같이 경계하노니 이런 일을 하는 자들은 하나님의 나라를 유업으로 받지 못할 것이요"(갈 5:19-21).

이상 두 곳에서 하나님의 나라를 유업으로 받지 못할 항목이 정리되어 있다. 잘 살펴보면 십계명에 해당되는 우상숭배, 간음, 도적이 있고, 간음보다 낮은 수준인 음란과 모든 성적인 것이 다 속해 있다. 더 놀라운 것은 우리 생활 속에 일어나는 것들로 시기, 분쟁, 분냄이 있고, 특히 교회 문제인 당 짓고 원수 맺어 분쟁하다가 분리되는 것이 다 여기에 속한다. 나아가 술 취함과 방탕함까지 있는데, 이 모든 것은 이단과 함께 하나님 나라를 유업으로 받지 못하는 것이다.

이 정도의 수준 낮은 것도 구원과 관련되어 있는데 십계명을 지키지 않아도 구원과 관련 없다고 가르치는 것은 분명히 미혹된 경우에 속한다. 우리가 알아야 할 한 가지는 '온전'이란 단어이다. 예수님은 마태복음 5장 48절에서 하늘에 계신 너희 아버지의 온전하심 같이 너희도 온전하라고 하셨는데, 많은 목회자들이 '온전'을 '적당'으로 바꾸어 가르치고 있다면 그 책임을 면치 못할 것이다.

완전케 한 율법에 대한 예로, 어느 날 한 율법사가 예수님을 찾아왔다. "선생님 내가 무엇을 하여야 영생을 얻으리이까?" 이 질문에 예수님은 "율법에 무엇이라 기록되었으며 네가 어떻게 읽느냐?" 율법사는 대답했다 "네 마음을 다하며 목숨을 다하며 힘을 다하며 뜻을 다하여 주 너희 하나님을 사랑하고 또한 네 이웃을 네 몸과 같이 사랑하라 하였나이다." 그때 예수님은 "네 대답이 옳도다 이를 행하라 그러면 살리라"고 하셨다.

이와 같이 계명과 율법에서 우리가 분명히 인식해야 할 것은 도덕적인 것은 더욱 완전해지고 의식은 폐해졌음을 알아야 한다.

한 가지만 더 살펴보자. 시편 15편이다. "여호와여 주의 장막에 유할 자 누구오며 주의 성산에 거할 자 누구오니이까." 이 질문을 보면 다윗이 두 가지를 묻고 있는데 하나님의 답은 한 가지뿐이다. 질문을 보면 장막에 유할 자의 자격과 성산에 거할 자의 자격을 묻고 있다. 장막에 유할 자를 오늘날의 질문으로 바꾸면 "주여, 누가 진정한 교인입니까, 누가 진정한 목사입니까, 누가 진정한 선교사입니까"이며, 성산에 거할 자를 바꾸어 질문하면 "누가 천국 백성입니까, 누가 영생 받을 자입니까, 누가 구원 받을 자입니까"이다.

이 질문에 대해 당신이 한번 대답해보라.

예수 믿는 자, 또는 의롭다 함을 받은 자, 신앙생활 제대로 하는 자, 기도 생활하는 자, 말씀 생활하는 자 등이라고 답할 것이다.

그러나 하나님의 답은 예상치 못한 도덕적인 답으로 시작한다. 정직하게 행하며, 공의를 일삼으며, 그 마음에 진실을 말하며, 그 혀로 참소치 아니하고, 그 벗에게 행악지 아니하며, 그 이웃을 훼방치 아니하며, 그 눈은 망령된 자를 멸시하며, 여호와를 두려워하는 자를 존대하며, 그 마음에 서원한 것은 해로울지라도 변치 아니하며, 변리로 대금치 아니하며, 뇌물을 받고 무죄한 자를 해치 아니하는 자니 이런 일을 행하는 자는 영영히 요동치 아니한다고 확실한 답을 주고 있다.

그렇다면 십계명은 시편 15편보다 훨씬 더 높은 수준의 것이기에 다른 의의를 제기할 필요가 없건만 이 십계명을 지켜야 구원을 받는다고 하면 율법주의로 몰리기 십상이다.

우리나라 청소년들의 자살률이 세계 1위로 치닫고 있다. 어떤 자살한 사람의 장례식에서 설교자가 자살에 대해 성경에 언급한 바가 없기에 자살했다고 지옥에 갔다고 단정 지으면 안 된다고 했다. 또 어떤 교회 청년 대학부에서 자살했어도 그 동안 믿음생활 잘 했으면 구원받는다고 담임 목사가 설교했는데, 이에 대해 청년들이 성경적인 근거를 요구하자 미안하다고는 했지만 끝까지 고집했다고 했다. 그러한 말의 근거는 자신의 부족한 생각임을 알아야 한다. 십계명의 6계는 분명히 살인하지 말라 했지 타살하지 말라 하지 않았다. 살인에는 자살과 타살이 있는 것이 상식이다. 그런데 많은 분들이 성경에 자살에 대한 언급이 없다고 하니 이해가 안 된다.

그럼 살인에 해당되는 다른 부분을 보자. "그 형제를 미워하는 자마다 살인하는 자니 살인하는 자마다 영생이 그 속에 거하지 아니하는 것을 너희가 아는 바라"(요일 3:15). 사도 요한이 "너희가 아는 바라"고 말한 것을 볼 때 그 당시 살인하는 자는 영생, 즉 구원을 받지 못한다는 것을 다 알고 있다는 것이다. 그런데 더 놀라운 사실은 형제를 미워하는 것이 살인에 해당하다니 과연 이것을 누가 받아들이겠는가? 여기서 형제를 미워했다고 영생이 없다라고 하는 것은 습관적이요 계속적이요 고의적인 것을 말한다는 사실을 명심하라.

또 살인에 대해 예수님의 산상 수훈(마 5:21-22)을 보면 "살인하면 심판을 받게 되리라 하였다는 것을 너희가 들었으나 나는 너희에게 이르노니 형제에게 노하는 자마다 심판을 받게 되고 형제를 대하여 라가라 하는 자는 공회에 잡히게 되고 미련한 놈이라 하는 자는 지옥 불에 들어가게 되리라"고 하셨다. 여기서도 살인은 생명을 끊는 것이지만 노하는 것, 라가라 하는 것, 미련한 놈이라 하는 것은 언행일 뿐인데 심판, 체포, 지옥 불까지 주님은 말씀하셨다. 이렇게 볼 때 자살은 두말할 필요 없이 구원에서 제외된다.

다시 언급하지만 십계명은 다른 부분에서 언급한 것보다 훨씬 높은 수준에 속하기에 낮은 수준의 것도 지키지 못하면 구원받지 못한다고 했음을 볼 때 십계명은 심판 때 적용될 뿐만 아니라 판사가 가진 법조문처럼 사용될 것이다.

14장

천국복음과 미혹
(신앙생활을 황폐케 만든 주범들)

다른 복음으로 미혹되는 것에 대해 언급한 바 있다. 여기서는 교리나 성경 한 구절로 믿음이나 구원을 확정시켜 그리스도인의 삶을 세속화시킨 주범들을 살펴보고자 한다.

나는 신학자가 아니라 신학적으로 다룰 수 없고 성경이 말하는 것만 언급하겠다.

1. 가장 크게 미혹된 것은 구원받기로 예정되었으면 본인이 싫든 말든 관계없이 천국으로 인도한다고 주장하는 교리다.

예정론자들은 성경에 예정론이 있다고 하면서 거기 대해선 변론하고 싶지 않다고 한다. 그러나 이 경우 십자가 위의 강도를 두고 한 강도는 택함을 받았기에 구원을 받았다고 한다면 이에 대한 성경적 근거를 제시하라는 것이다. 성경을 확인해보자.

마태복음 27장 38-44절, 마가복음 15장 29-32절이다. 이 두 곳의 본문은 같은 내용이 적혀 있다. "지나가는 자들이 자기 머리를 흔들며 예수를 모욕하는 말이 성전을 헐고 사흘 만에 짓는 자여 네 자신을 구원하여 십자가에서 내려오라 그리고 대제사장과 서기관들도 희롱하여 저가 남은 구원하였으되 자기는 구원할 수 없도다 이스라엘 왕 그리스도가 지금 십자가에서 내려와 우리로 보고 믿게 할지어다 하며 함께 십자가에 못 박힌 강도들도 이와 같이 욕하더라"고 했다.

그러나 누가복음 23장 39-43절을 보면 상황이 다르게 기록되어 있다. 두 강도 모두 예수를 욕했는데 그 중 한 사람이 어느 시점에 동료를 꾸짖는 장면으로 바뀐다. "네가 동일한 정죄를 받고서도 하나님을 두려워 아니하느냐 우리는 우리의 행한 일에 상당한 보응을 받는 것이니 이에 당연하거니와 이 사람의 행한 것은 옳지 않은 것이 없느니라 하고 가로되 예수여 당시의 나라에 임하실 때에 나를 생각하소서"라고 신앙고백을 한다.

우리가 여기서 그가 택한 백성이라 구원받았다고 한다면 그의 신앙고백은 아무런 의미가 없다. 당시 십자가가 세워진 갈보리 산에 요한 외의 제자들조차 어디에서 무엇을 했는지 알 수 없는 그 시간에 처음에 같이 욕하던 그가 말하는 것을 들어보라. "하나님을 두려워하지 아니하느냐"라고 동료에게 말한다. 이 강도는 하나님을 두려워했다는 것이다. 또 죄에 대한 보응으로 자신들이 지은 죄로 십자가에 못 박힌 것은 당연한 것이지만, 이분이 십자가에 달릴 죄가 어디 있으며 내가 지금까지 본 바 이분이 행한 일은 하나도 옳지 않은 것이 없다고 증언까지 하는 것을 보면 그가 죄를 깨닫고 돌아선 회개의 사람임을 누가 부정하겠는가?

구원의 길은 회개와 믿음인데 그의 회개는 짧은 순간이지만 너무나 확실했고, 당시 모두가 예수를 욕하는 상황에서 담대히 예수가 죄 없으신 하나님의 아들임을 증거하는 이 증언이야말로 보통 믿음의 행위이겠는가? 그는 분명 회개를 통한 믿음의 합격자로서 구원받은 것임을 알아야 한다.

우리가 찬송을 부르면서 느끼는 한 가지는 찬송가 작사자들이 성령의 감동을 받아 시를 쓴 것으로 오히려 신학보다 더 깊은 영적 의미를 찬송 속에서 보게 된다. 찬송가 "십자가를 질 수 있나"(519장) 2절을 보면 "너는 기억하고 있나 구원 받은 강도를 저가 회개하였을 때 낙원 허락하였다"라고 되어 있다. 이같이 십자가 위에서 구원받은 강도는 회개에 근거하여 구원받은 것이다.

이미 앞에서 언급했지만 노아 홍수 때도 수많은 하나님의 자녀들이 멸망했으니 하나님의 택한 백성은 노아 식구밖에 없었다고 결론이 난다. 특히 소돔과 고모라에서 구원받은 롯의 식구 중 롯의 아내는 말씀을 순종하지 않고 뒤를 돌아봄으로써 소금 기둥이 되고 말았다. 그렇다면 소돔과 고모라에서 구원시킨 롯의 아내는 택함을 받지 않아 뒤를 돌아본 것이 된다. 또 애굽에서 구원하여 낸 이스라엘 백성들이 모세와 하나님을 원망하며 믿음에서 떨어져 나갈 때 그들은 멸망당했다(유 1:5).

에스겔 18장 24절을 보면 "만일 의인이 돌이켜 그 의에서 떠나서 범죄하고 악인의 행하는 모든 가증한 일대로 행하면 살겠느냐 그 행한 의로운 일은 하나도 기억함이 되지 아니하리니 그가 그 범한 허물과 그 지은 죄로 인하여 죽으리라." 반면에 18장 21절은 "그러나 악인이 만일 그 행한 모든 죄에서 돌이켜 떠나 내 모든 율례를 지키고 법과 의를 행하면 정녕 살고 죽지 아니할 것이라"고 말한다.

택함받은 사람은 절대 망하지 않는다는 말은 성경적이지 않다.

이같이 한 번 구원은 영원히 보장된 것으로 가르칠 때 이는 그리스도인들의 삶을 세속화시키는 대원수인 것이다. 주변을 살펴보라. 세상에서 범법 행위로 일반화된 것을 교단 총회는 스스럼없이 범하고 있다. 그들에게 물어보라. 그들은 구원의 확신도 있고 한 번 구원, 즉 택함을 받았기에 결코 지옥에 가지 않는다고 자신 있게 말할 것이다. 그들은 다음의 말씀들을 결코 깨닫지 못할 것이다.

"우리가 진리를 아는 지식을 받은 후 짐짓 죄를 범한즉 다시 속죄하는 제사가 없고"(히 10:26).

"나더러 주여 주여 하는 자마다 천국에 다 들어갈 것이 아니요 다만 하늘에 계신 내 아버지 뜻대로 행하는 자라야 들어가리라"(마 7:21).

"만일 저희가 우리 주 되신 구주 예수 그리스도를 앎으로 세상의 더러움을 피한 후에 다시 그 중에 얽매이고 지면 그 나중 형편이 처음보다 더 심하리니 의의 도를 안 후에 받은 거룩한 명령을 저버리는 것보다 알지 못하는 것이 도리어 저희에게 나으니라"(벧후 2:20-21).

"믿음과 착한 양심을 가져라 어떤 이들이 이 양심을 버렸고 그 믿음에 관하여는 파선하였느니라"(딤전 1:19).

"그러나 성령이 밝히 말씀하시기를 후일에 어떤 사람들이 믿음에서 떠나 미혹케 하는 영과 귀신의 가르침을 좇으리라 하셨으니 자기 양심이 화인 맞아서 외식함으로 거짓말 하는 자들이라"(딤전 4:1-2).

"모든 거짓말하는 자들은 불과 유황으로 타는 못에 참예하리니 이것이 둘째 사망이라"(계 21:8).

"너희는 너희 아비 마귀에게서 났으니 너희 아비의 욕심을 너희도 행하고자 하느니라 저는 처음부터 살인한 자요 진리가 그 속에 없으므로 진리에 서지 못하고 거짓을 말할 때마다 제 것으로 말하나니 이는 저가 거짓말쟁이요 거짓의 아비가 되었음이니라"(요 8:44).

2. 믿음으로 구원받지 행위로 구원받는 것이 아니라는 교리의 가르침이다.

이에 대해 우리가 하는 큰 실수는 율법의 행위를 잘못 알고 있다는 것이다. 율법의 행위로 구원을 받을 수 없다는 것은 진리 중의 진리다. 그러나 믿음으로 구원받는다는 말을 하는 사람들에게 그럼 구원받는 믿음이 무엇인가 물어보라. 거의 얼버무리고 말 것이다.

앞에서 언급했듯이 믿음은 "내가 믿습니다"라고 하는 것이 아니다. 믿음의 정의를 보면 바라는 것들의 실상이요 보지 못하는 것들의 증거인 것이다. 바라는 것, 즉 소망하는 것이 이루어지는 것이요 보지 못하는 것, 즉 지금 하나님을 못 보고 예수님을 못 보는데 성경을 상고하다가 예수님을 알게 되고 하나님을 만나면 그 증거가 믿음인 것이다(요 5:39). 이같이 소망이 이루어지고 증거가 나타났다면 그의 삶이야말로 역동적인 행함이 자동적으로 일어나는 것이다.

우리가 율법의 행위와 믿음의 행위를 구분치 못하는 것에서 엄청난 실수를 하고 있는 것이다. 다시 말하지만 율법의 행위로 구원받지 못하지만 믿음의 행위는 믿음과 함께 행위가 있을 때 그것이 믿음이 되는 것이다. 왜냐하면 실상과 증거가 행위로 나타나기 때문이다. 이렇게 말해도 어떤 사람은 율법주의라고 몰아붙인다. 주님은 그런 자를 두고 듣기는 들어도, 보기는 보아도 깨닫지 못한다고 하신 것이다.

좀더 명확히 하기 위해 갈라디아서 3장 23-27절을 보면 믿음이 오기 전에는 우리가 율법 아래에 매였다고 한 것은 율법이라는 감옥에 갇혀 행했다는 것이다. 이것이 율법의 행위라는 것이다. 그러나 25절에서 믿음이 온 후로는 우리가 몽학선생 아래 있지 않다. 즉 율법의 감옥에서 해방되어 그리스도 예수 안에서 자유함을 얻었다고 한다. 그것이 의롭다 함을 얻은 것으로 그리스도와 함께 죽고 함께 살아(세례) 새 생명 가운데 사는 하나님의 자녀로서, 그는 그리스도로 옷 입고 살아가는 행함이 있는 믿음의 사람인 것이다.

그렇다면 믿음으로 구원받고 행위로 구원받는 것은 아니라고 가르치기 때문에 그리스도인들로 하여금 거짓말하고, 사기치고, 의를 행하지 않게 만들어 개독교가 되게 하는 앞잡이 역할을 한 것이다.

그러므로 의인은 믿음으로 말미암아 살리라 한 것은 믿기만 하면 의인이 된다는 말이 아니고 삶을 보니 믿음이 있다는 것이고, 그가 의인이란 것이다. 예수님은 산상 수훈의 마지막 결론에서 "나의 이 말을 듣고 행하는 자"와 "나의 이 말을 듣고 행치 아니하는 자"로 구원받을 자와 멸망받을 자를 명확히 하고 있다.

믿음의 행위와 율법의 행위를 분명히 가르치고 믿음의 행위로 구원받는다고 가르쳐야 성경이 말하는 믿음으로 말미암아 사는 것(롬 1:17)이 된다.

3. 로마서 10장 9-10절의 입으로 시인하면 구원받는다.

한국에서 필리핀에 온 자칭 단기 선교사가 이 구절을 말하며 자기 입으로 예수를 주로 시인했고 예수 믿고 있는데 문제가 있느냐라고 했다. 그런데 그의 말과 행동이 일치하지 않았으니 놀라지 않을 수 없었다.

18세기에 산데마니안주의(Sandemanianism)란 이단이 있었다. 스코틀랜드의 존 그라스(John Gras)가 가르치기 시작했고 그의 사위 로버트 샌디먼(Robert Sandeman)이 잉글랜드로 가서 퍼트린 것이다. 그것은 "입으로 예수를 주로 시인하며"에 강조점을 두고 있다. 일단 주 예수 그리스도를 믿는다고 '말만' 하면 된다. "입으로 고백하여 구원에 이르느니라." 이것이 그들이 들고 나온 성경본문이다. 이 사상은 당시 교회를 황폐화시켰다.

오늘날 이 사상이 교회 안에 있을까? 어떤 목사님이 "예수님을 주로 시인합니까?" "하나님께서 예수님을 다시 살리신 것을 믿습니까?" 이같이 유도 질문한 후 답을 듣고 말한다. "잘 들어보시기 바랍니다. 네가 만일 네 입으로 예수를 주로 시인하며 또 하나님께서 그를 죽은 자 가운데서 살리신 것을 네 마음에 믿으면 구원을 얻으리니 사람이 마음으로 믿어 의에 이르고 입으로 시인하여 구원에 이르느니라고 했습니다. 들으셨지요? 당신은 믿었고, 시인했으니 이제 구 받았습니다"라고 한다. 나아가 "당신은 지금 죽어도 천국에 갑니다"라고까지 한다. 그래서 구원의 확신을 갖게 되었으니 더 이상 구원 문제로 고민하지 않게 한다. 이것은 비성경적인 것이며 대단히 위험한 일이다. 이 같은 확신에는 증거도 없고 하나님을 아는 지식도 없다. 나아가 하나님과의 만남도 내적 변화의 인식도, 특히 회개도 없고 믿음도 성립되지 않는다. 산데마니안주의를 빼닮은 주장이다.

생각해보라. 18세기에 이단으로 확정되었고 이 이단으로 말미암아 그리스도인의 삶이 황폐하게 되었는데 오늘날 교회 안에서 이것이 가르쳐지고 있다니 마귀의 미혹은 이미 이단으로 규정된 것을 다시 미혹시켜 효과를 거두고 있는 것이다.

여기서 한 가지만 정리해보자. 마음으로 믿는다는 것은 어떻게 믿는 것인가? 예수 믿으면 영생을 얻었다고 말하는 자는 머리로 믿는 것이고, 예수님이 하신 말씀처럼 예수님을 믿는 자는 어두움에 거하지 않는 자요 예수님을 따르는 자는 어두움에 다니지 않는 자다. 하나님께로서 난 자마다 세상을 이기는데 세상을 이긴 믿음이 우리의 믿음인 것이다. 그리고 그리스도와 함께 십자가에 못 박힘으로 내 속에 그리스도가 사시고 나를 사랑하사 자기 몸을 버리신 하나님의 아들을 믿는 그 믿음이다. 이 믿음의 소유자가 입으로 시인할 때 구원이 성립된다는 것이다.

관념적인 믿음은 구원과 상관없다. 우리가 성경을 읽을 때 문맥을 다 살펴야 한다. 어떤 필요한 부분만 믿으면 헛것이 된다.

4. 요한복음 5장 24절 "내가 진실로 진실로 너희에게 이르노니 내 말을 듣고 또 나 보내신 이를 믿는 자는 영생을 얻었고 심판에 이르지 아니하나니 사망에서 생명으로 옮겼느니라."

성경 말씀을 들었고 하나님을 믿었으니 영생을 이미 얻었고, 사망에서 생명으로 이미 옮겨졌으니 심판받지 않고 구원받는 것이라고 가르치는 경우다. 문자적으로 받아들여야 하는 것은 받아들이지 않고 반면에 그 문자의 비밀과 해석이 필요한 것은 그냥 문자적으로 쉽게 받아들일 때 성경을 왜곡시키는 잘못을 저지르게 된다.

이 요절의 "내 말을 듣고"라 할 때 귀로 듣는 것으로 다 된 것이 아니다. 예를 들면 한 부모가 "우리 아이가 말을 잘 듣는다"고 했다면 귀로 잘 듣는다고 생각할 사람은 없다. 그리고 예수님의 말씀은 이 한 마디가 아니다. "회개하라 천국이 가까왔느니라"로부터 시작해 마태복음 5장의 8복이 있다. 심령이 가난한 자는 복이 있나니 천국이 저희 것임이요, 마음이 청결한 자는 복이 있나니 저희가 하나님을 볼 것임이요, 의를 위하여 핍박을 받는 자는 복이 있나니 천국이 저희 것임이니라. 너희는 세상의 소금이요 세상의 빛이다. 이 몇 가지 안 되는 주님의 말씀대로 살고 있는가? 바로 그가 주님의 말을 듣는 자다.

또 "나 보내신 이를 믿는 자"는 누구인가? 이미 앞에서 여러 차례 믿음에 대해 언급한 바 머리로 믿는 것이 아니다. 눈으로 보는 성경도 다 믿지 않으면서 하나님을 믿는다는 것은 거짓말하는 것이다. 하나님은 빛이신데 하나님을 믿는다고 하면서 어두움 가운데 행하면 거짓말을 하는 것이라 했다(요일 1:5-6). 그리고 하나님이 한 분이심을 귀신도 믿는다(약 2:19).

그런데 전도하면서 요한복음 5장 24절을 사용하는 것은 위험한 것이다. 만약 전도받은 자가 내가 예수님의 말씀을 들었고 또 하나님을 믿겠다고 했더니 영생을 얻을 것이다가 아니고 영생을 얻었다고 했으니 분명히 그는 명목상의 그리스도인이 될 것이다. 왜냐하면 우리가 예수 그리스도 안에 있을 때 영생이신 하나님께 속하기 때문이다(요일 5:20).

그리고 다시 5장 39절을 보라. "너희가 성경에서 영생을 얻는 줄 생각하고 성경을 상고하거니와 이 성경이 내게 대하여 증거하는 것이로다." 24절에서 영생을 얻었다고 했는데 여기서는 성경을 상고하는 목적이 영생을 얻기 위해서이고 성경이 예수님을 증거함으로 성경을 통해야 예수님도 하나님도 알 수 있기에 하나님과 예수님을 알 때 영생이 출발한다고 하는 것이 맞다. 왜냐하면 영생은 곧 유일하신 참 하나님과 그의 보내신 자 예수 그리스도를 아는 것(요 17:3)인데 어떻게 지금 전도하면서 요한복음 5장 24절을 들이대면서 영생을 얻었다고 자신만만하게 전도하는 것을 보면 전도의 열정은 높이 평가할 수 있으나 잘못 배운 것으로 인해 헛수고가 되고 만다.

또 "심판에 이르지 아니하나니 사망에서 생명으로 옮겼느니라"에 대해 보자. 여기서 말하는 것은 결과에 따른 말이지 지금 말씀 듣고 하나님을 믿었으니 심판에 이르지 아니하고 지금 생명으로 옮겨졌다고 하는데 이 또한 성경 한 부분만 보고 자기 생각으로 가르치면 큰 문제를 야기시켜 그리스도인의 삶이 비그리스도인의 삶과 다를 바 없게 된다.

그럼 마지막 심판에 대해 살펴보자.

"또 내가 보니 죽은 자들이 무론 대소하고 그 보좌 앞에 섰는데 책들이 펴 있고 또 다른 책이 펴졌으니 곧 생명책이라 죽은 자들이 자기 행위를 따라 책들에 기록된 대로 심판을 받으니 바다가 그 가운데서 죽은 자들을 내어주고 또 사망과 음부도 그 가운데서 죽은 자들을 내어 주매 각 사람이 자기의 행위대로 심판을 받고 사망과 음부도 불못에 던지우니 이것은 둘째 사망이라 누구든지 생명책에 기록되지 못한 자는 불못에 던지우더라"(계 20:12-15). 이렇게 볼 때 요한복음 5장 24절은 주님의 말씀을 듣고 행하는 자로서 주님의 통치 아래 먼저 하나님의 나라와 하나님의 의로 살아가는 마음의 천국을 이룬 자를 말하고 있다.

5. 요한복음 6장 37절 "아버지께서 내게 주시는 자는 다 내게로 올 것이요 내게 오는 자는 내가 결코 내어 쫓지 아니하리라."

이 말씀은 교회에 나왔으니 당신은 하나님의 자녀가 되었고 주님이 결코 내어 쫓지 않는다는 것은 구원받았다는 것이라고 가르치는 경우다. 그럴듯하다.

그러나 앞뒤 문맥을 보자.

6장 35-36절에서 "내가 곧 생명의 떡이니 내게 오는 자는 결코 주리지 아니할 터이요 나를 믿는 자는 영원히 목마르지 아니하리라"고 했다. 그러나 저들은 예수님을 보고도 믿지 않았다. 여기서 "내게 주시는 자"는 "내게 오는 자"로 "예수를 믿는 자"다. 이미 앞에서 믿음의 양면성을 통해 누가 예수 믿는 자인가를 언급했기에 더 설명이 필요치 않다.

6장 40절에서 아들을 보고 믿는 자마다 영생을 얻는 것이라 함은 요한복음 3장 16절 말씀 그대로다. 우리가 믿음에 대해 관념적인 생각을 버리지 않으면 지금도 이해가 안 될 것이다. 믿음은 인격적인 만남을 통해 빛이신 왕이 우리 안에 들어오시면 회개가 일어나면서 예수 그리스도의 보배 피로 나의 죄가 씻어지고 죄 사함을 받음으로 예수님이 나의 구세주가 된다. 이로써 하나님의 자녀가 되어 아버지께서 내게 주시는 자가 되는 것이고 그는 영생을 얻은 자가 된다. 이것은 6장 39, 40, 44, 54절에서 "내가 마지막 날에 그를 다시 살리리라"고 네 번씩이나 말씀하신 중요한 부분이다.

내 살을 먹고 내 피를 마시는 자가 내게 주시는 자요 내게 오는 자인 것으로, 그는 주님 안에 거하고 주님은 내 안에 거하는(6:56) 주님과 동고동락하는 그리스도인으로 이해가 가장 어려운 부분이다. 당시 유대인들도 이 말씀을 이해하지 못해 어렵다고 했고, 오병이어로 먹고 배불렀던 저들은 거의 다 떠나가고 열두 제자만 남았다(6:66-67). 이때 예수님은 열두 제자에게 너희들도 가려느냐고 물으셨는데 베드로가 유명한 대답을 한다. "주여 영생의 말씀이 계시매 우리가 뉘게로 가오리이까"(6:68). 제자는 하나님이 예수님께 주시는 자요, 주님께 가는 자이기에 주님의 마지막 명령이 "가서 제자 삼아라"고 하신 것이다.

6. 히브리서 13장 5절 "내가 과연 너희를 버리지 아니하고 과연 너희를 떠나지 아니하리라."

글 없는 책으로 전도하는 것을 보면 마지막 부분에 이 요절을 가지고 예수님을 영접한 자에게 예수님은 결코 떠나지 않는다고 손가락을 이용해 강조하며 교육시키는 부분이 나온다. 나도 어린이 전도협회에서 훈련받았고, 필리핀에서 주 사역을 교사 양육으로 하면서 어린이 전도협회와 함께 17년 가까이 사역했기에 누구보다 잘 안다. 그러나 천국복음을 외치기 시작하고부터 이 부분이 마음에 걸려 고민했다.

그러나 히브리서 10장을 보면서 정리가 되기 시작했다. 26-27절을 보면 "우리가 진리를 아는 지식을 받은 후 짐짓 죄를 범한즉 다시 속죄하는 제사가 없고 오직 무서운 마음으로 심판을 기다리는 것과 대적하는 자를 소멸할 맹렬한 불만 있으리라"고 한다. 그리고 37-39절을 보면 "잠시 잠깐 후면 오실 이가 오시리니 지체하지 아니하시리라 오직 나의 의인은 믿음으로 말미암아 살리라 또한 뒤로 물러가면 내 마음이 저를 기뻐하지 아니하리라 하셨느니라 우리는 뒤로 물러가 침륜에 빠질 자가 아니요 오직 영혼을 구원함에 이르는 믿음을 가진 자니라." 이같이 믿음을 가진 자들이 11장 전부를 채웠고, 12장에서는 믿음의 주요 온전케 하시는 주님을 바라보면서 살지만 때로는 자식을 징계하시는 하나님의 사랑으로 의와 평강의 열매를 맺게 하신다.

그러므로 하나님의 은혜에 이르도록 더러움에 미혹되지 않음으로 우리가 이른 곳은 시온산과 하늘의 예루살렘과 천만 천사와 함께하기 위해 우리에게 이 말씀을 주신 자를 거역하지 말라고 했다. 그리고 경건함과 두려움으로 하나님을 기쁘시게 섬겨야 하는 것은 우리 하나님은 소멸하는 불이시기 때문이다.

드디어 13장에 와서 형제 사랑, 손님 대접, 갇힌 자와 학대받는 자를 생각하며 혼인을 귀히 여겨 음행과 간음을 멀리 함으로 하나님의 심판을 받지 말라고 하시면서, 특히 돈을 사랑치 말고 있는 바를 족하게 여기라고 했다. 지금까지의 내용을 한 마디로 하면 믿음으로 사는 자, 즉 의인을 두고 내가 과연 너희를 버리지 아니하고 과연 너희를 떠나지 아니하리라고 하신 것이다.

그런데 어처구니없이 방금 전도받은 자에게 버리지 않고 떠나지 않는다고 한다면 거짓말이 되는 것이다. 만약 이렇게 전도되었다면 그는 평생 버림받지 않을 것이고, 주님이 떠나지 않을 것이니 적당히 살아도, 아니 적당히 죄를 지어도 문제가 없을 것이라 생각함으로 그의 삶은 죄와 싸우기는커녕 비그리스도인이나 별 다를 바가 없게 될 것이다.

7. 확신

우리를 미혹한 구원의 확신, 믿음의 확신, 하나님의 자녀 된 확신, 의롭다 함을 받은 확신, 기도 응답의 확신, 사죄의 확신, 인도의 확신, 승리의 확신, 예수 이름의 권세의 확신 등에 대해 많은 그리스도인들이 확신을 가졌다고 뭔가 완성된 것처럼 말한다. 그러나 이미 천국복음의 양면성에서 언급했듯이 이런 확신들을 성경공부로 확신을 시키는 것은 주입식 교육으로서 단지 지적으로 알게 만들 뿐 그들의 삶을 그리스도인의 삶으로 인도하지 못한다.

이상의 확신이 틀렸다는 말이 아니다. 진정으로 천국 복음으로 삶이 바뀐 자들은 이미 회개와 세례와 죄 사함을 받아 성령을 선물로 받았다면 그는 분명히 확신을 가지고 소망 가운데 주님과 동행하는 삶을 사는 그리스도인으로서, 그의 입을 통해 확신을 가지고 있다고 한다면 그것이야말로 진정한 확신인 것이다. 그러나 회개도 없었고, 진정한 세례(죄에 대해 죽은 것)도 받지 않고, 죄 사함을 받지 않은 자로 더군다나 성령에 대해 별로 아는 바가 없는데 오늘날 확신 시리즈로 성경 공부를 시켜 확신을 심어주었다면 그것은 위험천만한 것이다.

어떤 그리스도인이 자신은 구원의 확신을 가지고 있다고 했다. 그래서 어떻게 구원받았냐고 물었더니 예수 믿으면 된다고 했다. 그럼 예수 믿는 것이 무엇인가 했더니 주일날 교회에 가서 예배드리고 성경공부도 하고 기도도 하는 것이라고 했다. 이런 것들은 예수 믿는다는 것에 대한 답이 아니고 종교 활동에 속한다. 이미 앞서 언급한 믿음에 대해 참조하기 바란다.

믿음의 확신이 있는 자는 자기 안에 증거가 있다. 그런데 믿음의 확신을 가졌다고 하는 그리스도인이 믿음의 삶을 살지 않는다면 그 확신이야말로 거짓말하는 확신이다. 우리가 확실히 알아야 할 것은 믿음은 예수 그리스도를 빛으로 그리고 왕으로 영접했고, 빛이 들어옴으로써 어두움에서 빛으로 옮겨 삶이 깨끗해진 자요, 왕이신 주님의 통치를 받아 마음에 천국이 이루어짐으로써 성령 안에서 의와 평강과 희락이 있는 자다.

어느 날 J교회 예배에 참석했다. 그날 메시지는 "우리가 십자가의 예수님을 바라보기만 하면 구원받습니다"였다. 그런데 예수를 바라보는 것이 무엇인지 아무런 언급이 없었다. 요한복음 3장 14-15절에 근거해도 좀 문제가 있다. 성경은 저를 믿는 자라고 했지 바라보는 자가 아니다. 민수기 21장에서는 범죄한 백성들이 장대에 단 구리 뱀을 바라보면 살 것이라고 하나님이 말씀하셨다. 하나님은 말씀으로 천지를 창조하셨다. 말씀에 순종하는 것이 믿음이었다. 선악과를 먹으면 정녕 죽는다고 하셨다. 순종치 않아 온 인류가 죄인이 되었다. 그러나 이 시대에 십자가의 예수님을 바라보는 자가 구원받는다고 할 때 어떻게 바라봐야 하는지 교인들에게 물어보라. 아무도 대답하지 못할 것이다. 위의 설교에서 더 놀라운 메시지는 "우리는 예수를 믿기 때문에 사탄이 건드리지 못한다"고 했다. 과연 마귀가 건드리지 않을까? 실체를 보자. 세상적으로 사는 교인은 안 건드린다. 세상에 속해 하나님을 기쁘시게 하지 않기 때문이다. 그러나 영적으로 하나님을 기쁘시게 하면서 경건하게 살려고 해보라. 믿지 않는 사람이 아니라 믿음의 권속이 나를 그냥 두지 않는다. 그래서 경건하게 살고자 하는 자는 핍박을 받는 것이다(딤후 3:12). 이 핍박은 믿는 자를 이용한 사탄의 공격이다.

하나님의 자녀 된 확신을 보면 거의 요한복음 1장 12절에 의해 예수님을 영접했기에 나는 하나님의 자녀라고 확신하는 경우다. 이렇게 영접한 하나님의 자녀들은 세상 사람들과 다를 바 없이 살아가는 현실을 보게 된다. 노아 때도 하나님의 자녀들이 세상의 딸들의 아름다움에 정신이 나갔다. 이 같은 확신을 가진 하나님의 자녀들이 교회 안에 득실거린다. 진정한 하나님의 자녀는 하나님 아버지가 거룩하시기에 경건하고 거룩한 삶을 사는 자로서 세상 사람들과 구별된다.

우리가 이 땅에 태어나면 문제가 없는 한 자란다. 그런데 하나님의 자녀 된 확신이 왜 필요한가? 육신의 자녀가 아버지, 어머니의 자녀로 확신한다고 하면 그 자녀가 되고, 확신하지 않으면 자녀가 아닌가? 진정한 하나님의 자녀라면 그리스도의 장성한 분량까지 잘 자랄 것이고 그렇지 않다면 마귀에게 속해 세상과 어울려 살다가 멸망할 것이다.

의롭다 함을 받은 확신에 대해서는 로마서 5장 9절에 근거해 나는 믿음으로 의롭다 함을 받았다고 주장하는 경우다. 계속 믿음에 대한 정의를 말할 필요가 없지만 이같이 믿음으로 의롭다 함을 받았다고 확신에 찬 사람들의 주장은 끔찍할 정도로 미혹된 것을 본다. 즉, 지옥 가고 싶어도 의인이 되었기에 못 가게 되었다고 한다. 이미 앞서 언급했듯이 믿음도 의롭다 함도 모두 보혈에 의해 되는 것이다. 흠 없고 점 없는 어린양 같은 그리스도의 보배로운 피로 의롭다 함을 받았는데, 확신한다고 의인이 되고 확신이 없으면 의인이 아니라는 것이야말로 우리가 만들어낸 의인인 것이다. 우리는 의인을 잘못 알고 있다. 의인은 믿음으로 사는 자(롬 1:17)이며, 내 율례를 좇고 내 규례를 지켜 진실히 행하는 자(겔 18:9)가 의인이다. 나아가 의를 행하는 자가 하나님의 자녀요(요일 2:29) 의를 행하는 자가 의롭고(요일 3:7) 의를 행치 아니하는 자는 하나님께 속하지 않았다(요일 3:10).

　기도 응답의 확신에 대해서는 요한복음 16장 24절에 근거해 너희가 내 이름으로 구하면 받으리니 너희 기쁨이 충만하리라는 말씀을 들어 가르친다. 기도 응답을 받는 자들을 살펴보면 거의 자신들의 필요가 이루어졌을 때 기도 응답받았다고 한다. 물론 기도 응답일 수 있다. 그러나 잘 살펴보면 누가복음 15장의 탕자가 아버지의 재산에서 자기의 분깃을 구했을 때 아버지가 주었다. 기도 응답으로 보이지만 그 아버지가 아들이 어떻게 될 것을 몰랐을까? 오늘날 많은 그리스도인들이 이미 자신의 답을 가지고 기도하면서 그것이 성사되면 기도 응답을 받았다고 한다. 그러나 성경은 그렇게 말하지 않는다.

　"그를 향하여 우리의 가진바 담대한 것이 이것이니 그의 뜻대로 무엇을 구하면 들으심이라"(요일 5:14). 주의 뜻대로 구해야 하며 정욕으로 쓰려고 구하면 응답이 없다(약 4:3). 그런데 주의 이름으로 구하면 받는다는 확신을 가졌다고 응답이 되는 것이 아니다. 우리가 기도의 정의를 확실히 안다면 우리의 필요가 이루어진 것은 이 모든 것을 더하시는 하나님의 은혜로 봐야 한다.

　우리의 생명의 근원은 하나님이시다. 기도란 생명의 창조자이신 하나님을 통해 영적 생명을 보존하고자 하는 노력이다. 그러므로 기도는 하나님과 친밀한 교제를 하는 것이며 기도를 통해 하나님의 뜻을 발견하게 되는 것이다. 우리가 죄악 된 세상에 살지만 이 죄악에 물들지 않기 위해 영적 생명이 역사하도록 기도를 해야 한다. 배가 물에 떠다닐 때는 안전하지만, 물속에 가라앉으면 다 잃어버린다. 이와 같이 그리스도인이 죄악 된 세상에 살면서 세상을 이기며 살기 위해 기도해야 하는데 기도하지 않으면 죄악 된 세상으로 끌려들어가 결국 영적인 모든 것을 잃어버리게 된다.

이렇게 볼 때 기도 응답의 확신이라는 것은 이해가 안 된다. 이 확신을 가졌으면 세상에 물들지 않는다는 말인가? 기도가 영적 호흡이기에 쉬지 말아야 한다는 것은 극히 상식에 속한다. 누군가 이 세상에 태어나 숨을 쉬어야 산다는 확신을 가지고 산다면 그 사람은 정신적으로 온전치 않다. 어떤 산모가 신생아의 호흡을 걱정하는가? 하나님의 자녀로 태어났다면 영적 호흡은 자동적으로 해야 하는데 얼마나 그리스도인들이 기도를 하지 않아 기도 응답의 확신을 가르치는지 안타까운 일이다.

사죄의 확신에 대해 살펴보자. 이 경우 요한복음 1장 9절을 핵심 요절로 가르친다.

우리가 처음 예수를 믿을 때 회개하고 예수 그리스도의 이름으로 세례를 받고 죄 사함을 얻으라(행 2:38)고 했다. 만약 사죄의 확신을 가진 사람이 거짓말을 하여 죄를 지었을 때 그 죄를 자백하면 사죄의 확신을 가질 수 있다고 가르친다면 그는 계속 죄를 짓고 고백하고 사죄의 확신을 갖는 식의 상황에 빠질 것이다. 무슨 확신을 죄 지을 때마다 갖게 하는가? 또 예수님이 십자가에서 우리의 과거, 현재, 미래의 죄를 다 사하셨다는 진리는 하나님 편에 속한 것이고, 이를 근거로 당신의 죄가 이미 십자가 위에서 다 속했으니 걱정하지 말라고 가르침으로 그리스도인들이 죄 짓는 일에 부담을 갖지 않게 된다면 이 가르침은 성경적인 것이 아니다. 이미 천국복음의 양면성에서 다룬 것이기에 참조하기 바란다.

우리가 회개하고 세례를 받을 때 죄 사함을 얻게 되는 것인데 앞서 언급한 세례의 의미를 알고 진짜 세례를 받은 자는 죄에 대해 죽고 하나님에 대해 살기에 죄에 대해 반응할 수 없다. 그러기에 요한일서 3장 9절 말씀과 같이 하나님께로서 난 자는 하나님의 씨가 그 속에 들어왔기에 계속적으로 죄를 짓지 않게 되는 것인데, 만약 거짓말을 스스럼없이 잘 한다면 그는 하나님의 자녀인지 의심스럽고 그리고 그는 회개한 자가 아니며 진정한 세례를 받은 자가 아닐 수도 있고 죄 사함은 거리가 멀다.

우리에게 날마다 마귀의 유혹이 엄습해오는데 승리하는 그리스도인보다 그렇지 않는 자가 훨씬 많다. 오히려 사죄의 확신을 가진 자가 더 죄를 잘 짓는데 그것은 자신이 회개한 경험이 없으니 얼마나 회개가 힘들고 어렵다는 것을 모른 채 십자가에서 다 이루어놓았으니 다 해결해주실 거라고 잘못 생각하게 된다.

요한일서 1장 9절의 자백과 회개는 다르다. 자백은 죄지은 것을 인정하는 것이고, 회개는 돌이켜 죄에서 떠나는 것이다. 진정한 사죄는 죄에서 돌이켜 떠났을 때 죄 사함을 받았고 변화가 일어남과 함께 성령을 선물로 주신다. 그런데 사죄의 확신을 배워 확신을 가졌다면 그것은 지식에 불과하며 실제 죄 사함을 받은 것이 아니다.

인도의 확신, 승리의 확신, 예수 그리스도의 이름의 권세의 확신 등의 모든 확신 시리즈는 한 마디로 말한다면 확신한다고 확신이 되고 확신 안 한다고 안 된다면 그것이야말로 억지소리에 불과한 것이다. 우리가 분명히 알아야 할 것은 믿음으로 믿음에 이르는 것으로, 믿음의 결국은 영혼 구원인 것이요, 구원도 두렵고 떨림으로 이루어나가야 하는 것이지 이 같은 확신은 가르치는 것이 아니고 삶의 변화를 통한 입술의 고백이 될 때 진정한 확신인 것이다.

15장

천국복음과 재물
(맘몬)

주님은 산상 수훈에서 한 사람이 두 주인을 섬기지 못할 것인데 둘 중 하나를 사랑하든지 또 둘 중 하나를 중히 여겨야 하는데, 오늘날 많은 그리스도인들이 주님의 말씀을 외면하고 자기 좋은 대로 살아가고 있다. 특히 하나님을 선택하든지 재물을 선택하든지 둘 중 하나이지 둘 다를 섬길 수는 없다. 이미 앞서 언급했지만 현실 교회에 맘몬이 기성을 부리는 오늘의 상황을 볼 때 다시 언급함으로 경종을 울리고자 한다.

이 말씀은 재물이 필요치 않다는 것이 아니고 재물을 사랑하거나 중히 여긴다면 그것은 성경적이 아니라는 것이다. 성경적인가 아닌가가 왜 중요할까? 우리는 어떤 제품을 구입하면 사용 설명서를 읽고 그 지시를 따라야 한다. 한 예로, 선교사들이 모기가 일으키는 열병으로 많이 고생을 하기 때문에 모기 잡는 채를 많이 구입해 사용하게 했다. 그런데 거의 대부분 선교사들이 사용 방법을 잊어버리고 전기 소켓에 꽂아두어 한두 달 후 망가지고 말았다. 반면 철저히 설명서대로 지킨 경우 2년 이상을 사용했다.

주님은 이 땅에 오셔서 분명히 두 주인을 섬길 수 없다고 사용 설명서처럼 주셨고, 어느 누구보다도 목회자들이 그 말씀을 가르쳐 지키게 할 책임이 있는데 오히려 목회자들이 두 주인을 섬기고 있다면 교회는 세속화되어버릴 것이고, 하나님보다 맘몬신이 교회를 주도하게 되므로 돈으로 장로와 안수 집사와 권사를 세우고 가난한 자는 제외시키는 교회로 만들게 될 것이다.

돈을 사랑함이 일만 악의 뿌리가 되고(딤전 6:10) 돈을 사랑치 말고 있는 바를 족한 줄로 알라(히 13:5)고 했다. "누구든지 자기의 모든 소유를 버리지 아니하면 능히 내 제자가 되지 못하리라"(눅 14:33). "그러므로 땅에 있는 지체를 죽이라 곧 음란과 부정과 사욕과 악한 정욕과 탐심이니 탐심은 우상 숭배니라"(골 3:5). 이 말씀들을 보면 오늘날 많은 교회들이 그리스도가 머리가 되신 교회가 아닌 것을 알 수 있다. 어떤 대형 교회 목사가 돈 없는 미자립 교회는 하나님이 함께하시지 않는 잘못된 교회라고 했다. 그러나 그렇게 말한 대형 교회가 재물 때문에 사회의 지탄을 받고 있다면 그 교회야말로 하나님을 밀어낸 세속화된 교회인 것이다.

하나님이 주신 우리 삶의 설명서를 알지만 그 설명서대로 살지 않으면서 예수 믿는다고 하면 거짓말하는 것이다. 거짓말은 사탄으로부터 왔다. 에덴동산에서 거짓말로 인간을 죄인으로 만들어 성공한 사탄은 지금까지 그 거짓말로 인간을 망치고 있는데, 많은 목회자들이 스스럼없이 거짓말로 목회를 하면서도 본인은 그것이 거짓인지조차 모르고 있다는 사실이다. 이미 교회가 재물로 인해 분쟁하고 쪼개지고 분리되어 상처투성이가 된 것은 오래전이다.

이미 앞에서 언급했지만 구약시대 선지서에도 신약시대 복음서에도 기도하는 하나님의 집을 강도의 굴혈로 만들었다고 선지자들도 그리고 예수님도 호되게 책망했건만 지금은 그때보다 더 의도적이요 고의적인 것을 보게 된다.

탐심은 우상 숭배라고 했고, 우상 숭배하면 지옥 가는 것을 모르는 목회자가 어디 있겠는가? 지도자가 범죄하는 것은 알지 못해 범죄하는 것보다 가중 처벌된다는 것을 알아야 한다. 앞서 언급했듯이 "우리가 진리를 아는 지식을 받은 후 짐짓 죄를 범한즉 다시 속죄하는 제사가 없다"(히 10:26)고 하는 것을 볼 때 탐심이 우상 숭배인 것을 알면서도 탐심에 빠져 있는 그리스도인들은 거의 구원에서 제외될 가능성이 높다.

앞서 언급한 바 있듯이 여리고 성에서의 탐심으로 아간과 그의 가족이 멸망했고, 사도행전에서 아나니아와 삽비라도 탐심으로 그 자리에서 죽었으며, 예수님의 제자 유다는 탐심으로 결국 자살까지 가는 망하는 자가 되었다. 한 가지 이상한 것은 간음도 회개하고 죄 사함을 받았는데 왜 탐심은 회개가 안 되고 그 범죄함으로 망했는가 하는 것이다. 이는 아마도 두 주인을 섬길 수 없다는 진리로서, 하나님을 주님으로 섬기는 것을 버렸으니 주님도 그를 버리셨을 것이다.

부자 청년이 영생을 얻기 위해 주님을 찾아왔는데 그는 계명을 다 지킨 모범생이었지만 재물로 인해 영생을 버렸던 것이다. 이와 같이 오늘날 많은 그리스도인들이 그들의 마음의 성전에 맘몬 신을 모신 채 자칭 예수를 믿는다고 하지만 주님은 속지 않으신다. 우리가 돈을 소유하는 것이 문제가 아니라 어느 날 돈이 우리를 지배할 때 우상 숭배가 되어 망하게 되는 것이다. 이같이 재물은 무서운 것이다.

우리는 믿음으로 구원받는다고 알고 있는데 왜 예수님은 부자 청년에게 구원의 조건으로 재물을 말하셨는가? 그렇다면 이는 모든 그리스도인에게도 해당되는 것이다. 약대가 바늘귀로 들어가는 것이 부자가 천국에 들어가는 것보다 쉽다고 하신 말씀은 겁주는 말씀이 아니라 실제 구원에 관한 말씀이다. 역시 재물의 소유권도 버리지 않으면 주님의 제자가 되지 못하는데 우리가 알아야 할 것은 제자는 그리스도인이고 그리스도인은 제자라는 사실이다(행 11:26). 우리가 다 알듯이 그리스도인이 아닌 자가 구원받을 수 있는가 하면 아니라고 할 것이다. 그런데 어떤 분은 제자와 그리스도인을 분리해 말하고 있다. 교회에서 하는 제자훈련으로 그리스도인 따로 제자훈련 따로 생각하는 것이 현실이다. 그렇게 제자훈련을 강도 높게 끝냈는데 그들의 삶이 변했는가?

초대 교회에 하나님 나라가 선포되고 있었고 거기에 속한 제자들은 모든 물건을 서로 통용했으며 또 재산과 소유를 팔아 각 사람의 필요를 따라 나눠주고 날마다 마음을 같이했고 하나님을 찬미하며 또 온 백성에게 칭송을 받음으로 구원의 역사가 일어난 것인데, 만약 오늘날 그런 교회가 있다면 잘못된 교회로 몰리고 나아가 이단으로까지 매도당할 수 있다.

나는 선교사로서 필리핀 현지인들을 점검하는 첫 번째 방법을 돈으로 한다. 돈에 정직한 사람은 다른 일에도 성실하지만 돈에 문제가 있는 사람은 언젠가 문제를 일으킨다. 많은 그리스도인들이 돈 돈 하면서 그리스도인으로 살 수 있다고 생각하지만 결코 두 주인을 섬길 수 없다. 빛이신 예수님이 내 속에 들어왔다면 회개로 마음이 깨끗해지는 것이며, 이로써 우리의 믿음이 출발하기 때문에 돈에 대해서도 깨끗해질 수밖에 없다. 그런데 많은 그리스도인들이 빛을 영접하지 않고 구세주를 영접함으로 어두운 심령을 그대로 가지고 있다. 그들은 구세주의 의미를 다음과 같이 생각한다. "나를 건져주신 분이니 나를 책임지고 먹여 살리시오. 왜 물에 빠진 나를 건져 주었소. 내 보따리 책임지시오." 이런 자들이 예수 믿는다고 하면서 자기의 재물로 구제하며 선심 쓰듯 자기 이름을 드러내는 것이다.

우리가 명심해야 할 것은 누가복음 10장 25절에서 어떤 율법사가 예수님을 시험하여 "선생님 내가 무엇을 하여야 영생을 얻으리이까"라고 물었다. 예수님은 "네 마음을 다하며 목숨을 다하며 힘을 다하며 뜻을 다하며 주 너희 하나님을 사랑하고 또한 네 이웃을 네 몸과 같이 사랑하라"고 하셨다. 그렇다면 우리가 가진 모든 것, 즉 시간과 소유를 주님께 드리지 않으면 영생에서 제외될 가능성이 대단히 높다.

우리는 너무 쉽게 그리스도를 구세주로 영접해 복음의 능력을 체험하지도 못했고, 복음의 핵심인 그리스도와 함께 죽고 내 속에 그리스도가 사심으로 새 생명의 놀라운 능력으로 살아보지도 않은 상태에서 심판의 주님이 재림하시면 맘몬의 신과 함께 멸망받을 것은 너무나 당연한 것이다. 왜냐하면 이들은 고난의 날이 닥치면 복음의 능력이 없기에 믿음을 저버리고 떨어져나갈 것이며 나아가 복음의 원수 편에 설 것이다. 예수님의 제자 중 한 명이 맘몬에 의해 망했음을 명심해야 한다.

과거에 하나님의 종으로 크게 쓰임받은 자들이 돈을 마음에 둠으로 성령의 기름 부음이 끝났고 그로 인해 세상으로 가버린 실화가 많이 있다. 오늘날 교회에 하나님의 왕국을 세우지 않고 자기 왕국을 세운 목회자들은 대부분 돈을 마음에 둔 자로서 자신들의 엄청난 부를 빨리 가난한 자와 하나님 나라에 돌리지 않는다면 치명적인 후회를 하게 될 것이다.

16장 천국복음과 하나님의 은혜

오늘날 많은 그리스도인들이 하나님의 은혜를 잘못 알고 있다. 특히 하나님의 은혜를 공짜로 알고 있는 것이 대부분이다. 우리가 분명히 알아야 할 것은 하나님이 우리를 무조건 사랑하시니 예수 믿기만 하면 된다고 가르치는 것은 하나님의 공의를 무너뜨리는 엄청난 실수다.

우리가 하나님을 사랑하지 않으면서 하나님이 우리를 사랑하신다고 한다면 진정한 하나님의 은혜를 모르는 자가 된다. 하나님의 은혜를 제대로 아는 자는 율법과 선지자의 강령(마 23:37-40)을 행하는 자(눅 10:28)다. 만약 마음과 목숨과 힘과 뜻을 다하여 주 너희 하나님을 사랑하지 않고 네 이웃을 네 몸과 같이 사랑하지 않는다면 하나님의 은혜와는 거리가 멀고 영생까지 얻을 수 없다.

다시 말하지만 하나님의 사랑과 공의가 같이 가지 않으면 하나님의 은혜가 아니다. 오늘날 많은 그리스도인들이 하나님의 사랑만 말하면서 수단 방법을 가리지 않고 하나님의 은혜를 운운하는 경우가 비일비재하다. 특히 모든 문제를 선악을 분별치도 않고 하나님의 은혜로 처리하는 것을 보게 되는데 이로 인해 엄청난 불의와 잘못을 눈감아버리게 된다.

분명한 진리는 구원도 하나님의 은혜요(엡 2:8, 딛 2:11) 영생도 하나님의 은혜요(롬 6:23) 의도 하나님의 은혜요(롬 3:24) 믿음도 은혜요(롬 4:16) 모든 것이 하나님의 은혜인데, 이 하나님의 은혜를 헛되이 받은 자(고후 6:1)들이 고린도 교회에 있었고 지금 한국교회 안에도 셀 수 없이 많다고 해도 과언이 아닐 것이다.

먼저 하나님의 은혜를 헛되이 받은 자들을 살펴보자.

어떤 교회가 기도원을 세우면서 기도원에 대형 목욕탕을 설계해 구청에 건축 허가 신청을 했는데 허가가 떨어지지 않았다. 그래서 건축 위원장이 구청 건축과에 거짓말을 했다. "왜 허가를 내주지 않는 거요? 그건 당신이 기독교를 모르기에 그러는 것이오. 그 목욕탕은 기독교 의식인 세례를 주는 곳인데 만약 허가를 내주지 않는다면 이것은 분명한 기독교 탄압이요"라고 했더니 건축과 과장이 "그렇습니까? 제가 잘 몰라 실수를 했습니다. 죄송합니다. 건축 허가 내드리겠습니다"라고 했다.

이 사건을 두고 한번 생각해보자. 그 교회가 기도원을 세우는 산에 대형 목욕탕을 지은 목적은 집회 후 목욕을 하기 위한 것인데 거짓말로 허가를 받아놓고는 교회 앞에서 이렇게 자랑했다고 한다. "기도원 산에 대형 목욕탕 허가를 내 줄 수 없다고 해서 제가 세례 주기 위해 짓는다고 했더니 하나님의 은혜로 건축 허가를 받아냈습니다." 그 말을 들은 교인들은 장로에게 지혜롭게 잘했다며 박수를 쳤다고 하니 한심한 것이다. 마귀는 거짓말쟁이요 거짓의 아비인데 거짓말을 해 건축허가가 난 것이 어떻게 하나님의 은혜이며 또 그 장로가 지혜롭게 한 것인가? 아마도 마귀가 박수를 쳤을 것이다.

과거에 기도원 사역이 왕성할 때 많은 그리스도인들이 기도원에 가서 은혜를 받았다고 했다. 그런데 은혜 받은 그들의 삶이 전혀 바뀌지 않았고 오히려 영적 교만으로 다른 교인들에게 상처를 주었으며, 그들의 가정을 보면 뭔가 안정되지 않아 보였다. 그렇다면 그들이 받은 하나님의 은혜는 결국 느낌에 불과한 것이다.

또 교회 안에 문제가 생기면 그 문제를 해결하기 위해 회개하고 불의를 청산해야 마땅한데 그냥 하나님의 은혜로 넘어가자고 얼버무리는 것이 상례다.

또 설교를 듣고 나오면서 설교자에게 "은혜 받았습니다"라고 하는 것은 설교자를 죽이는 것이다. 그 말을 들은 설교자는 "야 오늘 히트 쳤구나"라고 생각할 것이다. 사람을 변화시키지 못하는 설교는 아무리 은혜 받았다고 해도 히트 친 것이 아니라 영혼을 안일하게 만들어 세속에 물들게 만드는 것이다.

얼마 전 한국의 xx교회가 필리핀에 비전 센터를 세워 그 입당 예배에 초대를 받아 갔다. 그 입당 예배 사회자인 담임 목사가 하나님의 은혜로 입당 예배를 드리게 되었다고 했고, 장로의 기도에서도 하나님의 은혜로 일관했으며, 이 비전 센터로 자기들이 이제 선교하게 되었다고 했다. 현장에서 사역하는 선교사들도 쉽지 않은 선교를 저들은 하나님의 은혜로 이제 선교를 시작하게 되었다고 기도하면서도 선교사에 대한 말은 한 마디도 언급되지 않았다. 모든 것이 하나님의 은혜라고 했다. 그 날 설교한 목사는 선교에 대한 내용으로 입당 예배에 같이 온 교인들에게 이제 당신들이 선교사라고 부추기며 그들의 귀를 즐겁게 하는 웃기는 설교, 즉 쇼맨십으로 파라의 다른 복음을 전하는 것을 보며 구역질이 났다. 왜냐하면 그 비전 센터를 설계하고 건축을 담당했던 선교사에 의하면 나중에 담임 목사가 은퇴하면 머물 곳이라 했으니 이것이야말로 듣기 좋은 비전 센터요 구설수에 불과하기 때문이다. 이렇게 목사가 자기 살 궁리로 지은 것이 하나님의 은혜란 말인가? 이곳 필리핀에 이런 건물이 계속 세워지고 있지만 교인들은 속고 있다.

어떤 후원 교회가 파송 선교사가 사역하다 현지 교회로 이양된 학교 건물과 교회를 파송 선교사가 은퇴하면 그 파송 교회의 필리핀 선교관으로 사용할 목적으로 현지인을 몰아내려다가 목숨 걸고 현지 교회를 지키려는 선교사에 의해 저지당했지만, 당시 선교 위원장이 여전도회에 가서 "하나님의 은혜로 드디어 필리핀에 선교관을 갖게 될 것이라고 하면서 기도하라"고 했으니 이런 일은 선교 역사에도 없는 하나님의 은혜(?)일 것이다.

그렇다면 하나님의 말씀에 근거해 하나님의 은혜를 살펴보자.

히브리서 4장 12에서 "하나님의 말씀은 살았고 운동력이 있어 좌우에 날선 어떤 검보다도 예리하여 혼과 영과 및 관절과 골수를 찔러 쪼개기까지 하며 또 마음의 생각과 뜻을 감찰하나니"라고 한 것을 보면 하나님의 말씀의 은혜는 수술이 일어나는 것이다. 말씀에 근거하지 않은 하나님의 은혜는 없다. 하나님의 말씀이시기에 말씀이 통하지 않으면 하나님의 은혜는 임하지 않는다. 그런데 오늘날 교회 안에서 선포되는 말씀을 들어보면 영적 수술이 일어나기는커녕, 성경도 아닌 TV 드라마의 내용으로 채운 설교를 들으며 웃고 울다가 비몽사몽간에 하나님의 은혜를 받았다고 하니 이것이야말로 파라의 다른 복음인 것이요, 이 파라의 다른 복음을 전하는 자는 그리스도의 종이 아닌 것이다(갈 1:10).

또 사도행전 15장 1-11절을 보자. 기독교 역사의 중요한 첫 모임인 예루살렘 교회의 총회 결의가 나온다. 구원에 관한 논쟁으로 시작되어 많은 변론이 있은 후 베드로가 총회의 결의를 발표했다. 마음을 아시는 하나님이 성령을 주어 증거하시고 믿음으로 마음을 깨끗하게 하실 때, 즉 회개하며 사죄함을 받을 때 이것이 하나님의 은혜라고 발표했다. 기독교 역사의 첫 총회 결의는 래디컬(Radical)이다. 마음이 깨끗해지지 않는 것은 하나님의 은혜가 아니다.

우리가 아는 오순절 성령 강림이 사도행전 2장에 나온다. 거기에 나오는 베드로의 설교가 2장 14-36절까지인데 마지막 36절을 보면 "그런즉 이스라엘 온 집이 정녕 알지니 너희가 십자가에 못 박은 이 예수를 하나님이 주와 그리스도가 되게 하셨느니라"로 끝내자 저희가 이 말을 듣고 마음이 찔렸다고 했다. 빌라도의 법정에서 십자가에 못 박으라 외쳤던 그들은 결코 하나님의 은혜를 받을 수 없는데 말씀을 듣고 마음이 찔린 저들이 베드로와 사도들에게 "형제들아 우리가 어찌할꼬"라고 했다. 즉 "이 죄악을 어떻게 하면 용서받을 수 있나요? 어떻게 해야 하나님의 은혜로 구원을 받을 수 있나요?"라고 한 것이다.

2장 38절에 나오는 베드로의 대답을 보자. "너희가 회개하며 각각 예수 그리스도의 이름으로 세례를 받고 죄 사함을 얻으라 그리하면 성령을 선물로 받으리니." 이미 언급한바 회개와 세례는 복음의 핵심이다. 우리가 죄에서 돌이키지 않고 우리의 죄와 정욕과 욕심을 육체와 함께 십자가에 못 박지 않으면 결코 죄 사함이 없으며 죄 사함이 없는 한 하나님의 은혜는 임하지 않으므로 하나님의 은혜인 성령을 선물로 받을 수 없는 것이다.

그러므로 정말 하나님의 은혜를 받은 사람은 사도행전 20장 24절에서 사도 바울이 그의 사역에서 '은혜의 복음'을 증거하는 일을 마치려 함에는 나의 생명을 조금도 귀하게 여기지 않는다고 했는데 복음이 하나님의 은혜로 빛이신 왕을 영접한 자가 하나님의 은혜를 맛본 자로 출발하여, 갈라디아서 5장 24절의 사람으로 육체와 함께 그 정과 욕심을 십자가에 못 박은 세례를 받은 자가 될 때 하나님의 은혜를 받은 자다. 나아가 하나님의 은혜를 받은 사람의 삶은 갈라디어서 6장 14절로 세상이 나를 대하여 십자가에 못 박히고 내가 또한 세상을 대하여 못 박힌 경건한 삶을 살며 세상 줄이 끊어진 자다.

그런데 오늘날의 그리스도인들은 한 손에는 세상 줄, 한 손에는 하나님의 은혜 줄을 잡고 세상에 대해 소금도 빛도 아닌 잘나가는 인생이 되기 위해 수단 방법을 가리지 않는다. 교회 안에서는 하나님의 은혜받은 자로 자처하며 목사와 교인들에게 인정받아 일등 교인이 되려고 발버둥치는 모습을 우리는 알 것이다. 특히 많은 목회자들이 복을 쌓기 위해 교인들을 이용하니 하나님의 은혜는 결코 아닌 것이다.

주님이 이 땅에 오신 것이 "기쁘다 구주 오셨네"로 시작되는데, 오늘날 크리스마스가 하나님의 은혜가 떠나고 상업화된 책임도 우리에게 있다. 이 땅에 오신 예수님은 빛이신 왕이신데 빛이신 주님은 흑암에 행하는 인생, 그리고 사망의 그늘진 곳에 거하는 인간을 회개시키고 왕이신 주님은 사탄의 일을 멸하는 영적 전쟁을 선포하시며, 결국 구세주의 사역을 이루시기 위해 십자가의 죽음까지 자처하셨는데 어떻게 "기쁘다 구주 오셨네"를 소리 높여 부르면서 회개를 우리와 상관없는 것으로 만들고, 영적 전쟁이 사탄의 일방적인 승리로 치닫고 있음에도 깨닫지 못하니 그 결국은 어떠하겠는가?

우리가 정말 기뻐해야 할 것은 회개한 우리의 심령에 왕이신 주님이 좌정하실 때 "기쁘다 구주 오셨네"가 울려 퍼지는 것으로서, 영적 전쟁의 병역 의무를 수행하는 그리스도인이 될 때 이것이 진정한 하나님의 은혜인 것이다.

17장 | 천국복음과 주일학교

　오늘날 주일학교 교육은 무너졌고 그리스도인들의 자녀조차 주일학교 출석을 거부하고 있다. 그래서 많은 주일학교 전문가들이 아이들에게 흥미 있는 프로그램을 개발하면 그 프로그램으로 몰려가지만 변화는 일어나지 않고 있다. 즉 새롭고 흥미로운 프로그램으로 주일학교가 활성화는 되지만 저들을 변화된 삶으로 이끌지 못하고 있음이 현실이다.

　주일학교 교육의 핵심이 무엇인가?

　"마땅히 행할 길을 아이에게 가르치라 그리하면 늙어도 그것을 떠나지 아니하리라"(잠 22:6)고 했는데 목사나 장로나 교회의 앞선 자들이 마땅히 행할 길을 떠나지 않고 걸어가고 있는가? 그렇다면 기독교가 왜 이 지경에 이르렀는가? 마땅히 행할 길의 가르침을 받은 목사, 장로, 집사가 아닌 것이 증명된 것이다.

마땅히 행할 길을 말하고 있지만 오늘날 주일학교 교재는 계단식 성경공부 교재다. 거기에 마땅히 행할 길이 없다라고 할 수는 없지만 그 교재가 효과적이었다면 아이들의 삶이 변했을 것이고 현재 교회의 주일학교 교육이 실패했다고 하지 않을 것이다.

오늘날 교회를 보면 다른 복음이 널리 퍼져 있지만 다른 복음인지 아닌지조차 인식하지 못하고 있다. 교리로 가르치는 알로스의 다른 복음 그리고 교인들의 귀를 즐겁게 해주는 파라의 다른 복음 그리고 종교 다원주의와 세계 단일 종교의 WCC에 앞장선 목사와 교계 지도자들의 헤테로스의 다른 복음이 기독교를 개독교로 만들어버렸다. 반면에 정말 주님 뜻대로 가는 교회를 이단으로 몰아 돈을 뜯어내려는 기독교 언론들, 나아가 진짜 이단을 돈으로 이단 해제시키는 현실을 그냥 묵과하는 이 모두가 주일학교 교육의 거침돌인 것이다.

나는 주일학교 교사를 양육하는 선교사로 필리핀에서 24년간 사역했는데, 교사들을 보면 결단코 기독교 교육은 성공할 수 없음을 알 수 있다. 왜냐하면 교사가 예수님의 제자가 아닌데 어떻게 어린이들을 예수님의 제자로 삼을 수 있겠는가?

한 예로 주일학교 교사가 거짓말을 얼마나 잘 하는지 모른다. 모든 교사가 다 그런 것은 아니지만 생각해보라. 마귀는 거짓말쟁이요 거짓의 아비인데 거짓말을 거침없이 하면서 주일학교 교사를 하는 것은 생명을 죽이는 일인 것이다. 그러니 주일학교 학생들도 거짓말을 잘하는 것은 당연다.

내가 주일학교 교사를 양육한 프로그램은 어린이 전도협회의 TCE(Teaching Children Effectively) 교재로서 수준 높은 교육을 제공하지만 교사들의 삶을 변화시키지는 못하는 것을 알고 있다. 왜냐하면 앞서 언급했듯이 회개, 세례, 죄 사함이 없을 때 성령님이 역사하지 않음으로(행 2:38) 이런 교육은 지식 교육에 불과하며 결코 삶을 변화시키지 못한다. 마땅히 행할 길은 예수님의 제자가 되는 길이다.

그런데 나 자신이 제자 훈련을 받은 적이 없고 어떻게 제자 훈련을 해야 하는지 자료도 가지고 있지 않은 상태에서 2007년 상암 경기장에서 열린 기독교 100주년 집회 때 주 강사였던 고(故) 옥한흠 목사님의 설교를 듣고 놀라게 되었다. 전문적인 제자 훈련 사역을 하신 분의 말씀이 너무나 충격적이었다. 목사님이 양육한 자신의 교회 교인들, 특히 주 멤버들이 제자 훈련을 고급반까지 다 받았지만 삶이 변화지 않았다는 것이다. 내가 이 메시지를 듣고 의아하게 생각한 것은 복음의 능력이 사람을 변화시키지 못하는 것인가 하는 것이었다. 결론은 천국복음이 아닌 성경 공부 식 제자 훈련으로는 결코 사람이 변화되지 않는다는 것이다. 그때부터 나는 제자 훈련에 대한 생각이 떠나지 않았고, 때가 되어 천국복음 메시지를 선포한 지 3년 반이 된 어느 주일날 순회 설교하던 교회에서 상의도 없이 2주 후 월요일부터 제자 훈련을 하자고 했다.

당시 제자 훈련 자료는 없었고 그 동안 외쳤던 천국복음이 있을 뿐이었다.

ROCM Brookside 교회는 2012년 4월 시작한 교회로서 내가 순회 설교를 할 때 한 달에 한번 가서 천국 복음을 선포했고, 사역지 기도의 집을 교회 건물로 사용한 곳이다. 파스톨과 14명이 제자 훈련에 등록해 제자 훈련을 받았는데 2시간씩 10회에 걸친 제자 훈련 중 3회 훈련이 끝날 때부터 그들의 삶에 변화가 일어나기 시작했다. 누가 시킨 것도 아닌데 새벽 기도를 새벽 2시에서 3시까지 했다. 선교사 가정이 5시에 새벽 기도를 하니 같은 시간에 하면 맘껏 기도가 안 되는지 그렇게 시간을 바꾸어 하는데, 정말 놀라운 것은 그들이 초저녁에 자는 것도 아닌데 2시에 교회에 도착하려면 1시 30분에 일어나야 하는 것이다. 그리고 3시에 마치고 가서 두 시간쯤 눈을 붙이고 6시면 아이들 학교 갈 준비를 끝내야 하니 얼마나 피곤할까 걱정이 되었다. 그래서 물었더니 피곤하지 않고 너무나 기쁘다고 했다. 과연 새벽 기도를 그 시간에 하는 교회가 있겠는가?

매일 저녁마다 모여 찬양하고 기도하는 모습을 보면서 과연 천국복음에 의한 제자 훈련은 확실히 사람을 변화시킨다는 것을 깨닫게 되었다.

제자 훈련을 통해 이처럼 그들의 삶이 변화되었으니, 교사가 먼저 제자가 되고 또 이 자료로 주일학교에서 제자 훈련을 한다면 반드시 변화가 일어날 것을 확신한다. 그 한 예로, 9살 남자 아이가 엄마와 함께 제자 훈련에 참석을 했는데 그 아이는 어른들보다 더 영적인 것을 보게 되었다. 이를 통해 주일학교에 사용해야 한다고 확신하게 된 것이다.

18장 | 천국복음과 제자 훈련

내가 천국복음으로 제자 훈련을 시작하게 된 것은 앞서 언급한 고 옥한흠 목사님의 메시지였다. 2013년 8월 시작해 첫 제자 훈련을 통해 만든 자료는 나의 머리로 된 것이 아니었다. 3년 반 동안 외친 천국복음에 근거해 제자 훈련을 하면서 성령님의 가르침을 따라 10회 25시간의 훈련을 끝내면서 내린 결론은 이 천국복음 제자 훈련으로 사람을 변화시킬 수 있다는 것이었다. 나는 분명한 증거를 본 것이다.

그래서 2014년 1월 1-3 한국선교사를 위한 천국복음 제자 훈련을 공고했는데 내가 속한 교단 선교사는 한 사람도 참석하지 않았다. 잘못된 것을 가르친다고 소문을 내어 복음의 문을 막아버렸기 때문이다. 성경으로 복음을 가르치면 되지 별나게 천국복음이라니 지 목사가 잘못된 것이니 조심하라는 소문을 퍼트려 어떤 선교사는 참석하고 싶었지만 눈치 보느라 참석하지 못했던 것이다. 사람이 변해 주님이 기뻐하시는 사역자가 된다면 결코 잘못되지 않음을 증명한 것인데도 이러한 상황이 벌어진 것은 분명히 사탄의 계략이 있는 것이다. 정말 잘못되었다면 어떻게 선교사들이 제자 훈련 받고 예수님의 제자가 되어 사역 현장에서 회개가 일어나고 변화가 일어나겠는가? 또 성령께서 역사하시겠는가? 가서 제자 삼으라는 주님의 명령을 외면하면 망하는 것이다.

이 천국복음으로 제자훈련 받은 자들이 변화된 증거들을 보이자 오히려 목회자보다 평신도들이 더 많이 훈련받고 있다. 그들은 일주일간 제자 훈련 자료에 있는 모든 요절들을 다 기록하는 숙제를 하게 되는데, 성경을 적고 듣는 그들의 모습은 너무나 진지하다. 그리고 마칠 때 회개기도를 드린다. 이 제자 훈련은 성령님이 만들어주신 것이기에 사람이 변하고 열매가 나타나고 있음을 훈련받는 자신들도 깨닫고 있다.

군에서 쓰는 초전박살이란 용어가 있다. 우리가 예수님의 제자가 되기 위해 초전박살 나지 않으면 결코 변하지 않는다. 예수님을 십자가에 못 박은 유대인들이 사도행전 2장에서 베드로의 설교를 듣고 마음이 찔렸다고 했다. 바로 이것이다. 오늘날 많은 사람들이 설교를 듣고 은혜 받았다고 하는데 진짜 하나님의 은혜를 받았다면 변하지 않을 수 없는데 왜 은혜 받았다고 하면서 변하지 않을까? 그것은 결코 은혜 받은 것이 아니다. 저들이 말하는 은혜 받았다는 것은 귀를 즐겁게 했거나 사람을 좋게 하는 그리고 기쁨을 주는 갈라디아 1장 8-9절에 속한 다른 복음, 즉 파라의 다른 복음을 들었다고 볼 수 있다.

말씀은 살았고 운동력이 있어 좌우에 날 선 어떤 검보다도 예리한데 이 말씀을 들었을 때 마음이 찔려 회개가 일어나지 않는 것은 은혜가 아닐 것이다. 내가 제자 훈련을 하면서 보니 마음이 찔린 자들이 초전박살이 나 삶이 바뀌었데, 가장 큰 변화는 입만 열면 거짓말을 하던 자들이 거짓말을 끊었고 태도가 완전히 달라졌다. 마귀는 거짓말쟁이요 거짓의 아비이기에 거짓말하지 않는 것으로부터 변화가 시작된다.

제자 훈련의 시작은 마태복음 28장 19-20절로 세 가지 원리가 있다. 제자를 삼아라. 제자의 조건 6가지로 훈련이 시작된다. 그리고 제자를 삼기 위해 두 가지를 하라고 했다. 세례(예수님과 함께 죽고 예수님과 함께 사는 것)를 주고 내가 너희에게 분부한 모든 것(천국복음)을 가르쳐 지키게 하라고 했는데, 이 세 가지에서부터 삶이 변하든지 아니면 훈련을 포기하든지 둘 중 하나로 나타난다.

주님의 대명령이 가서 제자 삼으라는 말씀인 것을 모르는 사람은 거의 없다. 그런데 목회자들이 제자가 아니라면 목회를 해도 결코 교인들을 제자 삼을 수 없다는 것이다. 제자가 아니면 그리스도인이 아니요 그리스도인이 아니면 하나님의 자녀도 아닌데, 이 심각한 현실을 보면서도 심각하게 생각조차 못하니 이것이 문제인 것이다.

나는 필리핀 공립 고등학교에서 매주 한 번씩 천국복음을 가르치고 있다. 그들에게 제자 훈련 자료의 핵심인 요절을 외우게 한다. 갈라디아 2장 20절과 요한일서 3장 9절인데 제자는 자기를 부인하고 자기 십자가를 지고 주님을 따르는 자다. 즉 내가 그리스도와 함께 십자가에 못 박혔고, 내 속에 내가 살지 않고 그리스도가 사실 때 주님의 통치를 받는 제자인 것이다. 그리고 십자가에 못 박힌 것은 육체와 함께 나의 모든 죄와 욕심과 정욕을 다 십자가에 못 박는 것이다(갈 5:24). 그러므로 하나님께로 난 자, 즉 진정한 제자는 계속 죄를 지을 수 없는데 그것은 하나님의 씨가 그 속에 있기 때문이다.

이 세 요절의 가르침을 철저히 지킨다면 마땅히 행할 길 중 가장 핵심인 것이며 그리고 삶이 변화되지 않을 수 없다. 이 세 요절을 지키는 자는 거짓말을 할 수 없고, 사역에 자기 왕국을 세우지 않을 것이며, 탐욕으로 달려가지 않을 것이고, 안목의 정욕 즉 음란물에 마음을 빼앗기지 않을 것이며, 한 자리 차지하려고 목숨 걸지 않을 것이다.

이 같은 자, 즉 교사가 제자가 되어 가르치면 분명 이 같은 제자가 양육될 것이다. 이것이 새로운 피조물인 것이며 새 생명으로 사는 것인데, 오늘날 많은 목회자들이 새로운 피조물도 아니고 새 생명으로 살지도 않으면서 목회를 하기에 그들의 집단은 종교 집단이지 결코 그리스도의 제자들이 아닌 것이다.

제자 훈련은 어린이로부터 성인에 이르기까지 모두 다 제자가 되는 훈련이다. 그런데 성인이 되어 이미 굳어버린 자에게 훈련을 시키니 지식은 올라가지만 삶은 변하지 않는 것이다. 남녀노소를 막론하고 처음 그리스도인이 되는 시작부터 제자 훈련으로 제자 삼지 않는 한 기독교는 개독교에서 벗어나지 못한다. 이미 굽어버린 나무를 곧게 자라게 할 때 부러지거나 아니면 포기해야 하듯이, 어긋난 송아지가 되고 만다. 그러므로 마땅히 행할 길은 그리스도의 제자로 처음부터 훈련되어야 한다.

■ ■ ■ 천국복음에 의한 제자 훈련 ■ ■ ■

1. 예수님의 제자

예수님의 유언(명령) 마 28:19-20 ➜ 가서 제자 삼아라
A. 세례   B. 내가 너희에게 분부한 모든 것을 가르쳐 지키게 하라

1) 열두 제자

　　마 4:18-22/ 9:9　막 3:14/ 10:28-30

2) 제자의 조건(제자와 그리스도인: 행 11:26) 6가지

　　1〉 눅 14:26(마 6:33, 눅 10:27)

　　2〉 마 16:24, 눅 14:27, 막 8:34, 눅 9:23

　　3〉 눅 14:33(마 19:21, 눅 12:15, 33)

　　4〉 요 8:31(벧전 1:23, 요 6:68, 히 4:12)

　　5〉 요 13:35(요일 4:7,8 3:16, 3:14)

　　6〉 요 15:8(마 3:8, 7:19, 갈 5:22,23)

A. 세례

1) 세례의 의미(롬 6:1-11)

　　롬 6:3-4

　　골 2:12

　　벧전 3:21

2) 구약 시대에 세례를 베풀었는가?

　　마 11:13,14, 눅 16:16

　　고전 10:1-2

　　벧전 3:20-21

　　눅 7:29-30

3) 세례는 전파(반포)로 어떤 역사가 일어나야 하나?

　　막 1:4-5

행 10:37/ 13:24

4) 구약 시대 세례와 신약시대 세례

막 1:4,8(행 13:24) 마 3:11(눅 3:16)

행 18:25/ 19:3-7

5) 예수님은 몇 번 세례를 받으셨나 ?

막 1:9-10, 막 10:38-39, 눅 12:50

6) 세례는 구원의 필수인가? 막 16:16(세례와 믿음은 하나: 갈 2:20)

롬 6:6-11

벧전 3:21

7) 왜 예수님의 유언에 세례를 주라고 했나?

또 예수님을 십자가에 못 박은 유대인들에게 준 메시지

행 2:36-38

8) 세례와 복음의 핵심

고전 15:3-4

9) 진짜 세례받은 자는 ?

1〉 예수님과 함께 죽은 자 갈 2:20

2〉 죄에 대해 죽은 자 요일 3:9

3〉 예수님과 함께 부활한 자(하나님에 대해 사는 자로 죄에 반응치 않는 자): 벧전 3:21, 롬 4:25

4〉 그리스도로 옷 입은 자 갈 3:27

B. 내가 너희에게 분부한 모든 것을 가르쳐 지키게 하라 딤전 6:3

1) 천국 복음을 전하시고 하나님 나라를 전파하심(무엇이 구원의 메시지인가?)

　마 4:23/ 6:33/ 12:28/ 24:14(마태복음 25장의 세 비유 외 모든 비유는 하나님 나라)

　눅 16:16/ 18:29-30

　행 1:3/ 8:12/ 19:8/ 28:23/ 28:31

2) **천국 복음이란?**

　막 1:15 무엇이 복음인가? (딤전 6:3)

　사 9:2, 6 예수님은 빛과 왕으로 오실 것이다.

　1〉 큰 빛

　2〉 평강의 왕(사 9:7 다윗의 위를 견고케 함: 하나님 나라를 다윗의 혈통으로 세움)

　　마태복음 4장 16절은 이사야 9장 2절의 성취

　3〉 예수님의 첫 외침은 ?

　　마 4:17 (마 3:2 세례 요한의 외침)

　4〉 세례 요한의 증거는 ?

　　요 1:4-8

　5〉 세례 요한은? 눅 7:28

　　마 11:11-14(눅 16:16)

　　마 14:3-12

　6〉 예수님은 ?

　　요 1:9 빛 1:11 왕

　7〉 요 1:12 빛이신 왕 예수를 영접한 자는 구세주를 믿는 자이다.

　　요한복음 1장 7절에서 요한의 증거로 요한이 증거한 것을 믿게 함이 세례 요한의 사역의 핵심이었다.

8〉 빛으로 오신 예수님을 왜 영접하지 않았는가?

　요 3:19-20

9〉 예수님은 세상에 빛으로 오셨다.(흑암에 처한 자에게 기쁜 소식은 오직 빛: 이것이 복음)

　예언: 사 9:2 ➡ 성취: 마 4:16

　골 1:13

　요 8:12/12:4

　행 26:13, 18, 23(복음의 빛 비춰라)

　엡 5:8

　살전 5:5

　요일 1:5-7

10〉 예수님은 세상에 왕으로 오셨다.

　사 9:6 요 1:11

　행 2:36/ 5:31 롬 10:9(고전 12:3)

11〉 굿 뉴스는 어두운 심령(흑암의 권세)에 빛이 복음이지 구세주가 아니다.

　요일 1:5-7

12〉 빛으로 밝은 심령(회개)에 왕이신 예수님이 통치함으로 마음의 천국이 이루어진다.

　마 12:28(귀신을 쫓아낸 것이 회개다.)

　눅 17:21

3) 무엇이 다른 복음인가? 갈 1:6-10

　1〉 다른(Heteros) 복음 1:6

2〉 다른(Allos) 복음은 없다. 1:7

3〉 다른(Para) 복음 1:8-9

4〉 그리스도의 종이 아닌 자는? 1:10

5〉 교리의 문제점은? 마 15:3, 6/ 막 7:13/ 사 29:13

6〉 Heteros, Allos 고후 11:4/ 히 13:9/ 딤전 6:3/ 4:1-2

2. 구원의 조건(회개와 믿음 마가복음 1:15)

1) 무엇이 회개인가?

왕상 8:35 겔 14:6/ 18:21, 27, 28, 30

잠 4:27/ 3:7

눅 15:17-19 딤후 2:19 벧전 3:11

1〉 회개의 경고

　마 3:2, 8-10/ 4:17

　눅 15:7

　계 2:5/ 2:16, 21-22/ 3:3, 19/ 9:20-21/ 16:9, 11

2〉 회개에 대한 예수님의 말씀

　마 4:17/ 11:20-24/ 12:41

　막 1:15/ 6:12

　눅 5:32/ 13:3, 5/ 15:7/ 24:47

3〉 회개와 세례요한 행 13:24

　마 3:2, 8, 11

막 1:4

4) 사도행전의 회개

행 2:38/ 3:19/ 5:31/ 11:18/ 17:30/ 20:21/ 26:20

5) 회개와 사도 바울의 언급

롬 2:4-5

고후 7:10/ 12:21

딤후 2:25

히 12:17

6) 욥의 회개(순전하고 정직하여 하나님을 경외하며 악에서 떠난 자, 하나님의 종)

욥 42:5-6

욥 19:25, 27/ 23:3

욥의 의?: 욥 33:8-12/ 대속물 33:24

7) 고넬료의 회개(하나님을 경외하며 경건, 구제, 기도하는 의인으로 유대인들도 칭찬)

행 11:14, 18

8) 회개에 의한 구원 행 11:18

고후 7:10

벧후 3:9

겔 18:32

시 7:12

    A. 누가복음 16장의 부자는 왜 지옥에 갔나? 눅 16:30

    B. 십자가의 한편 강도는 어떻게 구원 받았나? 눅 23:39-43 십자가를 질 수 있나 2절

C. 예루살렘 교회 첫 총회의 구원에 대한 결의? 행 15:6-9

D. 그리스도 도의 초보 6가지? 히 6:1-2

E. 영안을 여는 방법은? 엡 1:17-18

F. 성령을 선물로 받으려면? 행 2:38

G. 회개가 안 되는 것은? 히 6:6/ 10:26/ 12:17

H. 죄를 어떻게 깨끗이 하나? 요일 1:7, 9

2) 믿음이 무엇인가? 요 1:12

믿음은 예수를 (　　)과 (　　)으로 영접하는 것이다.

1) 믿음은 어떻게 시작되나 ?

막 1:15

행 2:38/ 14:9/ 26:18

롬 1:16-17/ 3:25/ 10:17

마 7:24

1-1) 요 3:16 at 3:14-15

요 3:16　A. 하나님의 사랑　B. 누구든지 저를 믿는 자　C. 멸망치 않고 영생(요 17:3)

요 3:14-15 a. 민수기 21:4-9　b.　　　　c.

A, a. 하나님이 세상을 사랑한 것이 무엇인가? 인자도 들려야 한다는 것은?

요일 2:15/ 3:16/ 4:10　빌 2:6-8　롬 5:8

B, b. 누구든지 저를 믿는 자란 누구인가?

히 11:1, 6,

롬 3:25 (요일 1:9/ 1:7)

요 8:12/ 12:46

갈 2:20/ 3:25-27

요일 5:1/ 5:4

약 2:18 (마 7:24)

    B-1. 믿음은 점진적으로 이루는 것

유 1:5

롬 1:17

엡 4:13

벧전 1:9

    B-2. 믿는 자들의 표적

막 16:17-18 요 7:38/ 11:25-26, 40/ 14:1-3, 12/ 20:29

    B-3. 능력 있는 믿음과 연약한 믿음

마 17:20/ 21:21-22

눅 18:8/ 22:31-34

롬 14:1

    B-4. 회개, 믿음, 세례, 깨끗한 양심은 분리 불가

막 1:15/ 16:16 갈 2:20/ 딤전 1:19

    B-5. 믿음과 소망(믿음으로 구원을 이루어나가고 소망이 구원을 완성한다)

롬 8:24(히 11:1)

    B-6. 믿음과 핍박

히 11:33-40

B-7. 믿음에서 떠난 자

딤전 4:1

벧후 2:20-22

히 10:22,26-27,38

3. 복음의 핵심

3-1) 성경에 기록된 복음의 핵심

고전 15:3-4

1〉 십자가의 죽으심 사 53, 단 9:26, 시 22:/ 26:9, 슥 12:10

2〉 부활 호 6:2, 단 12:2, 사 26:19/ 53:10, 욘 2:10

3-2) 당신은 복음의 핵심으로 살아라.

롬6:1-11

1〉 죄에 대해 어떻게 할 것인가 ?

2〉 그리스도와 합하여 해야 할 것은 ?

3〉 옛 사람은 어떻게 새 생명으로 살 수 있는가 ?

4〉 왜 그의 죽으심과 사심이 복음의 핵심인가 ?

5〉 당신은 어떻게 진짜 죽고 살 수 있는가 ?

3-3) 복음의 핵심과 세례

롬 6:1-11

1〉 골 2:12

2〉 벧전 3:21

3〉 고전 10:2

3-4) 복음의 핵심과 성만찬

1〉 요 6:53, 54

2〉 고전 11:26, 29

3-5) 십자가의 죽으심과 부활

롬 4:25/ 5:8-10

1〉 고전 1:18, 23/ 2:2

2〉 고후 13:4

3〉 갈 5:24/ 6:14

4〉 엡 2:13-16

5〉 골 2:14-15

3-6) 구약에 나타난 복음의 핵심

레 17:11   출 17:6   민 20:8

3-7) 왜 복음의 핵심이 필요한가?(제자 삼는 핵심)

1〉 롬 5:8-9

2〉 갈 2:20/ 5:24

3〉 엡 2:16-18

4〉 빌 2:5, 8

5〉 골 1:20-22

6〉 히 13:12

4. 하나님께로 난 자(하나님의 자녀) 요 1:12

예수님을 (　)과 (　)으로 영접하는 자가 믿는 자로 하나님의 자녀가 된다.

4-1) 어떻게 하나님께로 나는가?

요 1:12/ 3:5(요일 5:8)

4-2) 누가 진정한 하나님의 자녀인가?

1) 계속 또는 의도적으로나 습관적으로 죄를 짓지 않는다.

요일 3:9/ 5:18

1-1〉 사망에 이르는 죄와 이르지 않는 죄

요일 5:16

히 6:4-6/ 10:26

2) 세상을 이기는 자

요일 5:4, 계 21:7

2-1〉 세상으로 부터 온 것

요일 2:16

2-2〉 이기는 자의 구원

계 2:7/ 2:11/ 2:26/ 3:5/ 3:12/ 3:21/ 21:7

3) 의를 행하는 자

요일 2:29

3-1〉 의인은?

겔 18:9

요일 3:7, 10

사 33:14,15/ 64:5

고전 15:34

4〉 예수를 메시아로 믿는 자(요 1:41 그리스도)

　　　요일 5:1

　　　마 16:16

　　4-1〉 메시아의 의미(그리스도)

5〉 다른 사람을 사랑하는 자

　　　요일 4:7-8/ 3:10,14-16

6〉 성령의 인도를 받는 자

　　　롬 8:14

7〉 화평케 하는 자

　　　마 5:9

8〉 세례 받고 그리스도로 옷 입은 자

　　　갈 3:26-27

9〉 부활의 자녀

　　　눅 20:36

10〉 빛의 자녀(엡 5:8/ 살전 5:5-6/ 요일 1:5-6)

　　　제자는 그리스도인이요 하나님의 자녀. 행 11:26

　　　하나님의 자녀 그리고 성장 요일 3:2-3 엡 4:13-15

5. 영생

요 17:3/ 12:50

요일 5:20

하나님을 어떻게 아는가? 엡 1:17

5-1. 영생을 이루어 나가라
요 5:39-40/ 6:68

롬 5:21/ 6:22

유 21절

5-2. 영생은 하나님의 선물(은사) - 구원도 하나님의 선물(딛 2:11)
롬 6:23

5-3. 영생은 하나님의 약속
딛 1:2-3

5-4. 영생을 어떻게 얻나 ?
요 5:39-40/ 3:16(3:36, 5:24, 6:40)/ 4:14/ 4:36/ 6:51, 54/ 12:25

롬 5:21

갈 6:8

요일 5:11-13

5-5. 영생에 합당치 않는 자
행 13:46

요일 3:15

5-6. 영생과 작정(?)
행 13:48

롬 2:6-7

5-7. 영생을 얻기 위한 계명
마 19:16-29 (막 10:17-30, 눅 18:18-30)

1) 재물과 영생

　　　　마 19:22-24

　　　　빌 3:8

5-8. 영생을 얻기 위한 율법

　　　　눅 10:25-28

　　1) 강도 만난 자의 이웃은 ?　눅 10:29-37

5-9. 영생과 영벌

　　　　마 25:46

　　1) 양은?　마 25:33-40

　　2) 염소는 ?　마 25:41-45

5-10. 영생의 성취는 거룩함에 이르는 열매로

　　　　롬 6:22

5-11. 호세아 선지자의 외침

　　　　호 6:6/ 6:3/ 5:4

6. 예수님의 첫 메시지의 중요성

1) 8복

　　마 5:2-12/ 13:16, 눅 11:28, 행 20:35, 시 1:1-6

2) 세상의 소금

　　마 5:13, 민 18:19, 막 9:48-50, 골 4:6

3) 세상의 빛

마 5:14, 엡 5:8-9, 살전 5:5, 빌 2:15, 행 26:23, 요일 1:7/ 2:10

4) 율법

마 5:17-20, 롬 3:20, 갈 3:24

5) 분노하지 말라

마 5:21-26, 시 37:8, 잠언 29:22, 엡 4:26,

6) 간음하지 말라

마 5:27-32/ 15:18-20/ 19:9 막 7:20-23 고전 6:9/ 10:8 히 13:4

7) 맹세하지 말라

마 5:33-37/ 26:72 약 5:12

8) 보복하지 말라

마 5:38-42 사 35:4

9) 원수를 사랑하라

마 5:43-48 롬 12:19-21

10) 주님이 가르쳐 주신 기도

마 6:5-15

11) 구제와 금식

마 6:1-4, 16-18 사 58:3-6

12) 재물을 하늘에 쌓아라

마 6:19-21

13) 두 주인을 섬길 수 없다

마 6:24-32

14) 그의 나라와 그의 의

마 6:33-34

15) 비판하지 말라

　　마 7:1-5

16) 구하라, 찾아라, 문을 두드리라

　　마 7:7-12

17) 좁은 문/ 좁은 길, 넓은 문/ 넓은 길

　　마 7:13-14

18) 거짓 선지자/ 열매

　　마 7:15-20

19) 하나님의 뜻

　　마 7:21-23

20) 말을 듣고 행하는 자/ 행치 않는 자

　　마 7:24-27

7. 천국복음의 양면성

1) 구원

　　말씀 요 3:16 막 16:16 행 16:31

　　반응 마 5:3/ 5:8-10, 20/ 7:21/ 24:13, 빌 2:12, 행 14:22, 고전 6:9-11, 갈 5:19-21

2) 믿음

　　말씀 요 3:16 행 16:31

　　반응 요 8:12/ 12:46, 요일 5:4, 갈 2:20

3) 의

말씀 롬 3:10/ 5:9/ 4:25/ 3:28/ 4:3/ 10:10 갈 2:16/ 3:24

반응 마 5:20 요일 2:29/ 3:7/ 3:10/ 행 10:35, 고전 15:34 사 64:5/ 33:14-15 시 106:3

4) 구원은 은혜(선물)

말씀 엡 2:8, 행 15:11, 딛 2:11

반응 엡 2:1-7,10 딛 2:12-14

5) 하나님의 자녀

말씀 요 1:12

반응 마 5:9, 눅 20:36, 롬 8:14, 갈 3:26-27, 엡 1:4-5 요일 2:29/ 3:9/ 4:7-8/ 5:1/ 5:4

6) 주의 이름을 부르는 자 구원

말씀 롬 10:13, 행 2:21, 욜 2:32

반응 마 7:21, 롬 10:8-12, 행 2:17-20

7) 세례

말씀 막 16:16 행 18:25

반응 롬 6:1-11, 골 2:12, 벧전 3:21

8) 영생

말씀 요 3:16/ 5:24/ 10:28, 행 13:48

반응 요 3:36, 마 19:16-22, 눅 10:25-27, 요일 3:15

9) 사랑

말씀 요 3:16 요일 4:10

반응 마 22:37-40 요 13:34-35/ 14:21, 요일 2:15 고전 13:4-7

10) 거짓, 거짓말

　　말씀 롬 3:4,7 호 7:3, 사 9:15, 렘 17:9

　　반응 요일 2:21-22, 골 3:9-10 계 21:8, 27/ 22:15, 요 8:44,

11) 심판

　　말씀 요 3:17-18/ 5:24/ 12:47

　　반응 요 3:19-20 벧전 4:17-18 벧후 3:7 히 13:4

12) 죄

　　말씀 요일 5:17, 호 4:8

　　반응 요일 5:16/ 3:9, 히 10:26, 벧후 2:21,롬 14:23

13) 떠나지 않고 버리지 않는다

　　말씀 히 13:5, 요 6:37, 신 31:6, 수 1:5,

　　반응 히 13:1-5, 신 30:11-20, 수 1:6-9

8. 심판(정죄, 멸망, 저주)

1) 심판은 한 사람을 인하여 정죄

　롬 5:16-19

2) 옛 세상 심판

　벧후 2:5-8

3) 세상을 심판하러 오신 그리스도

　요 9:39-41/ 5:22,27

4) 죽은 후에 심판

히 9:27

5) 행한 대로 갚음

마 16:27, 롬 2:6, 계 20:12-13, 애 3:64, 시 62:12, 사 59:18, 겔 7:8, 3, 4, 9, 27/ 11:21/ 16:43/ 18:30

6) 모두 심판대 앞에 선다.

롬 14:10, 고후 5:10

7) 정죄

요 3:18-21

8) 심판의 시작은?

벧전 4:17-20 히 12:23

9) 이스라엘 열 두 지파의 심판

마 19:28

10) 심판 받을 자들

마 5:21-22 요 12:48, 살후 2:12, 딤전 5:12 벧후 2:3, 9/3:7 히 13:4,

약 3:1/ 5:9, 전 3:17

11) 멸망 받을 자들

빌 1:28, 살후 1:8,9/ 2:3-4/ 2:10, 딤전 6:9, 벧후 2:1, 유 11절

12) 심판의 경고

딤후 4:1(벧전 4:5) 히 9:27, 딤전 5:24

13) 정죄에 대하여

막 16:16, 요 3:19, 롬 3:8 딤전 3:6

14) 저주에 대하여

마 25:41, 요 7:49, 갈 1:8-9 고전 16:22

15) 심판자가 어디?

약 5:9

16) 심판을 이기는 것은?

약 2:13(마 25:34-40)

17) 심판 날에 담대함은?

요일 4:16-17

18) 정죄를 받지 않으려면

롬 8:1

19) 하나님의 나라를 유업으로 받지 못할 죄목

고전 6:9-10 갈 5:19-21

20) 심판의 기준

벧후 2:9/ 3:7 유 15절 사 33:14-16 마 5:8 히 12:14

9. 천국복음에 의한 전도법

무엇이 그리스도인이 하나님 나라 갈 패스포트일까? 하나님의 형상 회복

요 3:5

고후 5:17

엡 4:22-24

창 1:26

하나님 나라 갈 비자는 어디서 발급 받나? 하나님 나라 대사관인 마음/ 비자는 마음에 임한 천국

> 히 3:1
>
> 빌 3:20
>
> 마 6:33 / 12:28
>
> 눅 17:20-21
>
> 롬 14:17

무엇이 하늘 나라 갈 티켓인가? 회개

> 고후 7:10,
>
> 요일 1:7/ 1:9
>
> 벧전 1:18-19

하나님 나라 가려면 무엇을 타야 하나? 그리스도 146

> 요 14:6

그리스도 146을 타려면 몇 번 Gate로 가야 하나? Gate 109

> 요 10:9

Gate 109의 street 이름과 No? 714 좁은 길 street

> 마 7:13-4

무슨 에어라인을 타야 하나? 소망 에어라인

> 롬 8:24
>
> 히 11:1
>
> 딤전 1:1

소망 에어라인의 두 날개는? 회개와 믿음

> 막 1:15

| 19장 | # 필리핀 선교사 지광남

나는 40세까지 평신도로 가구를 생산하는 공장을 경영하다 신학을 하라는 주님의 명을 어기고 3년 동안 도망치다 사업이 파산함으로 항복하여 신학을 시작한 것이 1983년이었다. 많은 사람들이 신학교에 들어갈 때는 뜨겁지만 나올 때는 싸늘하다는 말을 했는데 도저히 이해가 되지 않았다. 그러나 신대원에 입학하고 그 의미가 무엇인지 알게 되었다. 3년간의 신대원 과정에서 나는 주님께 목사 되기 싫으니 평신도로 다시 돌아가게 해주시면 좋겠다며 입버릇처럼 말했다. 그 이유는 평신도 때 순수하던 신앙이 신대원에서 같이 수업하는 신학생들에게서 찾아보기가 쉽지 않았기 때문이다. 결국 신대원 졸업 때 나의 모습도 저들과 별 다를 바 없다는 것을 보게 되었다.

늦게 신학 공부를 마친 나를 부목사로 부르는 것이 쉽지 않았을 것이고, 교회를 개척하자니 자금이 없어 망설이던 중 선교지 방문 팀을 만나 동행하게 것이 필리핀으로 오게 된 계기였고 하나님의 뜻이었다.

선교지 도착

나는 1989년 8월 7일 필리핀에 도착했다. 자정이 다 된 한밤중에 도착했는데 당시 이삿짐을 다 싣고 왔기에 타월이 이민 가방 하나에 가득했다. 나를 인솔했던 목사님이 이 가방을 가지고 세관을 통과하다 붙잡혀 나오지를 않았다. 승객이 거의 다 빠져 나온 시간에 내가 세관으로 갔더니 목사님이 마냥 버티고 있었다. 그래서 내가 "이것은 상품이 아니라 교회 행사를 위한 기념 타월들로 제가 쓰려고 가져온 것인데 자 하나씩 선물로 받으세요" 하고 주었더니 통과가 되었다. 비행기 도착 후 2시간이 소요되어 자정이 넘은 때라 마중 나올 분이 없었다. 또한 핸드폰이 없던 시절이라 다른 방법이 없었다.

1톤 트럭을 빌려 선교부의 필리핀 현지 동역자의 집을 주소만 갖고 찾아 나섰다. 꼭두새벽에 공항에서 출발해 약 한 시간 반 거리를 달리는 동안, 운전석 옆에 내가 앉고 문 쪽에는 선교회 대표 목사님 그리고 이삿짐을 3분의 2 정도 싣고 남은 공간에 아내와 자녀 셋이 비좁게 앉았다.

한 시간쯤 달렸을 때 어느 가게 문이 열려있기에 주소를 확인하러 잠시 차를 멈추었다. 주소지 가까이 온 것 같아 안심이 되었다. 5분 정도 달렸을 때 갑자기 차가 한 대 달려오며 헤드라이트를 올렸다 내렸다 하면서 우리 차를 정면으로 막아섰다.

순간적으로 강도들이구나 하는 생각이 들었다. 대표 목사님은 이미 몇 차례 필리핀을 왔던 터라 밤길에 떼강도들이 있다는 소문을 익히 들어 알고 있었다. 2미터 앞에 차를 세운 그들은 6명이 손에 권총을 쥐고 내렸다. 운전수는 시동을 끄고 강도에게 끌려 내렸다. 대표 목사님은 덜덜 떨면서 눈을 감았다.

그런데 이상하게도 나는 두렵지 않았다. 차에서 내려 가장 덩치 큰 강도에게 갔다. 나의 눈에는 권총이 들어오지 않았다. "헬로, 친구여! 1950년 한국 전쟁 때 필리핀 군인이 한국에 와서 많이 죽었고 나도 필리핀을 도우러 왔다. 이 주소로 나를 안내하면 팁을 주겠다"고 했다. 그는 어이가 없다는 듯 나를 제치고는 선교부 대표에게로 갔다. 권총 뿌리로 어깨를 밀면서 달러를 내놓으라고 했다. 대표는 눈도 못 뜨고 계속 권총으로 다그쳐도 떨기만 하면서 전혀 대구를 안 했다. 한참 후에 포기한 그는 다시 짐칸으로 갔다.

고등학교 2학년생이었던 큰아들이 영어 회화를 잘 했다. 강도의 질문에 아내에게 이렇게 답을 하라고 가르쳐주었더니 입 닥쳐 하고는 큰아들을 끌어내려 길옆의 숲으로 데려갔다. 초등학교 2년생이던 막내는 잠을 자고 있었고, 아내와 중학교 3년생이던 딸은 "주님, 도와주세요"만을 부르짖고 있었다. 그러는 사이 나는 강도들에게 이 주소로 데려가주면 팁을 주겠다면서 강도들의 차에 올라탔다.

아내와 딸은 내가 강도들에게 끌려 탄 것으로 알고, "주님, 살려주세요"라고 부르짖었다고 한다. 아들은 숲으로 끌려갔고 남편은 강도의 차에 타고 있는 이 절박한 순간에 아내와 딸이 무엇을 할 수 있었겠는가? "주여! 주여!"밖에는 아무것도 할 수가 없었다.

새벽 2시 30분경 주님은 천사를 그 시골길에 보내주셨다. 멀리서 불빛이 비치더니 지프차 한 대가 다가왔다. 젊은이가 내려 무슨 일이냐고 물었다. 내가 얼른 내려 그에게 가서 "이분을 찾아가는 중"이라 했다. 그는 자기가 잘 아는 분이라고 하면서 강도들에게 뭐라고 했다. 그 젊은이는 군인 대령이었는데 필리핀은 군인들의 힘이 대단한 나라였다. 그 젊은 천사가 우리가 찾아가는 그분에 대해 말하니 갑자기 강도들이 기가 죽어 차에 올라탔고, 덩치 큰 강도가 나에게 오더니 팁을 달라고 했다. 도착하면 주겠다고 했더니 팁부터 줘야 뒤따라가겠다고 했다. 그러면서 팁을 얼마나 줄 거냐고 묻길래 300페소(약 1만 원)라고 했더니 어이가 없다는 듯 더블로 달라고 했다. 내 호주머니에는 2,000페소가 있었는데 화물차 대여 비용이 1,500페소여서 500페소밖에는 여유가 없었다. 그래서 돈 가지러 가는 척하고 대표 목사님께 갔더니 아직도 눈을 감고 덜덜 떨고 있었다.

"목사님, 강도들이 팁을 달라고 하네요" 했더니 "얼른 주세요!"라고 다급히 외쳤다. 그래서 다섯 장을 내 호주머니 안에서 헤아려 500페소를 주고 출발을 했다. 앞에는 천사 지프차가 가고 뒤에는 강도 차의 호위를 받으며 가다보니 갈림길이 나타났다. 그 갈림길에서 강도들은 멸망받을 길로 사라졌다.

선교지에 도착한 첫날, 이렇게 나의 사역이 시작되었다.

바울 사도가 사도행전 14장 22절에서 "우리가 하나님 나라에 들어가려면 많은 환난을 겪어야 할 것이라"고 말한 것처럼, 만사형통이 축복이 아님을 깨우쳐 주신 시간이었다.

다음 날 오전에는 선교부 필리핀 동역자인 데 훼수스 장로님의 가정에서 쉬었고, 오후에 셋집으로 들어갔다. 장로님 부인의 소개였기에 앞뒤 재지 않고 믿고 갔다. 그런데 임대료가 예상보다 너무 높아 6개월 이상 계약할 수 없다고 했더니 장로님 부인이 화를 내면서 1년을 계약하기로 했다는 것이다. 나는 1년 계약은 할 수 없다고 버텨 6개월만 계약을 했다.

며칠 후 집 안 정리를 끝내고 일 년 전 필리핀에 와 나사렛 신학교에서 공부하는 김 목사님께 전화를 했다. 목사님의 첫 질문이 "렌트비 얼마요"였다. "9천 페소"라고 했더니, 이틀 후 우리집으로 달려왔다. 김 목사님은 들어오자마자 "9천 페소짜리는 수영장이 딸린 큰 집인데 이 연립 주택을 그 가격에 계약했단 말입니까? 이 정도는 5천도 안 합니다"라고 했다.

장로님 부인이 선교부 동역자로서 어떻게 이럴 수가 있나? 왜 그랬을까? 알아봤더니 소개비 때문이었다. 1년 계약을 해야 소개비로 한 달 치를 받는 것이었다.

필리핀에 도착한 밤에는 권총 강도를 만났고 다음 날 오후엔 황당한 그리스도인을 만난 것이다.

이렇게 6개월을 살려고 생각하니 억울했다. 하지만 이미 계약을 했으니 6개월을 살고 떠나는 길밖에는 없었다. 같은 규모의 연립 주택을 알아보았더니 4천 페소 정도였다. 소개비 5천 페소를 더 받으려고 선교사를 이용한 것이다. 우리는 매달 천 페소를 더 내야 하는 것이었다. 생각만 해도 어처구니가 없었다. 부유한 장로님 부인이 왜 그랬을까?

그리고 아이들 학교와 관련해서는 문제가 없다고 했었는데, 신학기가 아니면 받지 않는다며 내년 6월까지 기다려야 한다고 말을 바꾸었다. 황당한 선교부의 정보로 또 숨이 막혔다.

주일 예배를 위해 가까운 교회를 정하고 매주 출석했지만 타갈로그어를 모르니 답답했다. 어느 주일 예배가 끝날 무렵 갑자기 아내가 의자에 앉은 채로 쓰러졌다. 얼굴에 땀방울이 맺혀 손을 대어 보니 싸늘했다. 체온이 느껴지지 않았다. 아이들이 들쳐 업고 집으로 돌아왔으나 무의식 상태였다. 아무도 병원에 갈 생각을 하지 못했다. 아이들은 엄마를 살려달라며 울부짖었다. 사람이 죽을 때 식은땀을 흘린다고 했는데 몸에서는 분명 땀이 나는데 피부는 싸늘했다. 선교지에 도착해 한 달도 못되어 아내가 죽는구나 생각하니 아무 생각도 나지 않았다. 그 사이 3시간이 지났으니 회복 가능성이 희박해지고 있었다. 그때 머리를 스친 것은 손발에 구급 혈을 따서 피를 흘리는 것이었다. 정신이 번쩍 들면서 바늘을 찾아 손발을 따고 피를 뽑아냈다. 30분 정도 지나니 아내가 신음소리를 내면서 의식을 찾았고 한 시간 후에는 말을 하기 시작했다.

필리핀에 도착한 지 두 달이 되는 9월 어느 날 나의 왼쪽 복사뼈가 퉁퉁 부어 올랐다. 하루 이틀 지나니 더 부었다. 급기야 간호사로 일하는 한국의 누님께 전화로 상황을 알렸더니 물이 체여 주삿바늘로 뽑아낸다 해도 또 생기니 쉽게 고쳐지지 않는다고 했다. 참 이상한 것은 이런 상황인데도 병원에 가봐야 한다고 하는 가족이 아무도 없었다. 시간이 갈수록 군화만큼 부어올랐다.

그러던 어느 날 막내가 "아빠, 이것 암이에요?"라고 물었다. "아니야. 고모 말에 의하면 물이 체여 그렇단다." "아빠, 제가 기도해줄게요." "그래, 그러자." 나는 침대에 올라앉았고 막내는 두 손으로 발을 붙들고 간절히 기도했다. 8살짜리 아들아이가 10분을 기도한 것도 아니고 1분도 아니고 길어야 20초 정도 했을까…갑자기 발목에 차가운 기운이 돌았고, 기도가 끝났을 때 보니 아이의 이마에 땀이 맺혀 있었다.

3일이 지난 아침, 잠에서 일어난 나는 나도 모르게 슬리퍼를 신었다. 그것도 왼발에 말이다. "얘들아, 기적이 일어났어! 아빠 발이 정상이 되었다! 우리 막내, 지모세의 기도의 능력이 나타났다!" 할렐루야!

9월이 되어 사역지를 찾아갔다. 한국에서 말하는 양공주 교회였다. 한국에서 미국 군인과 살다가 군용기를 타고 필리핀에 온 한국 양공주들이었다. 애석하게도 필리핀 자매들에게 밀려 쫓겨나 비자도 없이 불법 체류자 신세가 된 여성들로, 250여 명이 있었다. 나는 그들을 위한 특수 목회자를 찾는다는 정보를 보고 필리핀에 온 것이다.

그런데 막상 앙겔레스 사랑의 한인교회에 도착해 보니 두 달 전 이 목사님이란 분이 부임해 이미 목회를 하고 있었다. 황당한 선교부의 정보에 또 한 방 얻어맞은 것이다. 내가 첫 인사로 "이 교회 사역을 위해 선교사로 파송받아 왔습니다"라고 했더니 목사님과 사모님의 얼굴색이 노랗게 변했다. 한 사역지에 두 선교사, 말문이 막혀 어쩔 줄 몰라 그분들은 내게 냉수 한 잔 권하지 않았다. 그때 내가 "목사님, 이 교회 사역 잘해주십시오. 저는 날마다 기도해드리겠습니다"라고 말했다. 갑자기 두 분의 얼굴색이 돌아왔고 나는 점심까지 대접을 받았다. 그리고 지금까지 절친한 동역자로 지내고 있다. 아쉽게도 피나투보 화산 폭발로 사랑의 한인교회는 막을 내렸다.

새로운 사역으로 인도하시다

앞에는 홍해 뒤에는 애굽 군대를 만난 이스라엘 백성들을 생각하며 아침저녁으로 예배 드리면서 주님의 뜻을 구하고 구했다. 앞에서 언급한 나사렛 신학교에서 공부하고 있던 김 목사님은 한국 어린이 전도협회 대구 지회 총무를 역임했고, 그 당시 나는 후원회원으로 어린이 전도협회 사역에 동참할 때가 많아 절친한 관계였다.

나보다 1년 정도 일찍 온 그분은 필리핀 주일학교 실정을 잘 알고 있었기에 필리핀에 꼭 필요한 사역이 주일학교 교사양육임을 알고 있었고, 그 사역을 위해 하나님께서 나를 보내셨음을 깨닫게 되었다.

1989년 12월 7일 필리핀 재단 등록청(SEC)에 복음주의 교사훈련원

(Evangelical Teacher Training Fellowship., Inc.)을 등록하고 1990년 2월부터 율동 강습회를 시작했다. 내가 평신도 때 대구 노회 주일학교 강습회 율동강사로 어린이 전도협회 총무였던 김 목사님의 추천으로 2년을 사역했다. 하나님께서 미리 준비시켜주셔서 언어가 아닌 노래와 율동으로 사역을 시작하게 하신 것이다.

1994년 성경학교 강습회를 CSM(Church Strengthening ministry., Inc.)과 함께 시작했다. 교재는 CSM 교재를 사용하고 타갈로그어 노래를 내가 율동으로 만들어 가르쳤다. 매년 10-12개의 율동을 만들었는데, 2009년부터 제자들이 율동을 만들어 가르치기 시작했다. 2013년 20회 성경학교 강습회를 나의 사역지가 협소해 한 알의 밀알교회(김은주 목사 시무)로 옮겼다. 한 알의 밀알교회로 사역을 넘기니 2014년부터는 더 좋은 시설과 더 좋은 강사진으로 사역할 수 있게 된 것이다.

1999년 필리핀 어린이 전도협회와 함께 교사 양육을 시작했다. 그 동안 교사 훈련원 건물이 없어 내가 사는 집을 2층으로 올리고 1층을 이용했다. TCE(Teaching Children Effectivery) 어린이 전도협회 교재로 필리핀 어린이 전도협회 스태프들이 가르치고, 새벽 기도와 저녁 율동과 천국복음 특강은 내가 담당했다. 주일 밤에 시작해 금요일 밤에 마치는 합숙 훈련이다. 새벽 5시에 새벽 기도로 시작해 숙제까지 끝내면 11시가 넘는 고된 훈련이다. 15차 훈련으로 나의 사역을 정리하고 어린이 전도협회로 이양했다.

2009년 시작된 천국복음 세미나와 2013년 8월에 시작된 천국복음에 의한 제자 훈련 등 모든 사역을 2013년까지 마무리했다.

비콜 신학교

안식년을 앞둔 선교사님이 신학교를 맡아 달라고 했지만, 내가 살던 곳에서 400킬로미터나 떨어진 곳으로 버스로 10시간씩 가기가 어렵다고 했더니, 그러면 찬송가를 가르쳐달라고 했다. 부탁을 들어주려고 월요일에 내려갔다가 토요일에 올라오면서 학교 사정을 보니 가정집 거실이 교실이었고 14명 학생이 가득 들어차 있었다. 그래서 내가 2층 상가 건물을 임대해서 옮겼는데 내 사역 현장도 아닌데 이렇게 하니 어떤 선교사님이 이렇게 말했다. "목사님, 남 좋은 일 하지 마세요." 그때 나는 이렇게 답했다. "남이라니요? 하나님 나라를 위한 것인데요!"

비콜 신학교는 이렇게 시작되었다. 선교사님이 안식년을 떠나며 왜 내게 부탁을 한 것인지 현장에 가서 보니 알게 된 것이다. 어느 날 비콜에서 신학교를 할 좋은 땅이 있다고 연락이 왔다. 공항에 도착해 마중 나온 학생에게 스퀘어미터당 얼마냐고 하니 10페소라 하기에 10페소라면 아마 산이거나 수렁일 것이기에 아예 볼 필요가 없다고 했다. 그러자 그가 하는 말이 국도에서 걸어서 갈 수 있는 곳으로 농장이라 했다. 학교 지을 땅을 알아보고 있던 터라 논도 100페소 이상인데 뭔가 잘못 안 것이 아닌가 의아해하며 가보았더니 7헥타르(2만 천 평 정도)로 현찰로 70만 페소를 주면 판다고 했다. 그 그림 같은 농장의 주인은 장거리 고속버스 회사 사장으로 나가 시(Naga City)에 주차장이 없었는데 마침 조그만 땅이 나와 지금까지 아무 소득도 없던 이 농장을 주차장 구입 대금 70만 페소에 팔려고 내놓은 것이었다.

당시 신학교 운영 이사장이 2만 불을 내놓았으나 약5천 불이 모자라 딸의 대학 학자금을 아내 몰래 사용해 2만 5천불을 환전하니 기적 같이 딱 70만 페소가 되었다. 딸의 학자금을 비콜 신학교에 심었더니 하나님께서 딸아이의 대학 공부를 책임져주셨다.

본의 아니게 비콜 신학교 사역을 시작해 5년 동안 7헥타르의 땅에 학교 건물을 세웠다. 그리고 현지에 있는 선교사에게 넘겨주고 사역을 마무리했다.

원치 않았던 기도원 사역

1997년 8월경 한국에서 권사님 가정이 같은 동네로 이사를 왔다. 한국에서 기도원 사역이 싫어 도망을 왔다고 했다. 그러나 필리핀에 온 지 얼마 되지 않아 성령님께서 주시는 부담으로 가정에서 기도원을 시작했다.

새벽 기도를 하지 않던 내게 새벽 기도 인도를 요청해 거절할 수 없어 수락을 했다. 새벽 기도 인도와 매주 금요 집회에 선교사들과 교민들이 참석하면서 기도와 말씀 사역이 나의 영적 각성에 영향을 주기 시작했다.

권사님 집에서 시작된 기도원이 금요 정기집회 시간에는 차고 넘칠 정도가 되었다. 그래서 비어 있는 집을 임대받아 기도원으로 개조했는데 1년 후에 비워달라고 했다. 고민하던 권사님이 나에게 땅만 있으면 누군가 기도원을 지어주겠다고 하니 싼 땅을 찾아달라고 했다. 당시 나의 사역지에 교사훈련원을 지을 빈 땅이 있었는데 싼 땅을 찾을 길이 없어 그곳에 기도원을 지어 주님 오실 때까지 기도 사역을 하기로 하고 2001년 지은 기도원이 바로 영광기도원이다.

2001년 10월경 권사님이 모기에 의한 뎅기열에 걸렸는데, 병원에 입원하지 않고 기도로 지탱하다가 고열로 뇌에 치명적인 손상을 입고 2002년, 즉 기도원 헌당 1년 후 소천했다. 이로 인해 기도원이 원치 않게 나의 사역으로 바뀌게 되었다.

그 뒤 선교사 네 가정이 기도원 사역을 함께하게 되었다. 금요 집회에 많은 언어 연수생들과 유학생들 그리고 선교사 가정들이 모여 기도와 말씀으로 사역이 뜨겁게 진행되었다. 특히 언어 연수생들이 많이 참석하면서부터 치유가 일어났다. 치유사역에 경험이 없는 우리는 그저 성령님을 의지하면서 사역을 했으나 사역 마무리를 하기가 너무 힘이 들었다.

2007년 12월 내적치유 전문사역자를 모시고 50여 명의 선교사들이 치유를 받았다. 죽음의 영이 떠나는 것으로부터 파탄 일보 직전의 가정들이 회복되면서 선교 현장이 떠들썩했다. 때를 같이해 마귀들의 총동원령이 내렸는지 기도원을 공격하는 소리가 들리기 시작하더니 이단이라는 소리까지 돌기 시작했다. 무슨 이단이 가정이 회복되고 치유가 일어나고 악한 영들이 떠나가는가? 속에 쌓여 있던 혈기 분노, 맺힌 한 등을 토설해내니 사람이 바뀌었는데 이단이라고 떠들다니 참 답답했다. 무지한 사람들이 무슨 말을 못하겠는가?

선교사 자녀 72명을 치유하면서 그들이 가지고 있던 원망, 불평불만 등 속에 있던 한을 다 토설해내고 변화가 일어났는데도 치유사역이 성령의 역사가 아닌 것으로 훼방하는 선교사들은 도대체 성령님을 아는지 모르는지 답답하기만 했다.

내적 치유에 참석한 모 선교사님은 부친이 50세에 돌아가셨고 형님도 50세에 돌아가셨는데, 이제 49세가 된 본인이 문전 출입을 못하던 차에 내적 치유를 받고자 참석했다. 그분에 대한 영적 진단은 아버지를 죽인 죽음의 영이 형님을 죽였고, 형님을 죽인 영이 그에게 들어와 역사하고 있었던 것이다.

당시 얼굴색이 검푸른데다 죽음을 앞둔 모습이었는데 예수 이름과 보혈의 능력으로 치유를 한 수십 분 후에 본인의 입을 통해 "죽음의 영이 떠나갔다"는 승리의 외침과 함께 성령의 임재를 알렸다.

그리고 이어서 주님이 주시는 말씀이 있으니 선포하라고 했다. 당시 50여 명의 선교사들이 4개 그룹으로 나뉘어 있었는데, 우리 그룹에는 12명의 선교사와 함께 나와 아내도 있었다. 치유 받은 선교사가 드디어 주님이 주시는 말씀을 선포했다. "지광남 이순희 선교사야, 너희가 날 두고 어디 도망하려 하느냐?"라고 큰 소리로 외쳤다. 모두 나와 아내를 쳐다보았다. 이 치유 사역의 현장 사역자인 나와 아내는 당시 선교부가 혼란한 상태라 선교부를 떠나고자 은퇴하고 간접 선교를 할 계획을 세우고 사역을 정리할 준비를 아무도 모르게 하고 있었다. 그런데 그것이 하나님의 뜻이 아닌 것이 그 선교사를 통해 드러난 것이다.

터닝 포인트

2008년 8월 사역 연장 신청을 위해 귀국해 후원교회에 요청을 했다. 그리고 8월 중순 모 선교사의 소개로 실로암이라는 곳에 갔다. 잠시 가서 은혜나 받자는 것이었다. 그런데 예상이 빗나가 3개월 반을 머문 후 필리핀으로 돌아왔다.

그 3개월 반은 나와 아내의 생애를 바꾼 기간이다. 실로암은 아침 9시에서 밤 9시까지 회개하게 하고, 회개로 심령이 깨끗해지면 영안을 여는 사역을 하고 있었다.

실로암의 사모님이 나를 보더니 첫 인사가 "목사님, 폐에 세력이 콩나물시루처럼 빽빽하네요. 어디서 오셨나요?"라고 물었다. 도대체 받아들일 수 없는 이상한 말이었고 거부 반응이 들었다. 그리고 나의 아내를 보더니 "사모님 왼쪽 가슴에 1센티미터 정도의 종양이 있으니 병원에 가서 확인해보세요. 다들 신뢰

하지 않으니 병원에서 확인하신 후 원하시면 치유를 받으세요"라고 했다. 그렇지 않아도 귀국하여 종합검진을 받았고 의사 소견서에 왼쪽 가슴 정밀 검사를 요함이라고 했었기에 곧바로 병원에 가서 압축 촬영 및 정말 검사를 받았더니, 0.9밀리미터의 종양으로 판정이 나 결국 실로암에 등록을 했다.

사역이 시작되면서 영적 진단을 받고 세력들을 몰아내는 사역에 임했다. 나의 왼쪽 폐 안에 있는 세력들은 필리핀에서 치유 사역을 할 때 선교사 자녀들이 토설하며 쏟아낸 세력들이 나의 약한 폐에 침투해 자리를 잡게 된 것이었다. 그런데 멀쩡했던 내가 사역을 받자 폐 속에 있던 세력들이 나가지 않으려고 발버둥을 치니 육체적으로 견딜 힘이 약한 나는 2주 후부터 중환자 꼴이 되었다. 숙소가 전철로 10분, 도보로 30분 거리에 있었는데 걷기조차 힘들었고 밤에 잠자는 것도 쉽지 않았다.

아내의 종양도 사역을 받았는데 놀라운 것은 처형이 유방암으로 소천을 했는데 처형을 죽게 한 그 세력이 아내의 왼쪽 가슴에 자리 잡고 있다는 사실이었다. 만약 실로암에 가지 않았다면 아마도 큰일을 당할 뻔했다.

사역을 다 받은 아내는 사역훈련도 서둘러 받고 중국 심천에 있는 딸아이의 출산을 위해 10월 하순 출국했고, 나는 실로암의 사역자로 11월 말까지 머물게 되었다. 아내가 떠나자 사역자 한 분이 내게 황당한 이야기를 했다. "목사님이 처음 등록하고 3주쯤 지난 후 중환자처럼 되었을 때 사모님과 함께 아침저녁으로 오가는 모습을 보고 식사를 돕는 배 집사님이 한 말입니다" 하면서 "저 환자 같은 노인 목사님을 매일 모시고 오는 저 따님이 너무너무 힘들어 보이지요?"라고 했다는 것이다. 이 소리를 들은 나는 당장 염색약을 사서 머리 염색을 했다. 사실 나는 염색을 좋아하지 않고, 지금도 염색을 하지 않는다.

이렇게 실로암에서 보낸 3개월 반은 나의 생애를 바꾸었다. 10월 하순경 주님이 내게 이렇게 말씀하셨다. "너 날 보고 일했느냐?" 이 한마디는 나를 토네이도처럼 박살내버렸다. "제가 알고 있는 저는 모범 선교사에다 세상적으로 한눈팔지 않는 자로 주변 선교사들도 그렇게 인정할 것입니다. 그런데 웬 말씀입니까? 제가 주님 바라보지 않고 세상적으로 살았단 말입니까? 아니면 적당하게 타협하며 살았단 말입니까? 저의 죄명이 무엇입니까?"

그 답은 하나 친밀한 교제였습니다. 주님은 그분과 친밀한 교제가 없는 사역도 열성도 원치 않으신다는 사실을 깨닫고 나는 회개하고 또 회개했다.

3개월 반이 지나고 11월 마지막 날 사역 현장인 필리핀에 도착했다. 그때 과거의 지광남 선교사는 없고 오직 주의 종으로서의 삶이 시작되었다. 그것은 말씀의 회복이었다. 주님은 나에게 교리를 버리고 순수 성경 말씀으로 돌아가라고 하셨다. 처음에는 무척 힘들었다. 어릴 적부터 65세까지 배웠던 성경 지식이 교리에 의한 것이었기에 교리를 버리는 것이야말로 나의 의지로서는 불가능했다.

드디어 성령님께서 가르쳐주시기 시작했다(요 14:26). 2009년 나의 사역은 새로운 국면으로 접어들었다. 그것은 회개기도운동과 천국복음사역이었다.

20장 천국복음의 결론은 에덴의 회복

주님이 이 땅에 오신 것은 에덴에서 파괴되고 잃어버린 모든 것을 회복하고 찾는 것으로 일관되어 있음을 우리는 간과해서는 안 된다.

주님의 첫 외침인 "회개하라 천국이 가까웠느니라"를 어떻게 해석하는 것이 옳은가? 천국, 즉 하나님 나라는 하나님의 보좌로 움직이는 것이 아니다. 그렇다면 하나님 나라가 가깝다는 것은 무슨 의미인가? 이미 앞에서 언급한 바 있지만 이 땅에 오신 주님이 가장 먼저 하나님 나라를 말씀하신 이유는 분명히 있다. 그 이유를 알지 못하면 문제를 풀 수 없다.

에덴은 하나님 나라의 모형으로 하나님이 창설하셨는데 그 하나님 나라가 사탄에 의해 사라져버렸다. 때문에 사탄에 의해 사라진 하나님 나라를 회복하는 것이 하나님의 계획인 것이다. 쉽게 생각해보자. 하나님이 사탄에게 당하시고 그냥 지나치시겠는가? 사탄에 의해 사라진 하나님 나라의 모형을 다시 이 땅에 세우는 것은 마땅한 일인 것이다.

하나님 나라를 이 땅에 세우는 방법은 사탄을 멸하는 길 외에 다른 길은 없다. 사탄을 멸하는 길은 사탄의 종노릇하는 것에서 하나님의 종이 되는 것이다. 지금까지 모든 인류는 사탄의 지배 속에서 사탄의 종노릇을 했다. 우리가 사탄의 종노릇하는 것에서 벗어나는 길은 오직 하나다. 내 속에 있는 죄를 몰아내고 심령이 깨끗해지는 길 외에는 없다. 죄를 몰아내고 심령이 깨끗해지는 방법은 회개로서, 회개 없이 예수 그리스도의 보혈로 나의 죄와 심령의 더러움을 씻을 길은 없기 때문이다.

사탄이 흑암의 권세로 이 세상을 지배하고 있기에 주님이 이 사탄을 멸하기 위해 이 땅에 오셨다(요일 3:8). 그러므로 주님이 왕권을 가지고 빛으로 오신 것이 바로 흑암의 권세를 몰아내는 최상의 길인 것이다. 때문에 빛으로 오신 왕이신 예수님을 영접해야 회개가 일어나고 심령의 더러움이 떠나게 되는 것이다. 이것을 사도 바울은 골로새서 1장 13절에서 "그가 우리를 흑암의 권세에서 건져내사 그의 사랑의 아들의 나라로 옮기셨으니"라고 했다. "그의 사랑의 아들의 나라"란 바로 하나님 나라인 것이다. 즉, 빛으로 오신 왕이신 예수님을 영접했다면 흑암의 권세는 떠나갔고 내 심령에 왕이신 주님이 좌정하시므로 나의 심령이 하나님 나라가 된 것이다. 좀 더 상세히 설명한다면 회개하면 천국이 내 심령에 들어오고, 회개하지 않으면 천국은 나와 상관없어지는 것이다. 그래서 "회개하라 천국이 가까웠느니라"고 하신 것이다.

그럼 에덴으로 가보자. 하나님은 인간을 창조하실 때 하나님의 모양과 형상으로 지으셨는데 죄를 범함으로 하나님의 형상이 망가졌다. 그런 망가진 하나님의 형상으로는 도저히 하나님 나라를 볼 수도 없고 들어갈 수도 없다고 했다

(요 3:3, 5). 그래서 하나님 나라를 보고 들어가기 위해 거듭나야 하는 것이다. 이것이 망가진 하나님의 형상을 회복하는 길로서, 물과 성령, 즉 예수 그리스도의 보혈로 다시 태어날 때 새로운 피조물이 되는 것이다. 사도 바울은 에베소서 4장 22-24절에서 "너희는 유혹의 욕심을 따라 썩어져 가는 구습을 좇는 옛 사람을 벗어 버리고 오직 심령으로 새롭게 되어 하나님을 따라 의와 진리의 거룩함으로 지으심을 받은 새 사람을 입으라"고 했다. 여기서 "하나님을 따라 의와 진리의 거룩함으로 지으심을 받은 새 사람"이란 바로 하나님의 형상의 회복인 것이다. 아담과 하와는 하나님과 함께 에덴에서 거닐 때 완전한 하나님의 형상으로 의와 진리의 거룩함이었지만 범죄함으로 인해 하나님의 형상이 망가졌는데 이것을 회복하는 것이 에덴으로의 회복인 것이다. 이와 같이 하나님은 그분이 창설하셨던 에덴의 원상 복귀를 우리의 심령에 이루시는 것으로 사탄의 일을 멸하신다.

하나님의 형상이 망가지게 된 원인을 보면 사탄의 유혹으로 시작된다. 이 사탄의 유혹에 넘어가지 않았다면 지금 우리는 죄인이 아닐 것이다. 그러므로 이 사탄의 유혹을 지금 우리가 처리할 때 사탄의 일을 멸하는 것이 된다. 요한일서 5장 4절에서 "대저 하나님께로서 난 자마다 세상을 이기느니라 세상을 이긴 이김은 이것이니 우리의 믿음이니라"고 한 것은 에덴의 실패에 대해 우리에게 주어진 승리의 길을 말씀하신 것이다. 우리가 세상을 바로 알면 이것이 에덴으로부터 온 것임을 알게 된다. 요한일서 2장 16절은 "이는 세상에 있는 모든 것이 육신의 정욕과 안목의 정욕과 이생의 자랑이니 다 아버지께로 좇아 온 것이 아니요 세상으로 좇아 온 것이라"고 한다. 에덴에서 하와를 유혹한 것이 바로 이 세 가지다. 먹음직 하고, 즉 육신의 정욕, 보암직 하고, 즉 안목의 정욕, 지혜롭게 할 만큼 탐스럽게 그리고 하나님처럼 되는, 즉 이생의 자랑으로 이 세 가지를 해결하지 않는다면 하나님 나라가 성립되지 않는다. 그래서 에덴에서 실패했던 이 세 가지를 우리가 이길 때 그것이 바로 에덴의 회복이요 우리의 믿음인 것이다. 앞서 언급했지만 이 세상을 이기는 믿음이 구원받는 믿음인데 다음의 성경 구절들에 언급되어 있다. "이기는 그에게는 내가 하나님의 낙원에 있는 생명나무의 과실을 주어 먹게 하리라"(계 2:7). "이기는 자는 둘째 사망의 해를 받지 아니하리라"(계 2:11). "이기는 자는…내가 그 이름을 생명책에서 반드시 흐리지 아니하고 그 이름을 내 아버지 앞과 그 천사들 앞에서 시인하리라"(계 3:5). 이같이 세상을 이기는 믿음은 구원과 직결되어 있다.

마지막으로 에덴의 회복의 핵심이 무엇인지 살펴보자.

우리가 예수를 믿는다는 것을 관념적으로 말하는 경우 그것은 실제 믿음이 아니다. 주님이 이 땅에 오셔서 가장 먼저 하신 말씀에 우리가 따르지 않으면 바른 길로 가지 못한다. 우리가 초등학교도 거치지 않고 고등학교에 입학할 수 없듯이 주님이 먼저 하라고 하신 것을 무시하면 다른 것을 따르는 결과를 초래하게 된다.

주님은 마태복음 6장 33절에서만 먼저 그의 나라와 그의 의를 구하라고 하셨다. 이 부분도 앞서 언급했지만 주님을 따르는 핵심임으로 다시 정리해보자.

주님은 왜 이것을 먼저 구하라고 하셨을까? 우리가 우선순위를 무시하면 그릇될 가능성이 높기 때문에 주님은 먼저 하라고 하신 것인데, 그럼에도 이를 무시한다면 심각한 문제가 일어나기 때문이다. 에덴에서의 뼈아픈 실패는 하나님이 창설하신 하나님 나라 모형인 에덴동산이 사탄에 의해 끝난 것이요, 하나님이 그들과 함께 거니실 적마다 휘날리던 의의 깃발을 사탄이 훔쳐간 끔찍한 사건인 것이다. 그래서 주님이 이 땅에 오셔서 먼저 할 것을 말씀하셨는데 이 패쇄된 하나님 나라를 회복하고, 빼앗겼던 의의 깃발을 먼저 구하라고 하신 것이다.

오늘날 우리의 믿음이 구체화되지 않을 때 그것은 관념적인 믿음으로 명목상 그리스도인이지 실제 그리스도인은 되지 못한다. 그럼으로 예수님의 제자가 아니면 그리스도인이 아니요 하나님의 자녀가 아닌 것이다. 오늘날 많은 그리스도인들 가운데 명목상의 그리스도인이 훨씬 많다. 그것은 말씀이 구체화되지 않을 때 일어나는 현상이다.

성경은 논리적이요 체계적이요 과학적이다. 그런데 많은 지도자들이 우리가 말씀을 다 깨달을 수 없기에 그냥 믿는 것이 참 믿음이라고 가르친다. 그러나 이 시점에서 지금까지의 천국복음을 읽었다면 이 복음이 논리도 없고 체계도 없다고 말하지 못할 것이다. 물론 한 가지 문제는 있다. 그것은 인간의 두뇌로 깨닫지 못하지만 만약 요한복음 14장 26절과 요한일서 2장 27절이 나에게 실제화 되면 어떤 난제도 성령님의 가르침으로 인하여 풀린다.

그렇다면 어떻게 먼저 그의 나라와 그의 의를 구하는가?

이미 "하나님 나라"란 장에서 언급했지만 핵심적인 내용이므로 다시 정리하면 에덴에서 끝난 하나님 나라가 나에게 임하는 것이 하나님 나라를 구하는 것이다. 주님은 마태복음 12장 28절에서 명백하게 말씀하셨다. "내가 하나님의 성령을 힘입어 귀신을 쫓아내는 것이면 하나님의 나라가 이미 너희에게 임하였느니라"고 하셨다. 그래서 "바리새인들이 하나님의 나라가 어느 때에 임하나이까 묻거늘 예수께서 대답하여 가라사대 하나님의 나라는 볼 수 있게 임하는 것이 아니요 또 여기 있다 저기 있다고도 못하리니 하나님의 나라는 너희 안에 있느니라"(눅 17:20-21)고 하셨다. 이 두 구절은 하나님의 나라를 구하는 구체화를 말하고 있다.

여기서 귀신을 쫓아낸다는 것을 알아야 한다. 귀신이라고 하면 귀신들린 사람을 생각하지만 성경이 말하는 귀신은 그것만이 아니다. 모든 죄와 불의가 다 귀신에 의한 것으로서 흑암의 권세에 속한 모든 것을 말한다. 가룟 유다를 보라. 그의 마음에 예수를 팔 생각을 마귀가 넣었고(요 13:2) 사탄이 그에게 들어갔다(요 13:27). 또한 사도행전 5장 1-6절을 보면 아나니아와 삽비라 부부가 그 마음에 사탄이 가득하여 성령을 속이는 거짓말을 하므로 현장에서 즉사했고, 마태복음 16장 16절에서 베드로가 "주는 그리스도시요 살아 계신 하나님의 아들"이라고 한 유명한 고백을 하여 주님으로부터 칭찬을 받았는데, 예수님이 십자가에서 죽으시고 다시 살아나실 것을 말씀하시자 베드로가 "주여 그리 마옵소서"라고 하자 주님은 가차 없이 "사단아 내 뒤로 물러 가라 너는 나를 넘어지게 하는 자로다"라고 하셨다.

그러므로 마태복음 12장 28절에서 말씀하신 귀신을 쫓아내는 것은 흑암의 권세에 속한 모든 죄를 통틀어 말씀하신 것으로, 회개하므로 나의 모든 더럽고 추하고 악한 마귀에 속한 것들이 예수 그리스도의 보혈로 씻어져 죄 사함을 받을 때 하나님의 나라가 나에게 임하는 것이 바로 하나님의 나라를 구하는 것이 된다.

이같이 하나님의 나라가 나에게 임하면 나는 그때부터 주님의 통치를 받게 되는데, 주님의 통치가 있는 그곳에 마귀가 훔쳐갔던 의의 깃발이 휘날리기 시작한다. 이것이 바로 그의 의를 구한 것이다.

그러므로 하나님의 나라와 그의 의가 없는 복음은 천국복음이 아니며, 많은 사역자들이 성경으로 복음을 전하면 된다고 하지만 오늘날 한국교회에는 다른 복음, 즉 알로스, 파라 그리고 헤테로스의 다른 복음이 판을 치고 있다.

세 가지 다른 복음

Heteros Ebanghelio

Allos Ebanghelio

Para Ebanghelio

하늘나라 갈

Passport

Visa

Ticket